방구석 시간 여행자를 위한
종횡무진 역사 가이드

방구석 시간 여행자를 위한
종횡무진 역사 가이드

카트린 파시히·알렉스 숄츠 지음 | 장윤경 옮김

부·키

지은이

카트린 파시히 Kathrin Passig

1970년 독일 데겐도르프 출생. 저널리스트이자 작가다. 베를린에 위치한 싱크탱크 ZIA(Zentralen Intelligenz Agentur)의 공동 대표로서 《슈피겔》《베를리너차이퉁》《GEO》 등에 시대를 선도하는 참신한 글을 기고하며 칼럼니스트로도 활동하고 있다. 문학과 인문학을 넘나드는 저술로 평단과 대중의 호평을 두루 받았다. 2006년 소설 《당신은 여기에 존재한다》로 '잉게보르크 바흐만상'을 수상했고, 알렉스 숄츠와 공동으로 집필한 《무지의 사전》과 《여행의 기술》은 독일 베스트셀러에 이름을 올렸다.

알렉스 숄츠 Aleks Scholz

1975년 독일 게라 출생. 작가이자 천문학자로, 별과 행성의 생성 및 진화를 연구하며 다양한 글을 통해 이를 대중에게 전하고 있다. 《메르쿠르》《슈피겔》《쥐트도이체차이퉁》 등에서 칼럼니스트로도 활동하고 있으며, 2010년에는 〈구글 어스〉라는 제목의 글로 독일에서 '에른스트 빌녀상'을 수상하였다. 카트린 파시히와 더불어 싱크탱크 ZIA를 설립하여 운영하고 있으며, 함께 집필하여 베스트셀러에 오른 《무지의 사전》과 《여행의 기술》 외에도 다수의 과학 전문 서적을 출간하였다.

옮긴이

장윤경

숙명여자대학교에서 정치외교학과 독어독문학을 전공했다. 졸업 후 독일로 건너가 프랑크푸르트대학교와 다름슈타트대학교에서 공동으로 국제관계 석사 학위를 취득했다. 귀국하여 다양한 분야에서 통번역 활동을 해 왔으며, 현재 출판번역 에이전시 베네트랜스에서 리뷰어 및 전문 번역가로도 활동하고 있다. 옮긴 책으로는 《아이가 내 맘 같지 않아도 꾸짖지 않는 육아》《하버드 수학 박사의 슬기로운 수학 생활》《무례한 시대를 품위 있게 건너는 법》《뉴스 다이어트》《동물 안의 인간》《No! 백번 말해도 No!》《거대한 후퇴》《세상에서 가장 기발한 우연학 입문》 등이 있다.

방구석 시간 여행자를 위한
종횡무진 역사 가이드

2021년 4월 15일 초판 1쇄 인쇄 | 2021년 5월 7일 초판 1쇄 발행

지은이 카트린 파시히·알렉스 숄츠 | 옮긴이 장윤경 | 펴낸곳 부키(주) | 펴낸이 박윤우 | 등록일 2012년 9월 27일 | 등록번호 제312-2012-000045호 | 주소 03785 서울 서대문구 신촌로3길 15 산성빌딩 6층 | 전화 02) 325-0846 | 팩스 02) 3141-4066 | 홈페이지 www.bookie.co.kr | 이메일 webmaster@bookie.co.kr | 제작대행 올인피앤비 bobys1@nate.com | ISBN 978-89-6051-864-3 03900

H. G. 웰스의 《타임머신》 이후, 시간 여행에 대한 가장 재미있는 책이다. 이전과 이후를 나누는 기준 자체를 포함해 보다 명확하게 말하자면, 나는 이 책을 《타임머신》보다 훨씬 더 재미있게 읽었다. 《방구석 시간 여행자를 위한 종횡무진 역사 가이드》는 시간 여행을 통해 가 볼 만한 곳을 소개함으로써 세계 문명이 어떻게 발전했는지 소개하는 역사책이자, 시간 여행이라는 소재를 통해 시간과 공간이 무엇인지 고민하게 하는 과학책이다. 또한 세상의 과거와 현재를 이해하는데 도움을 주는 교양서로 읽힐 수도 있고, 여러 이야기가 잘 연결되어 있어 훌륭한 SF물로서의 형식까지 갖추고 있다. 그래서 이 흥미로운 책을 읽는 내내 웃음을 멈출 수 없었다.

우선 역사를 돌아보는 수단으로 시간 여행을 택한 장점을 아주 멋지게 드러낸다. 현재의 독자가 지금 당장 역사 속 과거로 돌아가면 어떤 느낌이 들지, 무엇이 생소하게 느껴질지 설명하면서 과거 한 시대의 특징을 비할 바 없이 생생하게 보여 준다. 이 과정에서 위대한 영웅이나 역사적 대사건을 찬양하는 데서 벗어나, 이 책을 읽는 독자와 같은 보통 사람들이 서로 다른 시대에서 어떤 삶을 사는지 직접 느끼게 해 준다. 예를 들어, 19세기 초 유럽 역사에 대해 이야기하면서 나폴레옹의 천재적인 전쟁 재능에 대해 장황하게 읊을 수도 있겠지만, 이 책에서는 독자가 실제로 그 시대를 방문해 나폴레옹 군대를 따라다니다 보면 항생제가 없던 시대이기 때문에 가시에 찔린 작은 상처만으로도 세균 감염이 도져 크게 앓을 수 있다는 점을 지적한다.

시공간에 대해 언급할 때에는 물리학 원리들을 언급하며 지나가는가 하면, 수십억 년에 걸친 긴 시간 여행에 대해 이야기하면서 지구가 어떻게 생겨났는지, 우주는 어떻게 변화해 갔는지에 대해 지질학과 천문학 이야기를 부려 놓는다. 이 또한 단순히 지식을 가득 쌓아 놓는 데 그치지 않고, 시간 여행을 떠나 그 모든 광경을 보통 관광객 입장에서 바라본다면 얼마나 화려해 보일지, 또는 생각 외로 얼마나 따분해 보일지, 내 눈으로 보고 내 마음으로 느낄 수 있도록 서술한다. 지식은 더 생생하게 와닿고 여러 학문과 관심사가 연결되는 상황 속에서 이해는 더 깊어진다.

군데군데 시간 여행의 여러 상황을 가정하며 작가들이 떠올린 주의 사항을 언급하는 대목들은 그 도막도막이 SF물로도 손색이 없다. 실제로 레이 브래드버리의 〈천둥소리〉 같은 고전을 설명하기도 하는데, 이 책의 2부에서 다루는 내용은 한 페이지 한 페이지가 그런 SF 단편에 들어 있는 에피소드에 해당한다. 그러니 즐겁게 웃으며 신나게 읽다 보면 세상 온갖 일들이 연결되어 있는 다양한 주제를 경험할 수 있다. 시간 여행자의 비트코인 투자처럼 최신의 관심사를 다루는 것도 놓치지 않으며, 그 역시 정곡을 찌르고 있어 읽다 보면 감탄이 그치지 않는다.

여행 중에서도 가장 먼 여행이라고 할 만한 시간 여행을 소재로 공상의 재미를 뻐근하게 제대로 즐길 수 있는 책이다. 그 속에 담겨 있는 지식은 더욱 이채로운 빛을 발한다. 역사는 한 사람의 활약으로만 바뀌지 않는다는 설명은 마음에 남을 이야기이고, 과학 발전에 천재의 활약만큼 많은 기술진들의 노력이 함께 한다는 점을 보여 주는 대목은 새겨들을 가치가 있는 교훈이다.

곽재식, SF 작가, 《괴물, 조선의 또 다른 풍경》 저자

지난주로 돌아가 지금 막 발표된 1등 당첨 번호로 로또를 구입할 수는 없을까? 젊을 때 큰 실수를 과거로 돌아가 바로잡을 수는 없을까? 과연 세종대왕은 어떤 모습이었을까? 이 책은 시간 여행이 가능해진 미래에, 과거로의 여행을 떠나는 시간 여행자를 위한 안내서다. 여러 여행사가 경쟁적으로 과거로의 여행 상품을 판매하고, 시간 여행에서 발생할 사고에 대비하는 보험도 출발 전 가입할 수 있다. 과거 어느 시점으로 여행을 떠날지는 독자가 정한다. 중세 프랑스 궁정 생활을 엿볼 수도, 공룡이 바로 옆에서 활보하는 멋진 모습을 보러 갈 수도 있다.

SF소설처럼 들렸다면 오해다. 이 책은 역사책이자 과학책이다. 돌아간 과거의 모습을 그 당시의 환경과 조건 안에서 과학적으로 묘사한다. 서로 얽혀 있는 시공간을 설명하는 일반 상대성 이론은 시간 여행의 가능성을 생각하게 한다. 과거에 도착한 여행자가 어린 나이의 할머니를 만나 실수로 살해하게 되면 본인의 존재 자체가 모순이 된다는 것이 유명한 할머니 역설이다. 책의 저자는 할머니 역설을 양자역학의 다세계 해석으로 해결한다. 내가 도착한 과거로부터 이어진 세계는 내가 출발한 바로 이 세계와 다른 독립된 평행 세계다. 도착한 과거에서 어떤 일을 하든, 내가 출발한 바로 이 세계에 영향을 줄 수는 없다. 물론, 이 책의 주의 사항을 따르면 말이다.

먼 우주로 여행을 떠나려면 《은하수를 여행하는 히치하이커를 위한 안내서》가 우리 모두의 필독서다. 이 책은 시간 여행을 계획하는 모두가 여행 전 꼭 숙지해야 할 재기 발랄하고 유쾌한 안내서다. 책을 읽다 여러 번 웃음을 터뜨렸다. 책을 덮고 상상해 본다. 자, 다음 여행은 '언제'로 갈까?

김범준, 성균관대학교 물리학과 교수, 《관계의 과학》 저자

《방구석 시간 여행자를 위한 종횡무진 역사 가이드》는 제목 그대로 과거로 떠나는 여행의 사고 실험이다. 역사책과 시간 여행 SF 소설을 섞은 듯한 이 책은 세계 도시들의 가장 번성했던, 혹은 문제적인 순간들로 우리를 이끈다. '가장 여행하고 싶은 곳은 역사책 속에 있다'는 말은 어디까지나 현대의 편리에 길든 사람이 할 법한 순진한 소리다. 비행기도 없고, 자동차도 없고, 기차도 없던 시절의 여행이라면 내가 꿈꾸는 지구 반대편의 목적지에 도달하기 전에 사망할 가능성이 지금보다 훨씬 높다.

예를 들어 현재 영국의 스톤헨지는 유명한 관광지다. 하지만 스톤헨지의 모습은 시대마다 다른 모습이었다는 것이 이 책의 설명이다. '스톤헨지는 거대한 돌덩이들이 전부가 아니며, 일종의 대규모 건설 프로젝트라 할 수 있다.' 스톤헨지가 하지보다 동지와 더 깊이 관련 있다는 전문가들의 추측이 맞다면 겨울에 방문하는 편이 좋겠다. 기원전으로 떠나는 시간 여행만큼이나 현대의 스톤헨지

방문에도 도움이 될 법한 정보다.

　박물관 유물 앞에 적힌 해설을 읽는 듯 생생하고, 또한 낯선 세계를 상상하게 하는 이 책은, 베토벤과 바흐의 음악을 새롭게 듣게 하고, 화산이 폭발하는 지구의 타임라인을 따라 분주히 도망치게 한다. 이 책은 과거를 무턱대고 낭만화하는 대신(과거로 이주한다면 우리는 위급 상황 시 현재의 병원에 갈 수 없게 된다는 점이 특히 중요하다), '인권'이라는 개념이 포괄적으로 적용되는 현재에도 더 개선할 부분이 있다는 방향으로 생각을 이끈다. 그럼에도 불구하고, 책 속 그 시대 그 장소들에 있고 싶다는 생각을 멈추기 어렵다. 아무리 생각해도 우주선 타기보다 타임머신을 타는 일이 더 재미있겠다. 여행의 재미는 보는 능력과 상상하는 능력이 함께할 때 극대화된다.

―――――――――――――――――――――― 이다혜, 《씨네21》 기자, 《내일을 위한 내 일》 저자

1865년 쥘 베른이 달 탐험을 다룬 소설 《지구에서 달까지》를 발표했다. 이 소설을 열독하던 과학자 오베르트는 로켓을 개발하여 우주 여행을 실제로 가능하게 만들었다. 일론 머스크가 설립한 스페이스X는 일반인의 우주 여행 시대를 열었고 화성에 인류를 이주시킬 계획을 세우고 있다. 우주여행이 가능한데 타임머신을 만드는 일은 불가능할까? 결과와 상관없이 타임머신을 만드는 꿈을 꾸면서 인류는 한층 더 진보할 것이다.

　과거로 갈 수 있는 타임머신이 만들어진다면 우리는 박물관에서 역사를 보는 것이 아니라 역사의 현장에 가서 역사를 체험할 수 있을 것이다. 최초로 우주가 만들어지는 장면을 관찰할 수 있고, 공룡 시대로 날아가 공룡 알을 만져 볼 수 있고, 피라미드 제작에 직접 참가할 수도 있을 것이다. 프랑스 혁명 정부가 인권 선언을 발표하는 장면이나, 베토벤의 교향곡 9번 초연에 참가한다면 그 감흥은 얼마나 클까?

　그러나 타임머신이 발명된다고 무작정 과거로 떠날 수는 없다. 탐험을 한 번도 해 본 적 없는 사람이 아마존 열대 우림이나 사하라 사막 탐험에 나설 때보다

더 많은 준비가 필요하다. 과거의 자연 환경, 풍광, 도시 구조, 사고 방식, 사회 제도, 과학 수준이 현재와 확연하게 다르기 때문이다. 그리고 시간과 비용을 아끼려면 좋은 방문 시기와 장소를 추천받아야 한다. 과거 여행을 희망하는 사람에게 《방구석 시간 여행자를 위한 종횡무진 역사 가이드》가 뛰어난 안내서가 될 것이다.

세 가지 이유에서 이 책을 꼭 추천하고 싶다. 먼저, 주류 역사의 편견을 깨는 새로운 시각이 돋보인다. 저자들이 추천하는 여행지에 일반 세계사 연구자들이 중요하게 여기는 곳은 한 곳도 없다. 가령 서양 중세 문명을 보고 싶으면 우리는 파리의 고딕 성당이나 이탈리아의 교황청을 가 봐야 한다고 생각한다. 그런데 이 책은 아이슬란드를 추천하고 있다. 아이슬란드 사람들이 세계 최초로 의회를 만들고, 여성에게도 많은 권리와 자유를 허용했으며, 무엇보다 다른 어떤 곳보다 쾌적한 삶의 환경을 만들었기 때문이다. 두 번째로 주류 역사학이 소홀하게 여기는 주제들을 다루었다. 의식주, 화폐 단위, 위생과 질병, 자연 환경, 도시 구조, 발명과 발견 등이 치밀하게 다루어졌다. 그리고 마지막으로 흥미 있게 읽을 수 있는 작은 소재들이 가득하다. 가령 악성 베토벤이 귀가 멀었는데 작곡을 할 수 있었던 이유는 일정한 속도로 템포를 정해 주는 메트로놈의 발명 덕분이었다. 그런데 베토벤의 악보는 현대 음악가가 연주할 수 없을 정도로 빠르게 표시되어 있다. 이 책이 이유를 설명하고 있으니 궁금한 사람은 읽어 보시기 바란다. 참신한 시각, 놀랍도록 세밀한 디테일이 돋보이는 책이다.

······ 정기문, 군산대학교 역사철학부 교수, 《처음부터 다시 배우는 서양고대사》 저자

차례

1부 취향대로 떠나는 테마 여행

타임머신을 타기 전에 알아야 할 것들

지금 우리는 시간 여행의 황금기를 맞이하고 있다. 오늘날 시간 여행은 그 어느 때보다 안전하고 편안하며 그 비용도 아주 저렴하다. 홍미진진한 체험 여행이든 심신을 달래는 휴양 여행이든, 과거로 떠나는 시간 여행은 무한한 가능성을 열어 준다. 매번 우리가 살고 있는 해와 같은 연도를 여행하던 시대는 지났다. 어디에서 무엇을 할지 예상하기도 쉽고, 한눈에 다 들어와 너무도 빤하기 때문이다. 당신과 똑같은 휴가지에서 비슷비슷한 사진을 찍어 온 이웃을 보며 불편해하던 시대 또한 이제 지나갔다. 한동안 우리 인류의 역사는 그저 몇몇 순간들로만 이루어진 것처럼 보이기도 했다. 이를테면 도거뱅크Dogger Bank 해전, 로마 대화재, 베수비오Vesuvio 화산 폭발, 빅토리아 여왕의 대관식, 그리고 콜럼버스의 배가 바하마Bahamas 제도 해안가에 불쑥 나타난 그 최초의 1분처럼 말이다.

오늘날 당신은 지구 역사를 100만 년 단위로 끊어 가며 전 대륙을 찾아갈 수 있다. 수백여 가지의 여행지 앞에서 당신은 선택의 고통을 느낄지도 모른다. 최근 들어 여행 트렌드는 패키지여행에서 개별 자유 여행으로 옮겨 가고 있다. 이제 시간 여행자들은 여행을 직접 계획하고 구성하며, 상상을 뛰어넘는 엄청난 자유를 만끽한다. 물론 보다 많은 자유에는 더 많은 책임이 따른다. 또한 보다 많은 준비와 더욱 풍부한 지식도 필요하다. 다른 말로 표현해서, 홀로 시간 여행을 떠나려면 기존의 여행과는 다른 새로운 여행 가이드가 절실하다는 뜻이다.

이 책은 과거로 시간 여행을 떠나려는 이들을 위한 신개념 안내서다. 시간 여행에 관심이 있거나 인류의 과거에 흥미가 있는 독자들을 위한 책이면서, 사실상 모두를 위한 책이라고도 할 수 있다. 바흐 시대에, 작곡가의 지시 아래 연주된 바흐의 칸타타Cantata가 어떻게 들렸는지 알아보고 싶은가? 소의 선조인 오록스Aurochs의 콧바람 소리를 들으며 잠에서 깨어나 보고 싶은가? 에미 뇌터Emmi Noether와 수학적 난제를 두고 토론을 벌이고 싶지 않은가? 급격한 지구 온난화가 일어난, 이른바 엘모Elmo 사건을 아주 가까운 거리에서 경험해 보고 싶은가? 중세 아이슬란드의 농가에서 휴가를 보내는 건 어떤가? 마야의 쿠쿨칸Kukulkan과 코코아 한잔을 마셔 보고 싶지 않은가? 지중해가 생성되는 모습을 직접 목격하는 건 어떤가? 부글부글 끓어오르는 용암으로만 이루어진 땅을 한번 보고 싶은가? 이제 더 이상 존재하지 않는 도시들을 방문해 보고 싶은가? 오래전에 지나간, 그리고 기억에서 사라진 과거의 문명들을 찾아가는 건 어떤가? 아니면 그저 당신이 어린 시절에 가장 좋아했던 아이스크림을 다시 한번 먹어 보고 싶지 않은가? 왠지 모르게 뭐든 다 좋았던 옛 시절로 되돌아가 보는 건 어떤가? 인터넷도 전화도 휴대전화도 없이, 조용한 시간을 보내고 싶지는 않은가? 이들 중 아무것도 발명되지 않아 기기를 *끄고 자시고* 할 일도 없는 시대는 어떤가? 핵무기도 환경 오염도 없는 시대에서 아이를 키우고 싶은가? 그렇다면 당신에게 필요한 모든 것은 바로 타임머신과 이 책이다.

　이 책에는 시간 여행자를 위한 수많은 새로운 여행 아이디어와 함께, 각각의 여행지에 대한 상세한 배경 지식과 정보, 그리고 유용한 조언들이 담겨 있다. 당신은 스스로 선택할 수 있다. 남들이 흔히 다니는 길과 이국적인 목적지 사이에서 어느 쪽을 택하겠는가? 익스트림 스포츠와 휴양 중에, 짧은 주말여행과 기나긴 탐험 여행 중에, 무엇을 고르겠는가? 선택은 당신 몫이다. 주말 동안 나폴리 왕국을 여행하고자 한다면, 모든 걸 미리 예약할 수 있으며 현장을 방문해서도 별달리 놀라운 경험은 하지 못할 것이다. 이런 경우 외에 과거로 향하는 다른 여행지들은 때때로 불편할 수도, 나아가서 생명이 위험할 수도 있다. 티아우아나코Tiahuanaco의 거주민은 식인종이나 외계인일 수도, 혹은 손님을 극진히 대하는 친절한 주민일 수도 있다. 백악기로 간다면 무엇을 먹으며 연명할 수 있을까? 과거의 여러 시대에 종종 만연했던, 형언할 수 없을 만큼 고통스럽고 끔찍한 질병들은 어떻게 예방할 수 있을까? 전쟁이 벌어지던 시대나 지역 근처를 과감히 찾아가는 게 좋을까, 아니면 피하는 편이 나을까? 무엇을 먹고, 어디에서 자며, 어떻게 처신해야 할까? 책의 마지막 장에서 당신은 이에 대한 답을 포함해, 방대한 분량의 충고와 조언을 얻게 될 것이다.

이 책은 결코 평범한 시간 여행안내서가 아니다. 따라서 흔히 기대하는 여행지들을 여기서 마주할 일은 없을 것이다. 고대 로마, 비잔티움, 실크 로드 또는 루이 14세 시대의 베르사유 궁전을 방문하고자 한다면 당신은 우리가 필요 없다. 우리는 역사 속에서 새로운 경험을 하고 뜻밖의 통찰을 얻으며, 오래전부터 알려진 시간 여행지를 참신한 시각으로 바라보는 데 초점을 맞추려 하기 때문이다.

그러면서 우리는 시간 여행을 준비하는 당신이 세간에 널리 퍼진 편견에서 벗어나 선회하기를 권한다. 옛날에는 모든 게 더 나았다고 생각하는 이들이 있는 한편, 과거는 전염병, 전쟁, 난방도 잘 안 되는 거실로 대변된다는 이들도 있다. 두 가지 견해 모두 완전히 근거 없는 사실은 아니지만, 둘 다 한쪽 면에만 발을 두고 있다. 과거는 개발 도상국이 아니며, 약간 아둔한 버전의 현재도 아니다. 과거는 동물원도, 진기한 골동품이 가득한 진열실도, 이국적인 나라도 아니며 지금 우리와 같은 하나의 고유한 세계다. 정확히 말하면 과거는 우리의 세계다. 과거형이 아니라 현재형이다. 그리고 시간 여행자들은 이를 항상 염두에 두어야 한다.

뿐만 아니라 우리는 과거와의 책임감 있는 관계를 고무하고 장려하려 한다. 다시 말해 시대착오적인 우매한 농담이나 장난은 무슨 일이 있어도 허용하지 않는다는 뜻이다. 미래의 역사학자들을 혼란에 빠트리기 위해, 과거 여행 도중에 돌덩이를 원형으로 배치하며 소위 '환상 열석'을 만들어 놓아서는 안 된다. 쓰레기를 두고 와서도 안 되고, 과거의 물건을 몰래 가져와서도 안 된다. 그리고 부디 과거에 가서, 무슨 일이 벌어지기 전에 모두 알고 있다는 듯 예언자처럼 행동하지 말자.

여기에 더해 우리는 당신이 시간 여행을 통해 무언가를 배우길 바란다. 즉 당신의 휴가 이후 이 세상이 아주 조금이라도 더 나아지면 좋겠다. 적어도 더욱 나빠지지는 않을 것이다. 당신의 과거 여행은 지금 이 세계에 아무런 영향도 미치지 않을 것이다. 여행 중에 당신이 벌인 행위는 일정을 마치고 다시 돌아온 현재를 침해하지 않기 때문이다. (그 이유는 나중에 가서 설명할 예정이다.) 과거에서 행하는 선행은 전적으로 이타심의 문제다. 어떤가? 기꺼이 그럴 마음이 있는가?

그러나 무턱대고 행동으로 옮겨서는 안 된다. 당신이 어느 지점에서 어떤 입장으로, 과거를 개선하는 일에 개입할 수 있는지를 먼저 알아야 한다. 이에 대한 안내와 지도 또한 이 책에 담겨 있다. 가볍게 살짝 밀어주면서 발전으로 가는 도약을 돕고 싶은가? 어쩌면 당신은 과거의 정보와 지식을 현재로 가져와 학문의 번영에 이바지할 수도 있다. 또는 과거의 사람들을 무지몽매에서 벗어나게 만들 수도 있다. 그러면 어디에서부터 시작해야 좋을까? 아니면 보다 커다란 야망이 있을지도 모르겠다. 이를테면 활판 인쇄술을 수천여 년 일찍 발명하여 역사의 전개에 가속도를 붙이고 싶은가? 혹은 히틀러를 없애서 홀로코스트를 없던 일로 만들고 싶은가? 과연 그럴 수 있을까? 당신은 이를 과감히 행할 수 있는가?

오늘날 시간 여행은 기차 여행만큼이나 안전하다. 여기에 적힌 과거로의 여정은 모두 점검과 시험을 마친 노선이므로 믿고 따라도 좋다. 공인된 시간 여행사들이 제공하는 노선은 모두 높은 기준의 안정성 및 영속성을 충족시켜야 한다. 그러므로 여행을 마치고 현재로 돌아오고 싶을 때에도 기존의 노선은 여전히 존재하니 안심해도 된다. 과거에 좌초되어 빠져나오지 못하는 여행객은 극히 일부에 불과하며, 온 힘을 들여 전통적인 방식을 따르면 하루하루 천천히 현재로 돌아올 수도 있다. 실수로 엉뚱한 해에 착륙하는 경우도 굉장히 드물다. 예컨대 아주 가끔은 1945년의 베를린이 아니라 1845년으로 가기도 하는데, 사실 현대 여행객들에게 100년이라는 차이는 어마어마하게 크다. 하지만 보통은 예약한 대로 확실하게 원하는 시대와 장소를 제공받으니 걱정할 필요는 없다.

시간 여행에서 가장 큰 위험은 역사 그 자체에 있다. 지나간 시대에 대한 우리의 지식은 언제나 빈틈이 있고 불완전하며 위험하다. 그 어느 때보다 쉽게 과거로 접근할 수 있는 오늘날, 여전히 우리의 지식이 빈틈투성이라니 다소 모순적으로 들릴지도 모르겠다. 하지만 학자들이 탐구하고 연구해야 할 과거의 시대는 인간적으로 너무나도 많다. 대학에 몸담으며 빠듯한 일정 안에서 연구도 하고 동시에 수업과 행정 업무까지 해내야 하는 학자들의 입장에선 변명의 여지가 있다. 이 문제는 대학에 소속되어 역사학자나 고고학자 또는 고생물학자의 길을 가는 것보다, 시간 여행 전문 여행사를 차리는 쪽이 현실적으로 막대한 이익을 가져온다는 사실이 증명되면서부터 점차 고조되고 있다. 간단하게 말해서, 시간 여행을 다녀오는 사람들이 늘어날수록 학문의 위상은 더욱 흔들리게 된다는 뜻이다. (당신이 집은 이 책처럼) 훌륭한 여행 가이드는 이러한 상황과 형편을 여행객들에게 환기시키며, 우리가 어느 지점에서 무엇을 정확히 알지 못하는지 솔직하게 콕 집어 말해 줄 것이다.

한편 시간 여행의 장점은 다음과 같다. 한 여행지를 일단 한번 제대로 탐구해 놓으면, 더 이상 어떠한 위험도 없으며 마지막에 가서는 뭔가 완전히 다른 면을 발견하게 된다. 호텔이 더 비싸지거나 혹은 아예 사라지는 일도 없을 것이다. 화산은 따로 생각하지 않아도 된다. 3주 전에 폭발했다는 정보를 미리 알고 가면 되기 때문이다. 시간 여행 가이드가 제공하는 정보는 결코 시대에 뒤처지지 않으며, 역사 연구가 한 걸음 더 나아가는 경우에만 다소 쓸모없어질 수는 있다. 그러나 과거가 한순간에 달라져서 정보가 무용해지는 일은 거의 없을 것이다.

경험한 과거를 글로 적을 때 어떤 시제를 써야 하는지를 두고 열성론자와 전문가들은 오랫동안 논쟁을 벌였다. 이미 지나갔으며 완결된 사건을 바로 곁에서 바라보고 있다면 어떤 시제로 기록해야 할까? 그 시점은 여전히 과거일까 아니면 현재일까? 특정 과거에 놓여 있는 사건이지만, 누군가 이보다 더 전의 과거로 시간 여행을 갔다가 돌아오기를 거부하며 다른 결정을 내린다면, 가령 빨간 케이블 대신 초록색 케이블을 자른다면, 이 사건은 아직 미래일까 아니면 이미 과거일까? 상당수의 사람들은 완전히 새로운 시제를 도입해야 한다는 의견에 무게를 싣는다. 제목처럼 극단적인 시간 여행을 다루는 책《우주의 끝에 있는 레스토랑The Restau-

rant at the End of the Universe》에서 작가 더글러스 애덤스Douglas Adams
는 시간 여행 도중 그 이전에 일어난 일들을 보고하는 방식을 두
고, 댄 스트리트멘셔너Dan Streetmentioner 박사의《시간 여행자를
위한 1001가지 시제 형성 안내서Time Traveler's Handbook of 1001 Tense
Formations》라는 책을 언급한다. 그러면서 작가는 이 책에서 스트리
트멘셔너가 제안하는 '미래 반조건 수식 하위 역전 변격 과거 가정
의지 시제'를 소개한다. 하지만 작가 애덤스는 이 안내서의 나중 판
본들이, 시제 관련 이후의 장들은 모두 백지로 출판된다고 말한다.
'미래 반조건 수식 하위 역전 변격 과거 가정 의지 시제'까지 온 독
자들 중에 계속해서 독서를 이어 나가려는 사람은 아무도 없을 것
이기 때문에, 인쇄 비용을 줄이는 차원에서 그랬다는 것이다. 이처
럼 소설에서도 시간 여행과 문법은 종종 복잡한 문제로 여겨진다.
시간 여행이 아니더라도 실제 우리는 너무나도 많은 시제로 둘러싸
여 있다. 사실 시간 여행을 위해 따로 새로운 시제가 필요하지는 않
다. 기존의 시제를 쓰되 의문이 나는 경우에는 어떤 연도를 뜻하는
지 그리고 지금 몇 년도에 머무르고 있는지 등을 덧붙이면 된다. 간
단명료하게 정확한 숫자만 말하면 굳이 문법의 도움을 받지 않더라
도 뜻을 제대로 전달할 수 있다. 지독히도 꼼꼼하고 철두철미한 성
격의 사람들은 각 문장마다 시공간 연속체인 사차원의 좌표를 추가
로 덧붙일지 모른다.

비록 모든 여행지가 과거에 자리하고 있지만, 이 책의 상당 부분은 현재형으로 쓰였다. 어쨌든 시간 여행자들은 현재를 살고 있으며 현재에 관여하고 있기 때문이다. 과거를 과거형으로 이야기하는 사람은 과거가 고정되어 있고 변하지 않으며 일종의 보호 구역이라서, 그 안의 모두가 항상 동일하게 머물며 본인의 결정으로 결과가 달라지지는 않는다고 생각할지 모른다. 어차피 모든 일은 역사책에 기록된 대로 벌어질 거라 보기 때문이다. 역사를 흘러간 과거로 단정하는 사람은 역사란 어딘가 지루하고 정적이며 죽어 있다는 생각을 고수할 것이다. 아니면 영국의 역사학자 이언 모티머Ian Mortimer의 말처럼, 아예 다른 방향에서 역사를 바라볼 수도 있다. '과거를 (일어난 일이 아니라) 무언가가 일어나는 과정이라고 상상하는 즉시, 역사를 완전히 새롭게 인식하는 것이 가능해진다.'

마지막으로 전달할 사항이 하나 있다. 만약 당신이 책을 끝까지 읽는 경우가 극히 드문 사람 축에 속한다면, 지금 이 여행 가이드를 손에서 내려놓기 전에 미래로 가는 짧은 시간 여행을 하며 최소한 맨 뒤에 실린 '후기' 정도는 둘러보기를 바란다. 정말 놓치기 아까운 부분이기 때문이다.

시간 여행에 관한 짧은 역사

오늘날 시간 여행은 아주 당연해져서, 과거로 떠나는 여행이 없는 세상은 상상조차 힘든 지경에 이르렀다. 하지만 그리 오래지 않은 과거에만 해도 시간 여행은 한편으로 비용이 매우 많이 들었으며, 다른 한편으론 가늠하기 어려운 수많은 기술적 난관들과 결부되어 있었다. 몇 해 전까지도 학자들은 시간 여행이 근본적으로 가능한지 여부를 비롯해, 만일 가능하다면 어떤 결과로 이어질지 등을 놓고 갑론을박을 벌였다. 시간 여행의 역사는 그 자체만으로 굉장히 매력적인 시간 여행을 선사한다. 경이로운 발견도 가득하지만 여러 꼬부랑길을 헤매는 여행이기도 하다.

시간 여행은 알베르트 아인슈타인Albert Einstein의 상대성 이론과 함께 학문적으로 진지하게 취급되기 시작했다. 아인슈타인의 상대성 이론은 두 가지로 나뉘는데, 하나는 특수 상대성 이론이고 다른 하나는 일반 상대성 이론이다. 특수 상대성 이론은 일찍이 20세기에, 극히 조금이나마 미래로 여행하는 길을 하나 열었다. 이 이론에 따르면 시간의 흐름은 물체가 얼마나 빠르게 움직이느냐에 달려 있다. 쉽게 말해 더 빨리 움직이면 시간이 더 천천히 간다는 뜻이다. 어떤 사람이 우주선을 타고 지구를 떠나 엄청난 속도로 다른 행성을 여행한다면, 지구에 계속 머무는 누군가보다 더욱 천천히 늙게 된다. 그리하여 우주선이 다시 지구로 돌아오면 지구의 시간은 우주선 안보다 훨씬 많이 흘러가, 우주인은 (그의 관점에서) 미래에 머물게 된다. 이러한 작용은 1971년에 처음으로, 세슘Cesium 원자로 만든 매우 정확한 시계를 얼마 동안 비행기에 태워 이곳저곳을 이동시킴으로써 증명되었다. 당연히 우리 모두는 미래에 도달할 수 있다. 가만히 자리에 앉아서 그저 기다리기만 하면 된다. 미래로 떠나는 여행은 초당 1초씩 흘러가는 것과 크게 다르지 않다.

미래는 이 정도에서 그친다. 하지만 시간 여행과 관련하여 과거는 미래보다 확실히 더욱 흥미롭다. 특수 상대성 이론을 통해 우리는 빛의 속도가 일정하다는 사실을 알고 있다. 빛의 미립자는 초당 약 30만 킬로미터의 속도로 나아간다. 따라서 다들 알다시피, 밤하늘을 쳐다보면 우리는 과거를 보게 된다. 시리우스Sirius는 지구에서 8.6광년 떨어져 있으므로, 우리가 본 시리우스는 8.6년 전에 그 별을 떠나온 빛이다. 오리온Orion자리에서 두 번째로 밝은 별인 리겔Rigel은 대략 1000광년 가까이 떨어져 있으니, 우리가 밤하늘에서 본 리겔은 11세기에 빛났던 그의 모습이다. (물론 별들은 극도로 느리게 변화한다. 별들 중 대부분은 1000년 전에도 대체로 오늘날과 같은 모습이다.) 플랜 오브라이언Flann O'Brien의 소설에서 가상으로 그려진 아일랜드의 과학자 드 셀비De Selby는 거울에 비친 자신의 얼굴이 과거의 모습이라는 걸 처음으로 깨닫는 인물로 나오며, 그는 이를 광속의 한계 때문이라 믿는다. 나름의 이론에 따라 드 셀비는 열두 살의 자신을 관찰하기 위해 거대한 거울을 배치하기도 한다.

과거로 가는 시간 여행은 이 외에 다른 이론 및 기술에도 근거를 둔다. 과거에 다다르려면 아인슈타인의 일반 상대성 이론이 필요하다. 즉 시간을 시공간의 연속체인 사차원으로 설명하는 이론 말이다. 특정 방향에 따라 시간이 달라지는 시공간에서, 이전과 이후는 뒤와 앞 내지는 위와 아래 같은 개념이라 할 수 있다. 뿐만 아니라 사차원에서 중력은 아주 중요한 역할을 맡는다. 중력을 가진 무언가가 존재하면 이 시공간 구조는 휘어진다. 이를테면 우리가 몸을 기댈 때 소파 쿠션이 찌그러지는 것처럼 말이다. 휘어진 시공간에 들어가면 다른 장소 또는 다른 시간으로 미끄러져 간다. 우리는 모두 다음의 원리를 알고 있다. 즉 누군가 집 안에서 껑충 뛰어 오르면, 추가의 도움 없이 중력에 의해 다시 아래로 내려간다는 것을 말이다. 일반 상대성 이론은 이와 매우 유사하게, 우리가 시간을 통해 떨어질 수 있다고 말한다. 적어도 이론적으로는. 이 과정을 검증하려면 기술적 난제를 극복해야 한다.

시공간이 휜다는 일반 상대성 이론의 예언은 20세기와 21세기에 걸쳐 여러 차례 옳다고 판명되었다. 빛줄기는 별처럼 아주 무거운 물체 가까이에선 구부러진다. 실제로 지구의 중심에서 멀리 떨어진 곳, 예를 들어 산꼭대기처럼 높은 곳에 있는 시계는 조금 더 빨리 간다. 2018년 독일의 한 물리학자는 이른바 초정밀 시계를 들고 산에 올라가 시간을 측정하며 이를 입증했다. 중력의 크기에 따라 시간의 흐름이 달라진다는 일반 상대성 이론처럼, 지표에서 멀어지면 중력은 약해지고 시간은 빨라진다는 것이다. 이러한 작용 때문에 지구의 핵은 지표보다 몇 년가량 젊다. 거대한 물체들의 충돌은 공간과 시간에 파장을 발생시키는데, 이는 마치 물속에 돌을 던질 때 생기는 파장과 같으면서도 한편으론 전혀 다르다. 중력파라 불리는 이 파장은 2016년에 처음으로 실증되었다. 처음 등장할 때만 해도 완전히 터무니없는 이론처럼 보였던 일반 상대성 이론은 이제 공상적이면서 동시에 신뢰할 수 있는 확실한 이론이 되었다. 이 이론의 성질은 다른 수많은 아이디어로 갈라져 20세기 물리학에 퍼져 나간다.

타임머신이라는 사변적인 아이디어 역시 맨 처음 일반 상대성 이론에 토대를 두며 떠올랐다. 아인슈타인을 비웃지 않기 시작하면서, 시간과 공간에 고리를 만들 수 있다는 주장이 대두되었다. 최소한 이론적으로는 가능하다는 것이다. 다시 말해 공간이나 시간을 계속해서 구부러트려, 본래 수 광년 또는 수년가량 서로 떨어져 있는 두 지점이 아주 가까워져 맞닿게 할 수도 있다는 소리이다. 사차원의 시공간 대신 이차원인 종이 한 장을 떠올리면 이 과정을 보다 쉽게 상상할 수 있다. 종이의 두 끝이 만나도록 구부려 접으면, 한쪽 끝에서 다른 쪽 끝으로 가는 길은 이제 처음보다 훨씬 짧아진다. 접힌 세계에서 은하계의 가장자리는 어쩌면 수천 광년 떨어진 곳의 바로 옆에 놓일지도 모른다. 그러면 중세 시대는 현재의 바로 옆에 위치할 수도 있다.

이런 시간의 지름길은 오랫동안 웜홀Worm hole이라는 이름으로 널리 알려졌는데, 이는 물리학자 존 아치볼드 휠러John Archibald Wheeler가 1957년에 처음으로 소개한 개념이다. 웜홀은 시간이 다르게 흐르는 터널이자, (벌레가 파먹은 구멍처럼) 시간을 통과하는 아우토반Autobahn 같은 의미를 담은 가상의 개념이다. 물론 진짜 벌레와 구멍은 시간 여행과 별다른 관련이 없다. 시간 여행이 가능한 현재 우리는 시공간으로 가는 이 초고속 항로를 '폴주노프 터널

Polzunov Tunnel'이라 부른다. 이는 러시아 최초로 증기 기관을 발명하고 완성을 코앞에 둔 1766년에 결핵으로 세상을 떠난, 이반 폴주노프Ivan Polzunov의 이름에서 따왔다. 웜홀이 벌레 및 구멍과 관련이 없듯이, 이 터널도 폴주노프와 특별한 관계는 없다. 과학적인 발명이나 발견에 이처럼 아무 연관 없는 이름을 종종 붙이는 이유는 '스티글러의 법칙Stigler's law'을 보면 수긍이 간다. 통계학자 스티븐 스티글러Stephen Stigler는 과학사에 나타나는 명명 법칙을 통계적으로 분석하여, 1980년에 '과학상의 어느 발견도 원래 발견자의 이름을 따서 명명되지 않는다'는 법칙을 발표한다. (스티글러의 법칙 역시 로버트 머튼Robert Merton에 의해 처음 발견되었으나, 그 법칙에 따라 스티글러의 이름이 붙여졌다.) 오랫동안 시간 여행이라고 하면 왠지 모르게 웜홀부터 떠올린 것 또한 이 법칙과 무관하지 않다. 웜홀을 형성하려면 극도로 많은 에너지가 필요하며 그다지 환경 친화적이지도 않다. 그리하여 이 교통편을 이용한 시간 여행은 점차 방향을 잃고 사양길을 걷게 되었다.

학문적으로 시간 여행을 진지하게 받아들이며 고심하기 시작하자마자, 생각지 못한 전혀 다른 문제들이 수면 위로 떠올랐다. 이들 중에서 가장 유명한 문제는 이른바 할머니의 역설이다. 말하자면 이런 식이다. 내가 과거로 여행을 떠나 그곳에서 나의 할머니를 죽인다면, 즉 할머니가 내 어머니 또는 아버지를 낳기도 전에 죽는다면, 나는 고유의 존재가 생겨나는 걸 방해하게 되며 그로 인해 내가 그 과거에 머무는 것 또한 불가능하게 만든다. 다시 말해 나는 나의 할머니를 절대로 죽일 수 없다는 뜻이다. 이 복잡다단한 문제는 여러 전문 서적에서 할아버지의 역설이라는 이름으로 자주 등장했다. 많은 사람들이 스스로 할아버지로부터 유래되었다 생각할 때까지만 해도 주로 이를 할아버지의 역설이라 불렀으나, 본인의 실제 할아버지가 다른 사람임을 알게 된 이들이 많아지면서 할아버지보다는 할머니가 우리의 현존에 중요하다는 사실을 깨달으며 차츰 할머니의 역설로 부르게 되었다. 물론 명칭을 바꾼다고 문제가 달라지지는 않는다. 내가 할머니를 죽이면 출구가 보이지 않는 악순환에 빠지는 건 변함이 없다.

한번 벌어진 일을 일어나지 않은 일로 만들 수는 없다. 이는 결코 허용되지 않으며 당연히 가능하지도 않다. 오랜 시간 동안 학자들은 이 같은 역설에서 벗어나고자 골머리를 앓았다. 그러면서 몇 가지 창의적인 해결책을 찾아냈다. 러시아의 천체물리학자 이고르 노비코프Igor Novikov는 '자기 일관성 원칙'을 내세우며, 할머니의 역설대로 진행되는 일이 불가능하다고 주장했다. 노비코프는 당구공을 예로 들어 설명하는데, 당구공 하나가 웜홀에 들어가 거기서 이전 버전의 자기 자신과 충돌하여 애초에 자신이 웜홀에 빠지는 것 자체를 방해한다면(이는 보다 덜 잔인하고 수학적으로 더

욱 단순한 버전의 할머니 역설이다) 자기 일관성 원칙에 어긋난다
는 것이다. 노비코프는 간단히 자연의 법칙에 의해 이 역설대로 진
행될 가능성이 없다고 주장한다. 그의 주장에 따르면 시간 여행자
들은 지극히 제한적인 행동만 허락될 것이다. 자신의 할머니를 살
해하는 행위는 형법전(혹은 이에 상응하는 과거의 법전)에서만이
아니라 물리학의 법칙에서도 금지된다. 이는 마치 독재자를 끊임
없이 비난하는 심복이 존재하면서 독재자와 심복에게만 이 상황
이 보이지 않는, 권위적인 독재 시대를 여행하는 것과 같은 이치
다. 과거는 시간 여행자에게 허락된 것만을 부과한다. 노비코프는
1964년 블랙홀Black hole의 반대 개념인 화이트홀White hole의 가설
을 들고나오면서 오늘날 우리에게 널리 알려졌다. 모든 것을 삼키
는 블랙홀이 있다면 언젠가 우주 공간으로 토해 내는 구멍도 필요
할 거라는 이 화이트홀 가설은 대단한 성과를 거둔다. 오늘날 우리
의 일상에서 화이트홀을 빼놓고 생각하기란 어렵다.

　　이 외에도 조부모 그리고 당구공으로 이어지는 역설들을 피하
기 위해 조금 다른 생각을 떠올린 물리학자들도 있다. 어떤 사람들
은 알려지지 않은 모종의 이유로 시간 여행이 불가능하기를 바라
기도 한다. 한편 또 다른 이들은 시간 여행이 가능하기는 하나, 타
임머신을 작동시키자마자 저절로 망가질 거라 추정하기도 한다.
두 가지 가정 모두 장점이 있다. 즉 시간 여행이 지닌 다음의 문제

를 보다 세련되고 재치 있게 풀어낸다는 것이다. 과거로의 시간 여행이 가능하다면 왜 현재 시간 여행객들이 넘쳐 나지 않는 것인가? 지금 우리보다 모든 면에서 더욱 잘 아는, 이상한 복장을 한 사람들이 미래에서 여러 질병들을 옮겨 오지 않는 이유는 무엇인가? 2009년 전설적인 물리학자 스티븐 호킹은 미래에서 시간 여행을 온 사람들을 위한 작은 축하 파티를 열었다. 그리고 파티의 초대장은 파티 전이 아닌 그 후에 보내졌다. 미래의 사람들이 과거로 시간 여행을 한다면 초대장을 나중에 보내도 파티가 열렸음을 알 테니 말이다. 하지만 아무도 나타나지 않았다. 시대를 불문하고 물리학자의 유머는 이해하기가 늘 쉽지 않다.

이 모든 아이디어들이 오늘날 우리 눈에는 다소 허무맹랑하게 보일 수 있다. 하지만 인류의 역사에서, 사진과 정보를 지구의 이쪽에서 다른 저편으로 순식간에 보내는 일은 어림도 없다고 여기던 시기가 있었다. 지구에서 무려 6억~10억 킬로미터 떨어진 목성으로 가는 여행이 불가능해 보이는 시대도 있었다. 시간 여행이 가능하지 않다는 생각을 견지하는 사람들은 단지 단순하거나 정신적으로 어리숙한 것이 아니다. 이들은 그저 다른 시대를 살고 있을 뿐이다.

시간 여행에 관한 풀리지 않는 문제들은 오히려 장점이 되기도 한다. 소설가나 시나리오 작가는 이를 끌어들여 의도적인 비틀기 없이도 줄거리의 논리적 결함을 없애거나 또는 설명할 수 있다. 작가가 실수로 주인공을 죽이든, 세계를 파괴하거나 잊어버리든, 피투성이 칼을 현장에 놓아 그 덕에 나중에 범행이 밝혀지든, 타임 머신의 도움을 받으면 모든 것은 다시 깨끗하게 해결된다.

일반 상대성 이론과 함께 양자역학은 20세기 물리학에서 제2의 중심축을 이룬다. 여기에서도 전문가들은 근본적인 난관들을 극복하기 위해 고심을 거듭했다. 초반 대부분의 학자들은 소위 '파동 함수의 붕괴'라 불리는 개념을 믿었다. 양자역학에서 모든 물질은 입자와 파동이라는 성질을 동시에 지니며, 객체들의 운동은 예측이 불가능하다. 입자성 및 파동성이라는 이중성을 가진 양자의 입자성을 관찰하려고 하면, 양자의 파동성은 더욱 관찰하기 어려워진다. 이를 파동 함수의 붕괴라 칭한다. 쉽게 말해 무수한 가능성이 혼재된, 관찰되지 않은 버전의 세계는 관찰되는 순간 즉시 단 하나의 버전으로 바뀌어 불확정성은 사라진다는 뜻이다. 무언가를 놓치거나 관측하자마자 붕괴가 일어난다. 전자나 또는 이와 비슷한 작은 물질들이 관측되면 다음과 같은 생각을 쉽게 하게 된다. 구멍이 두 개 있는 우산에 광전자를 쏘았을 때 우산 뒤에서 바라보는 전자의 분할은, 마치 미립자들이 동시에 두 구멍을 통과해 지나가는 듯이 보일 것이다. 단 각각의 미립자에서 무슨 일이 벌어지는지 자세히 들여다보지 않는 한 그렇게 보일 뿐이다. 관찰이라는 행위를 하는 즉시 전자들은 그저 구멍을 통과해 날아간다. 이것 아니면 저것이 사라지는 기이한 양자 세계에서, 이처럼 관찰자가 개입하자마자 전자의 상태가 하나의 값으로 결정되는 걸 '붕괴'라 부른다. 파동 함수의 붕괴는 난해하고 불가사의한 양자의 세계와, 평범한 물질들이 있는 보통의 세계를 연결시키려는 시도였다. 두 세계는 상황이 너무도 다르며 여기 아니면 저기, 왼쪽 아니면 오른쪽, 빨강 아니면 파랑, 온전하거나 아니면 망가지거나 하는 식으로, 둘은 결코 겹치는 일이 없다. 오늘날 파동 함수의 붕괴는 모든 가연성 물질에 들어 있다던 플로지스톤Phlogiston, 공기를 구성하는 빛나는 물질이라 여겨진 에테르Aether, 그리고 화성 운하설과 함께 과학사에서 고물처럼 취급된다.

에르빈 슈뢰딩거Erwin Schrödinger는 양자역학의 아버지 중 하나로, 양자 세계와 보통 세계 사이의 충돌을 고양이의 도움을 받아 비교적 상상하기 쉬운 구체적인 예로 풀어냈다. 슈뢰딩거는 치명적인 양자역학 시스템에 고양이를 내맡기며, 어떤 양자역학 프로세스가 일어나는지 알아보고 싶었다. 그는 밀폐된 상자 안에 방사성 원소 라듐Radium을 넣고, 한 시간 안에 50퍼센트의 확률로 붕괴를 일으키도록 설정하며, 라듐이 붕괴하면 방사능 측정기가 작동하여 망치가 떨어지고, 이어서 망치 밑의 독약이 깨지도록 장치를 해 두고는 그 안에 고양이를 넣는 사고 실험을 했다. 방사능

원소가 붕괴하면 고양이는 결국 독약에 노출되어 죽게 된다. 2분의 1의 확률이므로 한 시간 뒤 원소는 붕괴하거나 혹은 온전하거나 둘 중 하나가 되며, 고양이 또한 죽거나 살게 된다. 여기에서 고양이는 단순한 고양이가 아니라, 여러 버전의 고양이가 중첩된 복잡한 파동 함수를 묘사한 것이다. 일단 상자를 열면 한 가지 버전의 세계가 결정된다. 이것이 바로 파동 함수의 붕괴다. (이 사고 실험에서 고양이의 죽음은 극적인 요소를 제공할 뿐이며, 이와 유사하면서도 살아 있는 고양이 둘을 가지고 아날로그식의 이야기를 구성할 수도 있다. 실제로 미국의 물리학자 션 캐럴Sean Carroll은 2014년에 다음과 같이 풀었다. 즉 한 마리의 고양이가 소파 아래에 있으면서 동시에 식탁 아래에서도 발견될 수 있다고 말이다. 이 버전은 윤리적인 이유로 오늘날 다수의 교과서에서 슈뢰딩거 버전보다 훨씬 선호된다.)

어쩌면 파동 함수의 붕괴 없이도 양자 세계를 설명할 수 있을지 모른다. 20세기의 몇몇 물리학자들이 추정했듯이 말이다. 혹은 어쩌면 양자의 세계는 유일하게 타당하고 실제로 존재하는 단 하나의 세계이며, 전자에는 두 가지 버전이 있고 각 전자마다 통과하는 구멍이 있을지 모른다. 슈뢰딩거의 고양이는 상자를 열기 전과 후, 이렇게 두 가지 버전이 있다. 하나의 세계에서 고양이는 죽어 있으며 또 다른 세계에서는 살아 있다. 캐럴의 고양이는 하나의 세계에서는 소파 아래 있으며 다른 세계의 고양이는 식탁 아래에 있다. 물론 우리가 관찰하고 난 다음에 고양이의 상태가 결정된다. 고양이는 계속해서 두 가지 상태에 머물 수도 있다. 그러나 그러기 위해선 두 버전의 관찰자가 있어야 한다. 살아 있는 고양이를 상자에서 꺼내는 관찰자 하나와, 죽은 고양이를 발견하는 또 하나의 관찰자가 동시에 있으면 된다. 한편 모든 양자역학적 가능성을 제시하는 이른바 '다세계 해석'은 양자와 고양이 사이를 가혹하게 넘나들지 않고도, 그저 모든 것이 담겨 있는 세련되고 평온하며 넘치도록 풍부한 현실성을 만들어 낸다. 다세계에는 모두가 동시에 평행적으로 존재하는 버전들이 놀랍도록 많다.

다중 세계 또는 다중 우주의 가능성은 21세기 초반부터 공상 과학 소설에서 상당한 인기를 모았다. 스웨덴의 물리학자 맥스 테그마크Max Tegmark는 모두 서로 얽혀 있는 다중 우주를 각기 다른 네 가지 종류로 구분한다. 테그마크에 의하면 한편에는 우리와 같은 우주가 다수 존재한다. 이를테면 고층 아파트에 여러 집이 있는 것처럼 말이다. 이뿐 아니라 다른 한편에는 아마도 전혀 다른 물리 법칙이 통용되어, 우리와 완전히 다른 모습인 복수의 우주가 존재한다. 이들의 대부분은 텅 비어 있으며 아무도 살지 않는다. 여기에다 앞에서 언급한, 여러 버전의 고양이가 있는 양자역학적 다중 세계도 더해진다. 휴 에버렛 3세Hugh Everett III가 1960년대에 처음으로 주장하고, 나중에 하인츠디터 체Heinz-Dieter Zeh와 데이비드 도이치David Deutsch가 이론으로 발전시키는 다세계 해석이 추가되는 것이다. 더불어 테그마크는 이전의 모든 다중 우주를 포함하는, 수학적으로 정밀한 하나의 슈퍼 다중 우주를 맨 위에 놓는다. 끝으로 물리학자이자 작가인 브라이언 그린Brian Greene은《멀티 유니버스The Hidden Reality》라는 책에서, 심지어 아홉 종류의 평행 세계를 다룬다. (그 이상의 세계는 양자역학과 관련이 없다.)

우리는 왜 이 모든 것들을 이야기하고 있는 걸까? 우리 인간은 양자역학적 다세계 해석의 도움을 받아, 처음으로 시간 여행에 대해 깊이 생각하게 되었다. 논리적인 덫에 걸려 휘청거리거나 시간 여행자들의 여가 시간을 제한하는 일도 없이 수월하게 말이다. 과거의 한 버전에선, 할머니가 시간 여행을 온 손주에게 죽임을 당한다. 그리고 다른 버전에선 시간 여행이 절대 이루어지지 않으며, 할머니는 자신의 후손이 세상에 나올 때까지 충분히 오래 머물다가 흔히 생각하듯이 전쟁 통이나 양로원에서 끝내 세상을 떠난다. 역사책은 아무런 손상 없이 온전하게 유지된다. 역설은 해소된다. 동시에 왜 과거의 누군가가 미래에서 온 다른 여행자를 만나지 않았는지가 명확해진다. 이들은 각각 평행 세계에 있기 때문이다. 서로 멀리 떨어져 있지 않으며 바로 옆에 있으나, 만져지지 않고 인지되지 않는 세계에 있는 것이다. 소파 아래 있거나 혹은 식탁 아래 있는 두 번째 고양이처럼, 어쨌든 우리가 지금 바라보는 곳에는 없지만 어딘가에는 있는 고양이처럼 말이다.

평행 우주 아이디어는 시작부터 저항에 부딪혔다. 상당수의 사람들은 다세계 해석을 순전히 헛된 것으로 여겼다. 우리가 왜 몇 가지 이론적 모순을 증명하기 위해, 끝없이 많은 버전의 고양이들을 생각해 내야 하느냐며 말이다. 일종의 대변인으로서 답을 하자면, 실제로 우리는 고양이를 생각해 내지 않는다. 생각해 낼 필요도 없다. 고양이들은 그냥 거기에 있을 뿐이다. 평행 세계를 이해하는 가장 단순한 길은 이 세계의 존재를 받아들이는 것이다. 오히려 파동 함수의 붕괴를 생각하는 쪽이 훨씬 더 복잡하다.

그러면 다른 한편에선 여러 평행 우주들 가운데 하나의 버전에만 특별한 위치를 부여하고 싶은 이들이 있게 마련이다. 어찌 되었든 지금 여기에 없는, 여러 다른 버전의 고양이를 지닌 세계들은 지하 세계 혹은 그림자 세계라고 생각할 수 있다. 마치 꿈처럼 깨어나면 그만인 부차적인 세계라고 말이다. 그러나 평행 우주 지지자들은 그런 식으로 말하지 않는다. 평행 우주의 모든 세계 그리고 각 세계의 순간 하나하나는 전적으로 동일하게, 의미 있거나 또는 무의미하다. 실제로 평행 세계는 하나의 주요 세계와 여럿의 부차 세계가 아니다. 1997년 데이비드 도이치는 이렇게 말한다. '다른 시대는 다른 우주의 입장에서만 특별할 뿐이다.' 그의 말은 다음과 같이 해석된다. 모든 가능한 평행 세계는 이미 거기 있으며, 우리가 바꿀 수 있는 유일한 한 가지는 고유의 경험이라는 것이다.

　이러한 논쟁들 속에서 바로 다음의 질문이 뒤따르게 된다. 그렇다면 평행 우주로 가득한 세상에서 우리는 어떤 행동을 취해야할까? 이는 21세기에 대두된 거대한 철학적 담론 중 하나이며, 우리 시간 여행자들에게도 직접적으로 관련이 있는 문제다. 데이비드 도이치의 말처럼 모든 버전의 세계가 이미 존재한다면, 당신이 (혹은 당신의 여러 버전 중 하나가) 당신의 할머니를 (혹은 할머니의 여러 버전 가운데 하나를) 살해하는 세계 또한 존재한다. 당신은 세상에 어떤 영향도 미치지 않는다. 당신이 지금 할머니를 죽이든 그렇지 않든, 세상은 동일하게 유지된다. 그럼 당신은 무엇을 막을 수 있을까? 시간 여행자로서 당신은 그 세계에 얼마나 많은 영향력을 가지고 있을까? 시간 여행 도중에 당신이 내리는 각각의 결정이 새로운 버전의 당신을 만들어 내기만 한다면, 당신은 과연 어떤 영향력을 지닐까? 거기에서 무언가를 결정하는 인간은 대체 누구일까? 당신은 왜 다른 버전들을 전혀 감지하지 못하는가? 당신은 모든 버전의 전체인가 아니면 그저 그 가운데 하나인가? 당신이라는 존재의 10분의 1이 할머니를 죽인다면, 그 나머지는 무관하다는 뜻인가? (더 많은 이야기는 14장 '시간 여행에 관한 아홉 가지 신화'에 담았으니 읽어 보도록 하자.)

시간에 대한 논쟁은 이 정도다. 우리는 두 가지 이유로 마땅한 결과에 이를 수 없다. 하나는 우리가 스스로에 대해 지극히 조금만 알고 있기 때문이다. 가령 인간의 의식이 작동하는 방식 및 인간이 결정을 내리는 방식에 대해 우리는 잘 모른다. 다른 하나는 우리가 잘못된 전제를 바탕으로 문제를 다룬다는 데 있다. 오늘날 우리가 이해하고 있는 일반 상대성 이론과 양자역학에는 결함이 있다. 조금 부드럽게 표현하자면 둘은 불완전하다. 이들은 낡고 오래된, 기사의 성과 같다. 다들 경탄하며 우러러보지만 누구도 기꺼이 살려고 하지 않는, 역사적인 기념물과 다르지 않다. 세상을 해석하고 이해하려면 두 이론을 조합해야 한다. 20세기의 물리학자들도 이를 이미 알고 있었다. 그들은 일반 상대성 양자 이론이나 양자화 일반 상대성 이론을 찾아내려 했다. 그로부터 얼마 지나지 않아 실제로 뭔가 완전히 새로운 것을 발견했다.

이 오랜 이론들은 현재 우리가 영위하는 방식의 시간 여행 개념을 지니고 있지 않았다. 즉 과거의 어떤 해로 찾아가는 일은 불가능해 보이거나 심지어 상상할 수도 없었다. 그리고 모든 평행 세계를 둘러싸고 있으며, 우리가 지금 시간 여행을 할 때 횡단해 지나가는 '통과 구역'에 대해서도 아직 알지 못했다. 2013년 물리학자 후안 말다세나Juan Maldacena와 레너드 서스킨드Leonard Susskind는 우주에서 서로 멀리 떨어진 점들이 만나는 것이 적어도 가능하다는 추론을 내놓았다. 이들은 우리가 위에서 언급한 웜홀뿐 아니라 양자 얽힘 현상을 결합하여 하나의 단순한 공식으로 만들었다. 웜홀은 아인슈타인의 일반 상대성 이론을 바탕으로, 우주에 있는 두 공간을 하나의 터널처럼 연결하는 가상의 개념이다. 이론상 웜홀은 두 공간만이 아니라 우주의 다른 시간 또한 연결할 수 있다. 그동안 웜홀은 생성 즉시 양자적 진공 요동에 의해 파괴된다고 알려져 있었다. 한편 양자역학에서 말하는 양자 얽힘은 두 입자가 긴밀하게 연결되어 존재를 공유하는 관계를 뜻한다. 다시 말해 한 입자에서 일어나는 일이 다른 입자에게 바로 영향을 미치며, 혹여 멀리 떨어져 있더라도 즉각 영향이 가해진다. 그런데 서스킨드와 말다세나는 웜홀이 양자 얽힘과 결부된다는 이론을 발표한다. 즉 웜홀이 양자적 요동에 파괴되는 것이 아니라 양자적 얽힘에 의해 유지될 수 있다는 것이다. 여기에서 조금만 더 노력을 들이면 과거로 가는 길을 열어 주는 첫 번째 통과 구역을 알아낼 수 있다. 현대적 시간 여행의 여명이 밝아 오기 시작한 것이다.

자신을 비롯해 다른 모든 것의 끝없이 많은 버전이 있는, 끝없이 많은 세계가 실제 있거나 혹은 적어도 있을지 모른다는 생각은 오랫동안 믿기도 힘들고 이해하기도 어려웠다. 오늘날 우리에게 매우 자연스레 일어나고 있음에도 말이다. 직관은 시대에서 우위를 점한 생각에 영향을 받아 깊이 새겨지며, 세계에 대한 최상의 해석이 직관적으로 옳다고 여겨지기까지는 종종 얼마간의 시간이 걸린다. 오늘을 사는 대부분의 사람들은 지구가 맹렬한 속도로 태양 주변을 돌고 있다는 태양 중심적 세계관을 곧장 이해하고 받아들인다. 깊이 생각해 보면 꽤나 믿기 어려운 사실임에도 말이다. 우리는 우리가 회전목마를 타고 있다는 걸 전혀 알아채지 못하고 있는 셈이다! 오랫동안 언쟁과 다툼을 벌이고, 기이하고도 엉뚱한 이론들의 초안을 세우고 또 내버리고 나면, 과학이라는 학문은 언젠가 제대로 된 미래에 내려앉을 것이다. 그리고 한참 뒤에, 정말 모든 것이 전연 다르다는 사실이 밝혀지게 된다.

1부

취향대로
떠나는
테마 여행

1장

만국 박람회에 오신 걸 환영합니다

만국 박람회는 그나마 가장 무난하고 복잡하지 않은 과거 여행지 중 하나에 속한다. 박람회를 찾는 많은 방문객들은 대체로 무척 먼 곳에서 오며, 지역적 유행에 걸맞은 옷을 차려입는 편도 아니다. 어색하고 서툰 행동, 현지 화폐에 대한 경험 부족, 그리고 전시품에 관한 무지한 질문으로 이상해 보이거나 주목을 끄는 일은 없다. 난처해지면 미래 지향적인 물건이라거나, 멀리 동떨어진 외지의 물건이라고 말해 버리면 된다. 증기 기관이나 전구 또는 로봇을 보며 가져다가 집에 두고 싶다는 유혹에 빠지지는 말자. 물을 걸러 마실 수 있는 휴대용 필터를 챙겨 가고, 반드시 여과된 물 아니면 끓인 물을 마시도록 하자. 1933년 시카고 만국 박람회에서는 아메바Amoeba성 이질이 유행하여 수많은 사람들이 병에 걸리거나 사망하는데, 특히 두 군데의 호텔에서 오염된 하수가 식수로 흘러들어 98명이 목숨을 잃는다. (만약 그곳으로 떠날 생각이라면 오디토리움Auditorium 호텔과 콩그레스Congress 호텔은 피하자.) 다른 방문객들을 잘 따라다니면서 그들의 관심과 흥미가 어디로 향하며 그 이유는 무엇인지 주의 깊게 관찰해 보자. 오늘날의 시선에서 기대하는 것과 늘 같지만은 않을 것이다. 예를 들어 19세기의 관객들은 기계들이 만들어 내는 소음에 현 시대의 사람들보다 훨씬 더 강렬한 인상을 받는다.

런던, 1851년

언제 5월 1일~10월 15일

입장 들어가는 시기에 따라 입장료는 다르다. 개막 이틀 동안의 일일권은 1파운드이며, 이후 평일 일일권은 1실링이다. (20실링 =1파운드)

최초의 만국 박람회는 오늘날의 관점에서 보면 매력적으로 지루하다. 무엇보다 일상 용품들을 주로 다루는데 이를테면 그릇, 가구, 벽지, 촛불 조명, 옷감, 아마유를 칠하고 열처리를 하여 방수성이 있는 종이, 유난히 커다란 석탄 덩어리들 그리고 처음으로 유료로 운영되는 공중 화장실 등이 있다. 화장실 이용료는 1페니인데, 12펜스(페니의 복수)가 곧 1실링이다. 방적기와 직기의 도움을 받아 직물을 제조하는 과정은 동시대인들에게 인류 발전의 현주소를 보여 주기에 무척이나 가치 있는 전시물 중 하나다. 역사적인 섬유 생산에 별다른 전문 지식이 없는 시간 여행자들은 그 진가를 인정하기가 쉽지 않다. 산업화의 선도국인 영국은 정작 다른 여러 경제 분야에서는 그다지 특출하게 산업화되지 않아, 나머지 참가국들에 대해선 침묵으로 일관한다. 여기에서 볼거리라 꼽힌다 해도 사실은 볼 만한 게 거의 없다.

물론 거머리 기압계라고도 불리는 폭풍우 예보기Tempest prognosticator는 예외다. 마호가니Mahogany와 황동으로 만들어진 이 예보기는 웨딩 케이크 같은 구조에 열두 개의 원형 유리병이 설치되어 있으며, 각각의 병 안에는 주로 빗물에 사는 거머리가 하나씩 들어 있다. 기압이 떨어지면 유리병 속의 거머리들은 위로 기어오른다. 각 병목에는 고래수염으로 만든 작은 바늘이 달려 있어, 기어오르는 거머리가 바늘을 통해 이 기계의 중간에 있는 종을 칠 수 있도록 되어 있다. 거머리 기압계는 시간 여행을 하지 않아도, 영국 데번Devon의 '바로미터 월드Barometer World' 박물관에서 모조품을 관람할 수 있다. 다만 안타깝게도 거기에 거머리는 없다.

뉴욕, 1853년/1854년

언제 1853년 7월 14일~11월 30일, 1854년 1월 1일~4월 15일, 그리고 5월 4일~11월 1일

입장 50센트

'만국 산업 박람회Exhibition of the Industry of All Nations'라는 이름으로 개최된 뉴욕 박람회는 앞서 2년 전에 런던에서 열린 박람회보다 훨씬 흥미롭다고 하기는 어렵다. 그래도 이 박람회는 고층 건물이 아닌 교회 탑들이 스카이라인을 지배한 시기의 맨해튼 전경을 경험할 수 있는 좋은 기회를 선사한다. 아직 초고층 빌딩도, 전면이 거울로 둘러싸인 건물도 없는 시절이다. 섬의 남쪽은 수많은 마차들만 빼면 현재의 베를린과 닮아 있다. 즉 포장된 도로에 4~5층짜리 집들이 줄지어 있다. 끊임없는 공사와 건축은 센트럴 파크Central Park 근처에서 벌써 끝이 나며 이어서 초원, 농가, 시골 마을, 그리고 고급 저택 구역으로 넘어간다. 심지어 센트럴 파크마저 이로부터 몇 년 뒤에 개장한다. 이 섬의 양쪽 면에는 상당한 수의 범선과 증기선이 부지런히 드나든다. 오늘날까지도 관광객들에게 매우 인기 있는 교통수단인 스태튼 아일랜드 페리Staten Island Ferry는 이미 존재한다. 6센트를 내면 커다란 바퀴가 달린 외륜선을 타고, 단

순한 구간을 잠시 둘러보고 올 수 있으니 참고하자. 뉴욕의 전망을 감상하기에는 래팅 관측소Latting Observatory가 최고다. 96미터 높이의 목재 구조물인 이 탑은 만국 박람회를 맞이하여 특별히 제작되었으며, 뉴욕에서 가장 높은 건물이자 구스타프 에펠Gustave Eiffel의 에펠 탑 구상에 모델이 된다. 승객을 위한 최초의 현대식 엘리베이터가 바로 여기에 설치되기는 하나, 이로부터 3년 뒤이기 때문에 박람회 기간에는 걸어서 올라가야 한다. (이를 개발한 엘리샤 오티스Elisha Otis가 바로 이 박람회에서, 승강기 추락에 대비한 안전 브레이크를 선보이는 행사도 있으니 놓치지 말자.) 《뉴욕타임스 New York Times》에서 전하듯이, 두 발로 걸어 래팅 탑에 오르는 일은 '약간 지치지만 소화를 촉진한다'.

파리, 1855년

언제 5월 15일~11월 15일

입장 기간에 따라 다르며, 주중 입장료는 20센트에서 5프랑 Franc 사이다.

1855년에 열리는 파리 만국 박람회는 휴가 자금을 조달하고 싶은 이들에게 쏠쏠한 기회를 제공한다. 그때까지만 해도 소수의 화학자들이 개념으로만 알던 알루미늄이라는 금속이, 여기에서 처음으로 열두 개의 작은 막대 모양으로 만들어져 대중에게 선을 보인다. 이는 상류층의 흥미를 깨워 이후 알루미늄으로 된 단추와 장신구가 크게 각광을 받는다. 나폴레옹 3세Napoleon Ⅲ(우리가 아는 그 나폴레옹이 아니라 그의 조카)는 알루미늄에 빠져 장신구나 식기뿐 아니라, 이 새로운 자재로 군을 무장하여 군사적으로 유리한 고지에 서기를 열망한다. 새로 등장한 이 금속은 짧은 기간 동안 금보다 더 비싸지기도 하지만, 1856년에 들어서면서 알루미늄의 가격은 점차 떨어진다. 이번 파리 만국 박람회는 스크래치가 조금 있는 캠핑용 알루미늄 그릇을 당당하게 어마어마한 가격으로 내놓고 팔기에 아주 적절한 시기다.

런던, 1862년

언제 5월 1일~11월 1일, 일요일을 제외한 매일

입장 입장료는 계속 달라지나, 1실링부터 시작한다.

첫 번째 만국 박람회 이후 11년 동안 런던의 산업 혁명은 크게 진보한다. 그리하여 1862년 런던 박람회에는 놀라운 볼거리가 적

지 않다. 여기에서는 전신기를 비롯해 증기 가동 냉장고와 최초의 플라스틱이자 일종의 셀룰로이드Celluloid인 '파크신Parkesine'을 볼 수 있다. 디자이너 윌리엄 모리스William Morris도 친구들과 공동으로 설립한 가구 및 장식 업체인 모리스, 마샬, 포크너 & 코Morris, Marshall, Faulkner & Co.의 대표로 박람회에 참석한다. ('장식 및 살림용 유리' 구역에서 전시 번호 6734를 찾아가면 그의 공예품들을 만날 수 있다.) '사진 촬영 도구 및 사진' 구역의 전시 번호 3011 부스에선 수학자이자 기계공학자인 찰스 배비지Charles Babbages가 개발한 기계식 계산기인 차분 기관Difference Engine의 일부를 관람할 수 있다. 이 시기에는 완성되지 않은 계산기의 일부분도 전시할 만한 대상이 되는데, 당시만 해도 완전한 계산기를 설계하고 만들어 내는 일은 여러 다양한 이유로 종종 수포로 돌아가곤 한다. 여러 이유 중에는 자금 부족도 있다. 아무튼 발명가 배비지는 전시회에 참석하지 않고, 이 계산기를 더 나은 버전으로 완성하기 위해 작업에 몰두 중이다. 만약 그에게 일말의 조언을 건네고 싶다면 편지를 보내는 편이 낫다. 혹시 몰라 그의 주소를 적는다. 1 Dorset Street, Marylebone, London. 하지만 서두르도록 하자. 배비지는 1871년에 세상을 떠난다. 미완성의 차분 기관은 1985년부터 2002년까지 런던 과학 박물관London Science Museum에서, 배비지의 설계를 바탕으로 마침내 실제로 구현된다. 먼 미래로의 시간 여행 없이도 이곳을 찾아가면 배비지의 흔적을 느낄 수 있다.

국제 전기 박람회, 파리, 1881년

언제 8월 15일~11월 15일

입장 기간에 따라 입장료는 다르며, 평일 낮 시간대는 50센트와 1프 랑 50센트 사이다.

국제 전기 박람회International Exposition of Electricity는 공식적인 만국 박람회는 아니지만, 이 시기의 전기 및 전기 사용 현황을 알아보고 싶은 이들에게는 볼거리도 가득하며 진정한 감격과 열광을 불러일 으킬 만한 곳이다. 무엇보다 토머스 에디슨Thomas Edison이 백열전 구를 소개하고, 알렉산더 벨이 최초의 상용 전화기를 내놓으며, 베 르너 폰 지멘스Werner von Siemens가 가공 전차선으로 가는 노면 전 차를 최초로 선보이고, 구스타브 트루베Gustave Trouvé가 실험적인 전기 자동차를 출품한다. 클레망 아데르Clément Ader가 개발한 극장 전화인 테아트로폰Theatrophone으로 약 2킬로미터 떨어진 극장에서 상연하는 오페라를 생중계로 들을 수도 있다. 헤드폰이 아직 없으므 로 수화기 두 개를 양쪽 귀에 대고 들어야 한다. 방문객과 특파원들 에게 깊은 인상을 남긴 테아트로폰은 이후 동전을 넣는 버전으로 만 들어져 수십여 년 동안 특히 프랑스, 벨기에, 영국, 스웨덴에서 큰 인 기를 얻는다. 그러나 이 외에 다른 지역으로 퍼져 나가지는 않는다.

파리, 1889년

언제 5월 6일~10월 31일

입장 1프랑. 때에 따라 표를 두 장씩 끊어야 하는 날도 있다.

이번 파리 '만국 박람회Exposition universelle'는 프랑스 혁명 100주년을 기념하고 축하하는 자리이기에 외국에서는 이론이 분분하다. 당대 가장 높은 건축물인 에펠 탑은 지어진 지 얼마 되지 않아, 박람회 첫 주에는 걸어서 올라가야 한다. 엘리베이터가 제때 완성되지 않았기 때문이다. 밤에는 조명으로 밝게 빛나니, 에펠 탑의 모습을 사진으로 담거나 원한다면 배경으로 삼아 기념 촬영을 해도 좋다. 현재는 저작권 때문에 문제가 되지만 이때는 괜찮으니 기회를 충분히 누리자. 지금은 야간에 조명으로 빛나는 에펠 탑을 촬영하면 저작권법에 따라 에펠 탑 운영사 측에서 저작료를 청구할 수 있다.

릴Lille 미술관이라고도 불리는 팔레 드 보자르Palais des Beaux-Arts에서는 전형적이고 보수적인 그림들을 전시한다. 인상주의 회화는 아직 찾아보기 어렵다. 그래서 화가 폴 고갱Paul Gauguin은 박람회장 근방의 카페 데자르Café des Arts에서 '볼피니 전시회Exposition Volpini'를 개최한다. (카페는 언론사 전용 천막 맞은편, 박람회장 부지 바로 밖에 있다.) 거기에는 100여 작에 달하는 다양한 인상주의 그림이 걸려 있다. 하지만 단 한 작품도 팔리지 않는다. 인상주의 화가들을 격려하는 차원에서 몇몇 작품을 구입하는 건 괜찮다. 그러나 유혹이 아무리 크더라도 구입한 그림을 집으로 가져오지는 말자. (35장 '가져갈 것과 가져올 것'을 읽어 보자.) 그 작품들이 1889년에 계속 머물 수 있도록 당대에 선사하자. 작품의 가치를 알아보며 벼룩시장에서 바로 팔아 버리지 않을 누군가에게 선물하는 길이 최선이다.

이른바 검둥이 마을인 '빌리지 네그레Village nègre'에서는 프랑스의 여러 식민지에서 온 400여 명의 흑인들을 데려다가, 이들이 사는 여섯 개의 마을을 재현하여 전시한다. 빌리지 네그레는 당대 가장 대규모의 인간 동물원 중 하나이지만 결코 유일한 곳은 아니다. 이처럼 다른 인종의 의례, 도구, 의상, 춤 그리고 활동 모습을 보여 주는 전시는 상당 부분 프랑스인들에 의해 고안되며, 각 식민지의 실제 일상과는 거의 무관하다. 인간 동물원과 같은 전시는 관람객들에게 프랑스의 발전과 이방인의 야만성을 명료하게 대비시켜 보여 주면서, 식민 지배의 정당함을 확인시키려 한다. 이 특별한 박람회의 문제는 비단 하나가 아니다. 만약 당신이 이전에 행해진 다른 박람회를 벌써 들르고 왔다면, 거기에서도 당신은 식민지에서 착취한 물건 및 약탈한 예술품들을 마주했을 것이다. 그리고 이들 모두는 현재 우리 주변의 박물관에 자리하고 있다. 서부 개척

시대를 재현한 대규모 공연인 버팔로 빌Buffalo Bill의 '와일드 웨스트 쇼Wild West Show' 역시 어딘가 의문스럽다. 궁금하다면 말리지는 않겠으나, 굳이 찾아가 이 사업에 힘을 보탤 필요는 없다. 1889년의 프랑스 방문객들과 달리, 당신은 북아메리카 역사가 현실적인 모습으로 그려지도록 힘을 실어 줄 기회가 있다. 이런 연출된 공연에 혹하지 않는 것만으로도 작지만 도움이 된다. 그러니 주어진 기회를 활용하자.

시카고, 1893년

언제 5월 1일~10월 3일

입장 성인 50센트, 어린이 25센트

'세계 콜럼비안 박람회World's Columbian Exposition'라는 이름의 이 전람회는 콜롬비아가 아닌 미국에서 열린다. 이 독특한 이름은 콜럼버스가 아메리카 대륙에 발을 들인 지 400년(정확히는 401년) 되는 해와 관련이 있다. 여기에서도 당신은 너무나 지루해서 인상에 남을 정도인 몇 가지 전시품들과 마주하게 된다. 이를테면 미시간 주의 협조하에 그곳에서 가져온 통나무들을 11미터 높이로 쌓아 놓고, '세계 불가사의 중 하나'라고 칭하는 전시도 있다. 알루미늄

('무향! 무맛! 탄성! 변형 가능!')은 효율적인 생산 방식 덕분에 여전히 미래의 금속으로 여겨지나 더 이상 금보다 비싸지는 않다. 휘트컴 저드슨Whitcomb Judson의 새로운 발명품인 지퍼Zipper가 처음으로 공개되지만, 방문객들의 반응은 냉담하기만 하다. 지퍼가 대량 생산되어 대중화되기까지 저드슨은 거의 30년을 버티며 돌파구를 찾아낸다. 행사의 일부는 놀이 공원과 비슷하게 꾸려져 있으며 무엇보다 대관람차, 전기로 불을 밝힌 알프스 전경 사진, 그리고 독일 니터발트Niederwald 기념비의 게르마니아Germania 여신상을 슈톨베르크Stollwerck 초콜릿으로 쌓아 올린 12미터 높이의 모조품이 이목을 끈다. 이번 만국 박람회에서 초콜릿 사업가 루트비히 슈톨베르크Ludwig Stollwerck와 토머스 에디슨이 서로 알게 되고, 그로 인해 이후 '말하는 초콜릿'을 공동으로 개발하게 된다. 말하는 초콜릿은 축음기로 연주가 가능한, 초콜릿 레코드판으로 '특별히 섬세한 품질'을 자랑한다.

이번 행사에서 여성들은 별도로 마련된 전시 건물에서, 다양한 분야에 종사하는 여성들을 널리 알리는 입장으로 참석하기도 한다. 물론 이런 일이 처음은 아니다. 1873년 오스트리아 빈에서 열린 만국 박람회에도 '여성 노동 전시관'이 있었으나, 상업적 목적이 없는 수공예 작업을 전시하는 데에서 그쳤다. 1876년 필라델피아 만국 박람회에서도 '여성들의 건물Women's Building'이라는 공간에서, 취미로 뜨개질을 하는 여성의 모습이 전시되었다. 두 박람회에서 비춰진 여성의 노동은 그다지 활동적이지도 에너지가 넘치지도 않는다. 시카고 박람회의 이 전시 건물은 대학 교육을 받은 최초의 여성 건축가인 스물한 살의 소피아 헤이든Sophia Hayden의 설계에 따라 지어진다. 보스턴의 매사추세츠공과대학교에서 건축학을 공부한 헤이든은 경쟁에서 열두 명의 지원자를 제치고 건축 설계의 기회를 따낸다. 그녀의 설계에 따라 지어진 시카고 '여성들의 건물'은 더 이상 수공업에만 치중하지 않으면서, 여성들의 전매 특허 분야의 기술적 발전을 보여 주는 데 집중한다. 그중에서도 예술 및 디자인 분야의 여성 참가자들의 경우, 일반 전시관 대신 여기에서 따로 작품을 소개하는 일이 오히려 손해는 아닐지 이견이 갈리기도 한다. 5월 15일에서 22일까지 여성들의 건물에서 개최되는 '세계 여성 대표자 대회World's Congress of Representative Women'에 가면 다수의 저명한 여성 참정권 운동가들과 마주칠 수 있다. (100년 뒤 1달러 동전에 얼굴이 새겨지는 수전 B. 앤서니Susan B. Anthony는 5월 18일 오전 10시에 연설을 한다.)

대략 800만 명에 달하는 아프리카계 미국인들이 왜 이번 박람회에서 거의 보이지 않는지 궁금하다면, 아이티Haiti 전시관을 찾아가 보자. 저널리스트이자 민권 운동가이며 노예 집안의 딸이었던, 아이다 B. 웰스Ida B. Wells가 그곳에서 현 상황에 항의하는 목소리를 내고 있을 것이다. 그녀는 다른 운동가와 함께 《세계 콜럼비안 박람회에 흑인 미국인이 없는 이유The Reason Why the Colored American is not in the World's Columbian Exposition》라는 제목의 얇은 책 한 권을 집필하고 펴냄으로써, 바로 이 질문에 답을 한다. 박람회의 마지막 세 달 사이에 아이티 전시관에 들른다면 이 책을 무료로 얻을 수 있다.

파리, 1900년

언제 4월 14일~11월 12일. 가능하면 행사 기간의 후반기에 방문하기를 권한다. 개장 이후 중반까지는 여전히 공사 중인 전시관들이 곳곳에 널려 있기 때문이다. 그렇다고 너무 늦게 찾아가지는 말자. 이 박람회는 곧 재정적 어려움에 빠져, 인기 있는 전시관 중 일부는 수익성이 낮다는 이유로 일찍 문을 닫을 테니 말이다. 커다란 기대와 관심으로 박람회의 지분을 사들인 수많은 파리 시민들은 투자한 돈을 잃으며, 이로 인해 적어도 프랑스에서는 만국 박람회를 향한 열광이 차츰 시들어 간다.

입장 1프랑. 이른 아침과 늦은 저녁 시간대에는 입장권을 두 장씩 끊어야 한다.

1900년에 열리는 파리 만국 박람회에서는 '루 드 라비니르Rue de l'Avenir', 즉 미래의 길이라는 이름의 새로운 이동 수단을 체험할 기회가 주어진다. 오늘날의 무빙워크와 같은 이 자동 보도는 안타깝게도 행사 이후 바로 철거된다. 7미터 높이의 목재 구조물 위에, 역시나 나무로 된 벨트로 이루어진 이 무빙워크는 3.5킬로미터 길이로 박람회장 주변에 놓여 있으며(이용료 50센트) 빠르게 돌아가는 벨트와 천천히 가는 벨트로 구성되어 있다. 캐나다의 영화 선구자인 제임스 헨리 화이트James Henry White는 토머스 에디슨 회사의 의뢰를 받아, 이 모습을 영상에 담아서 짧은 영화로 만든다. 이 영화는 아직 보존되어 있으며 미국 의회 도서관Library of Congress의 소장 자료에서 찾아볼 수 있다. 화이트가 이번 만국 박람회를 돌아보며 찍은 다른 몇몇 사진 및 영상들 또한 여기에 있다.

이 외에도 1900년 파리 박람회에는 (여러 가지 의미로) 볼거리가 제법 많다. 전시 이후 바로 쓰레기 취급을 당하는 60미터짜리 무의미한 망원경, 증기 기관으로 작동하는 자동차, 최초의 유성 영화, 그리고 진짜 대형 열기구에 올라타 열 대의 영사기가 360도로 비추는 영상을 생생하게 감상하는 일종의 가상 체험까지 있다. 시네오라마Cinéorama라 불리는 이 전시를 직접 보고 싶다면 서둘러야 한다. 안전상의 이유로 시네오라마는 박람회 네 번째 날부터 상영이 금지된다. 영사기의 호광등에서 내뿜는 열기가 너무 뜨거워 화재의 위험이 있기 때문이다. 이보다 위험이 덜한 가상 체험 여행도 있다. 시베리아 횡단 철도의 실제 세 칸짜리 고급 열차에 몸을 싣고, 덤불과 그림으로 만든 풍경들이 각기 다른 속도로 창밖을 지나가는 모습을 경험하는 전시관도 있다. 마레오라마Maréorama라는 이름의 이 전시는 증기선 여행도 가상으로 체험하게 해 준다. 마찬가지로 그림으로 된 바다와 항구 풍경이 배 주변을 빠르게 움직이며, 연기를 내뿜는 연통과 이리저리 흔들리는 갑판 덕분에 실지로 바다 여행을 떠나는 기분이 들게 한다. 뿐만 아니라 이번 만국 박람회에는 프랑스 누보Nouveau 양식을 드러내는 다수의 작품이 있으며, 인간 동물원도 여전히 존재한다.

이 무렵 개최되는 여러 만국 박람회에서 하이라이트는 '크리스털 팰리스Crystal Palace', 즉 수정궁이다. 주철 기둥과 목재 그리고 유리로 이루어진 이 압도적인 구조물은 관람객들에게 인기가 대단하다. 수정궁을 향한 열광은 1851년 런던에서 시작된다. 그해 개최되는 만국 박람회를 위해 런던의 하이드 파크Hyde Park에 세워진 수정궁은 500미터가 넘는 길이에 폭은 140미터에 달한다. 궁의 내부에는 예전부터 그 자리에 있던 거대한 나무들도 그대로 있다. 하지만 나무와 함께 들어온 새들 때문에 문제가 되기도 한다. 런던의 수정궁이 크게 호응을 얻자, 이와 유사한 건축물들이 만국 박람회마다 잇달아 생겨난다. 1853년 뉴욕, 1854년 뮌헨, 1858년 토론토, 1860년 몬트리올, 그리고 1887년 마드리드에서도 수정궁이 지어진다. 마지막 한 군데를 제외하고 모든 건물은 훗날 화재에 희생되고 만다. 그러므로 타임머신을 타고 방문하기를 적극 추천한다. 유리로 만들어진 역사적이고도 기념비적인, 웅장한 건축물에 관심이 있다면 말이다.

2장

잊을 수 없는 주말을 위한 원 포인트 여행지

보통 여행객들은 모든 걸 느긋하게 둘러볼 만큼 시간이 넉넉하지 않은 편이다. 1773년 영국의 작가 새뮤얼 존슨Samuel Johnson처럼, 야생의 스코틀랜드 땅을 몇 달 넘게 돌아다닐 수 있는 사람이 얼마나 되겠는가? 1699년부터 1701년까지 남아메리카 수리남Surinam 을 여행하다 돌아온, 생물학자이자 탐험가인 마리아 지빌라 메리안Maria Sibylla Merian과 그의 딸처럼 2년이라는 시간 동안 여행할 수 있는 사람이 얼마나 있겠는가? 어쩌면 당신은 당장 이번 여름휴가를 통째로 과거에서 보내기보다, 분위기나 느낌이 어떤지 시험 삼아 짧게 다녀오고 싶을지 모른다. 그리 복잡하지 않으면서 흥미진진한 주말여행을 원하는 이들을 위해, 서로 아무런 관련이 없는 세 군데의 여행지를 여기에서 따로 소개하려 한다.

그라나다, 1350년~1450년

8세기 초 북아프리카의 전사들은 오늘날 스페인과 포르투갈이 있는 이베리아반도 일대를 정복하여 그곳에 오랫동안 정착한다. 나중에 무어Moor라 불리는 이들은 대부분 이슬람교도로, 그때까지 이슬람은 유럽에 존재하지 않는 아주 새로운 종교 중 하나다. 이슬람 창시자인 무함마드Muhammad가 사망한 지 100년도 채 지나지 않은 시기이기 때문이다. 이 무렵 이베리아반도에는 서고트족Visigoth이 살며, 이보다 300년 전에는 반달족Vandal이 산다. 이후 500년 동안 무어인들이 이베리아반도에 머물게 된다. 민중과 군대 그리고 왕족들이 문지방이 닳도록 이곳을 드나든다. 무어인의 비호 아래 이 지역은 오랜 기간 안정을 누리며 문명화의 전성기를 구가한다. 가로등, 포장 도로, 도서관, 하수도 시설, 예술, 학문 등 다른 어떤 유럽 땅에서는 꿈꾸기도 버거운 찬란한 발전의 징표를 드러낸다.

11세기경 이베리아반도를 차지하여 이 땅을 다시 그리스도교로 탈환하려는, 과도한 열망을 품은 세력들이 이웃 국가에서 속속 등장한다. 그리스도교 세력에 기반을 둔 군대들은 길고도 복잡한 전쟁에 무어인들을 계속해서 끌어들이며, 조금씩 그리고 천천히 이들을 밀어낸다. 13세기 중반에 이르러 무어인이 세운 거의 대부분의 대도시는 그리스도교의 지배 아래 놓인다. 그럼에도 무어인들은 마치 불사조처럼 1232년에 새로운 국가를 하나 세운다. 무어의 마지막 이슬람 왕조인 나스르Nasr가 지배한, 그라나다 토후국 Emirate of Granada이 바로 그 주인공이다. 이 토후국은 오늘날의 그라나다Granada와 말라가Málaga 그리고 안달루시아Andalucía 동부의 알메리아Almería 등의 도시를 포함하며, 높은 산맥의 보호와 비옥한 평야 그리고 지중해 연안에 갖춰진 항구로 풍요와 번영을 누린다. 나스르 왕조는 인근 적대국들과 아슬아슬하게 평화를 유지하는데, 특히 적에게 대량의 금덩어리를 바치면서 가까스로 안정을 확보한다. 그라나다 토후국은 생각보다 오래가며 250년 넘게 지속된다. 서유럽의 마지막 이슬람 국가인 그라나다 토후국은 시간 여행자들에게 매우 탁월한 여행지로 꼽힌다.

　무어인들이 유럽에 남긴 문화의 흔적을 단지 피상적으로만 느껴 보고 싶다면 시간 여행을 떠날 필요가 전혀 없다. 현재 비교적 잘 보존된 유적지가 있으니 굳이 과거로 가지 않아도 얼마든지 둘러볼 수 있다. 나스르의 궁전이자 그라나다시 안에 세워진 또 하나의 복합 도시인 알람브라Alhambra는 토후국 당시보다 오늘날 찾아가 구경하는 쪽이 훨씬 수월하고 편하다. 물론 귀한 그림들 중 다수는 그 사이 색이 바라거나 덧칠이 되었고, 궁전의 벽은 산산조각이 났으며 탑은 무너져 내렸다. 이는 감안해야 한다. 거기에다 나중에 추가로 세워진 르네상스 건축물들은 몹시 흉물스러워 보인다. 그 대신 당신에게는 고요와 평온이 주어진다. 마지막 150년 동안 나스르 왕조는 알람브라 안에서 거리낌 없이 독살되고, 칼에 찔려 죽고, 또 모략에 빠져 죽는다. 나스르의 거의 모든 통치자는 자연사 없이 이른 나이에 인위적인 죽음을 맞이한다. 나스르 왕조의 멸망 이후에도 알람브라에는 완전 무장한 군인들이 얼마간 버티며 살아간다. 19세기 후반에 들어서야 비로소 알람브라는 합법적인 관광지가 된다.

나스르 왕조를 보다 풍부하게 경험해 보고 싶다면 약 650년 전의 과거로 떠나야 한다. 1333년 유수프 1세Yusuf I가 권력을 잡으면서 그라나다의 황금기가 시작된다. 이후 20년 내에 알람브라가 완공된다. 영국과 프랑스에 흑사병이 본격적으로 확산되는 1348년에, 그라나다에도 처음으로 흑사병이 들어온다. 정치인이자 시인이고 학자이자 의사이며 그 외에도 다방면에 재능이 있는, 그라나다 출신의 이븐 알카티브Ibn al-Khatib는 흑사병이 전염성 질병임을 확신하며 이에 대한 명백한 경험적 증거들도 확보한다. 이를 가지고 그는, 이 질병을 신의 형벌이라 여기는 널리 퍼진 잘못된 믿음에 맞서 싸운다.

여행객으로서 들르고 싶다면 흑사병이 유행하는 시기는 피하도록 하자. 그리고 1350년부터는 무어인들과 어느 정도 안전 거리를 유지하면서 여행을 하자. 물론 주말 동안 잠시 그라나다에 다녀온다면 별다른 일이 벌어지지는 않을 것이다. 평화로운 시기에도 스페인 사람들과 크고 작은 전투가 벌어지는 국경 근처에 과감히 접근하지만 않는다면, 그리고 통치자 집안과 거리를 두며 지낸다면 큰일은 없을 것이다. 이들 집안에선 거의 매주 살인과 암살이 일어난다.

이 시기에 그라나다는 번영의 절정을 맞이한다. 나스르 왕조의 집권 후기에는 대략 5만 명이 이 도시에 거주하는데, 당시 다른 도시들과 비교해 보면 이해가 쉽다. 런던의 경우 14세기에 처음으로 거주민이 10만에 달하지만, 이내 흑사병으로 인구가 급격히 감소한다. 쾰른, 나폴리, 프라하에는 그라나다와 비슷한 수의 주민이 산다. 콘스탄티노플, 파리, 밀라노는 그라나다보다 조금 더 규모가 크다. 인구 밀도가 높은 그라나다의 사람들은 조밀하게 모여, 주로 창문이 많지 않고 수로를 통해 흐르는 물이 공급되는 집에 산다. 길거리는 중세 치고 깨끗하다. 런던의 곳곳에선 참을 수 없이 지독한 시궁창 냄새가 풍겨 나는 반면, 그라나다는 하수를 지하로 흘려보내기에 냄새가 덜하다. 뉘른베르크 출신의 지식인 히에로니무스 뮌처Hieronymus Münzer는 15세기 말 이 도시를 방문하고는 크게 열광하며 극찬한다. '장담하건대 전 유럽에 이와 비슷한 도시는 없을 것이다. 모든 것이 심히 휘황찬란하고 장엄하며, 너무도 정교하게 설계되어 있어 지상 낙원이라 착각할 정도다.'

나스르의 그라나다를 이리저리 산책하다 보면 왠지 계속 감시당하는 느낌을 받을 수 있다. 테라스, 발코니, 성벽, 언덕처럼 끊임없이 무언가가 위쪽에 자리하고 있기 때문에, 사람의 시선이 아니더라도 위에서 내려다보는 느낌에서 벗어나기는 어렵다. 도시의 골목들은 좁고 구불구불한 데다 빛과 그림자, 산과 골짜기가 수시로 교차하여 흡사 미로의 한 구간을 헤매는 듯한 인상을 준다. 그라나다의 건축 양식은 근방의 적으로부터 상시 위협받는 이 도시의 현실을 반영한다.

도시의 중심에는 100미터 곱하기 60미터 넓이의 거대하고 환상적인 이슬람 사원, 모스크Mosque가 있다. 1492년 이후 이 이슬람 사원은 새로운 대성당으로 대체되므로, 사원의 실제 모습은 과거로 가서만 관람할 수 있다. 여유가 있으면 사방에 평지와 언덕을 골고루 갖춘 외곽 지역으로 빠져나와도 좋다. 알바이신Albaicín 지구는 알람브라의 전경을 한눈에 보기에 최적의 장소다. 구릉지인 알바이신에선 알람브라의 성벽과 탑까지 두루 조망할 수 있다. 이지구는 고유의 성벽으로 둘러싸여 있으며, 낮 동안에는 열려 있으나 밤이 되면 닫힌다.

모스크 곁에 위치한 알카이세리아Alcaicería 시장에선 이 도시의 주요 생산품 중 하나인 비단이 수백여 개의 가판대 위에서 활발히 거래된다. 모스크 바로 옆에 난 오피시오스 거리Calle Oficios에는 1349년부터 마드라자Madraza 건물이 자리한다. 무슬림 고등 교육 기관인 마드라자에서는 철학, 천문학, 수학 등의 학문을 가르친다. 시내 중심뿐 아니라 다른 여러 외곽 지역에도 크고 작은 시장들이 즐비하며, 어딜 가든 늘 시끌벅적하고 분주하다. 하지만 이슬람 사원은 예외다. 기도 및 예배 시간을 알리는 소리가 날마다 수차례

미나레트Minaret 탑에서 울려 퍼지며, 수십여 명의 사람들이 조용히 사원 안을 드나든다. 길거리에서 당신은 태생과 생활 방식이 각기 다른 다양한 사람들을 마주치게 된다. 부유한 상인도 있고 군인도 있으며, 전문 분야에 따라 특정 골목이나 구역에 머물며 일하는 수공업자도 있다. 도시의 성벽 밖에 있는 시골 마을에서 농사일을 하며 사는 이들도 있다. 여성들은 주변 그리스도교 지역들보다 현저히 많은 권리를 누린다. 이 도시가 당대의 여성들에게 어떤 영향을 미치는지는 그라나다의 전체적인 모습을 살펴보며 당신이 직접 현장에서 알아내도록 하자.

　　오래전에 정착한 유대교도와 일시적으로 머무는 그리스도교인 소수를 제외하면 주민의 대부분은 무슬림이다. 그라나다 토후국은 무척 진보적인 나라다. 이들의 공용어는 오늘날 '고전 아랍어'라 불리는 언어로, 현재 아무도 사용하지 않는다. 현대 표준 아랍어는 이 고전 아랍어에 근간을 두고 있다. 그러나 거리에서 당신은 주로 안달루시아 아랍어를 듣게 될 것이다. 이 언어 역시 현재 거의 사멸되었으며 극히 일부 지역에서만 사용된다. 만약 당신이 아랍어를 조금이라도 한다면 어느 정도 뜻을 전달할 수는 있을 것이다. 상대방이 약간의 인내심을 가지고 있다면 말이다. 물론 당신이 이해할 수 있는 말은 아주 적을 것이다. 하지만 이는 오늘날도 마찬가지다. 공식 언어만 아는 상태로 낯선 나라를 방문한다면 상황은 크게 다르지 않을 것이다. 현대 스페인어 단어 몇 개로 통하는 경우도 가끔 있겠지만 그 이상의 원활한 소통은 어려울 것이다. 다른 방법이 없으면 만국 공통어인 손짓과 발짓으로 의사소통을 하면 된다. 원주민과 오래 대화를 나누고 싶다면 여행사 담당자에게 통역 비용이 보통 얼마나 하는지 물어보도록 하자.

여행에서 당신은 그라나다의 주민들에게, 그들의 아름다운 도시가 100년 뒤 스페인에 속하게 된다고 이야기해 줄 수도 있다. 안달루시아 무슬림들이 1492년 이후 이 땅에서 추방당하고 배척당한다고 알려 주어도 된다. 물론 그러면서 너무 많은 걸 기대하지는 말자. 반응은 셋 중 하나다. 그들 가운데 몇몇이 이미 어렴풋이 이를 예상하거나, 당신의 말을 믿지 않거나, 아니면 아예 아무런 관심이 없을 것이다. 따지고 보면 1492년이라는 해는 너무 멀리 떨어져 있다. 우리 인간은 수십 년 혹은 수 세기 뒤의 시대를 계획하는 일에 그다지 뛰어나지 않다. 조만간 기근, 전쟁, 빈곤, 추방 또는 억압이 닥칠 거라고 당신이 몇 사람을 설득한다 하더라도, 최소한 자유 의지로 다른 땅으로 옮겨 가는 이들은 그보다 50년쯤 전이나 되어야 생겨날 것이다. 그럼에도 시도해 보고 싶다면, 먼저 현재 홍수 위험 지역이나 화산 근처에 사는 사람들에게 본인의 설득 기술을 한번 테스트해 보자.

주말을 문화생활로 보낼지 자연 속에서 지낼지 아니면 파티를 즐기며 보내야 할지 결정하기 힘든 여행객들에게는 18세기 후반의 나폴리가 제격이다. 1759년까지 나폴리의 국왕은 카를로스 3세Carlos III이지만 이후 그는 스페인 왕위에 오르면서, 이 화려하고 아름다운 도시를 갓 여덟 살이 된 자신의 아들 페르디난도 3세Ferdinando III에게 이를 갈며 넘겨준다. 이 무렵 나폴리는 유럽에서 세 번째로 큰 도시로, 인구는 40만에 달한다. 거주민의 대다수는 빈곤하게 살지만, 소위 엘리트 계층의 모임에 들어가 어울리게 된다면 아무런 부족함이 없을 것이다. 다만 악취를 잘 견뎌 낸다면 말이다. 하수와 쓰레기를 냄새 없이 처리하는 일은 안타깝게도 나폴리의 장점에 들어가지 않는다.

냄새만 제외하면 나폴리는 믿을 수 없을 만큼 아름다운 도시다. '유럽 어디에도 문화와 자연이 이처럼 서로 극적으로 조화를 이루는 곳은 없었다. 유럽 대륙에서 이토록 푸른 바다와 눈부신 하늘이 공존하는 로열 시티Royal City는 누구도 경험한 적이 없었다.' 역사학자 레온하르트 호로브스키Leonhard Horowski는 저서 《왕들의 유럽Das Europa der Könige》에서 이렇게 적는다. 도시의 궁전들은 예술작품의 기운을 내뿜는다. 중세 유럽이 소빙하기로 추위에 떠는 시기에도, 한 면은 바다로 그리고 다른 한 면은 산으로 둘러싸인 나폴리는 비교적 쾌적한 기온을 제공한다. 도시 바로 옆에는 베수비오 화산이 높이 솟아 있다. 활화산인 베수비오는 이따금 다시 깨어나 지표를 뚫고 터져 나오며, 먼지 구름을 내뿜고 불덩이 같은 돌을 뱉어 낸다.

나폴리에 며칠 머물다 보면 머나먼 과거에서처럼 활화산을 두렵고 번거로운 대상으로 여기는 대신, 점점 초연해지면서 산이 감탄스럽다 못해 얼마 뒤에는 심지어 낭만적으로 느껴지는 순간을 경험하게 될 것이다. 언어가 다른 숙소의 주인마저 당신이 화산을 향해 쏟아 내는 감탄사를 이해하게 될지 모른다. 수백여 년 전의 이들에게 낯설기 짝이 없는 표현이더라도 말이다. 아니면 주인에게 나폴리 특유의 감탄사를 물어보아도 좋겠다. 아마도 기꺼이 다양한 표현을 알려줄 것이다. 이 도시는 여행자들에게 친절한 편이다. 배움과 경험을 위해 나폴리를 찾은 방문객은 당신만이 아닐 것이다. 당신처럼 소위 여행객이라 불리는 단정하고 예의 바른 사람들 중에는 특히 영국인들이 많을 것이다. (물론 타임머신이 아니라 마차나 배를 타고 왔겠지만, 그 외에는 크게 다르지 않다.)

저녁이 되면 여행객들은 지역 유지나 고위 관료들과 산 카를로 극장Teatro di San Carlo에서 만난다. 어마어마한 규모를 자랑하는 이 오페라 하우스Opera house는 1737년에 문을 연다. 18세기의 오페라는 마치 카스트라토Castrato의 노래만으로 끌고 가는 슈퍼히어로 영화와 같다. 180개의 특별석을 여섯 층에 걸쳐 배치하고, 1000여 개의 좌석을 갖추며, 내부를 호화로운 금장으로 꾸민 산 카를로 극장은 이 무렵 유럽의 그 어떤 오페라 하우스보다 훨씬 더 웅장하고 화려하며 광기 어린 듯이 강렬하다. 극장의 무대는 100여 명의 배우와 진짜 말들이 올라 스펙터클한 전투 장면을 선보일 만큼 충분히 크다. 작곡가 루이스 슈포어Louis Spohr는 1817년에, 산 카를로 극장이 오페라를 하기에 실로 너무 크다는 걸 깨닫는다. 고요한 악장들은 거대한 홀 안에서 매력을 잃고 사라져 버리기 때문이다. 가서 오페라를 관람하더라도 현대식으로 녹음된 실황 공연 수준의 음향을 기대하지는 말자. 그 대신 신박한 음향 효과를 만들어 내는 현란하고 과장된 건축물에 놀라움을 느껴 보자. (이와 관련된 주제는 6장 '바흐의 칸타타를 감상하는 시간'에서 보다 자세히 다루니 읽어 보기를 바란다.)

18세기 나폴리로 여행을 떠난다면 그곳이 당대 세계 음악의 중심이라는 생각이 들지도 모른다. 여기에서 말하는 '세계'가 '유럽의 서너 개 왕국'을 뜻한다면 말이다. 실지로 유럽 최고의 작곡가들이 나폴리에서 오페라를 쓰려고 속속 몰려든다. 이 지역 출신 작곡가인 스카를라티Domenico Scarlatti, 페르골레시Giovanni Battista Pergolesi, 두란테Francesco Durante, 파이시엘로Giovanni Paisiello 등은 세계적인 명성을 얻는다. 나폴리 양식은 후기 바로크Baroque와 초기 고전주의가 혼합된 스타일로, 크반츠Johann Joachim Quantz와 글루크 Christoph Willibald Gluck 그리고 나중에는 하이든Franz Joseph Haydn과 모차르트Wolfgang Amadeus Mozart에게 영향을 미친다.

만약 당신이 악기 하나를 능숙하게 다룬다면, 예를 들어 이 시대에 유행하는 가로 플루트나 바이올린 또는 첼로를 연주할 수 있다면 윌리엄 해밀턴William Hamilton 경에게 호감을 살지도 모른다. 나폴리 주재 영국 대사로 1764년부터 그곳에 머무는 해밀턴 경은 취미로 음악을 하면서 야망과 열정이 넘치는 인물이다. 음악뿐 아니라 그는 취미로 하는 화산학에도 조예가 깊으며, 골동품 수집도 열정적으로 즐긴다. 한편 해밀턴은 본인 소유의 여러 저택에서 정기적으로 파티를 여는데 이는 영국 여행객들에게 인기가 상당하다. 어쩌면 당신은 플루트 없이도 파티에서 그들과 어울릴 수 있을지 모른다.

스톤헨지, 기원전 3000년~기원전 2000년

그리고 이제 완전히 다른 곳으로 떠나 보려 한다. 지금 우리가 영국이라 부르는 지역의 4000년~5000년 전 과거로, 주말 동안 잠시 돌아가 보자. 섬의 남쪽에 위치한 오늘날의 월트셔Wiltshire주에 스톤헨지Stonehenge가 세워지는 시기가 바로 이 무렵이다. 그곳에서 당신이 오페라 하우스나 가발, 성곽이나 모스크, 플루트나 우아한 식사, 아니면 흑사병 등을 만나게 되리라 장담하지는 못한다. 이들 대신 당신은 아마도, 오늘날 영국 땅에서 이미 오래전에 사라진 동물들을 보게 될 것이다. 예컨대 현재 유럽 소들의 선조에 해당되는 오록스는 시간 여행자들에게 특히 인기가 좋다. 오록스는 몸집이 큰 동물이나 신경을 건드리지만 않으면 차분하고 온순하다. 당신이 어떤 언어로 대화를 하든 상관없이, 현지 원주민들은 당신의 말을 전혀 이해하지 못할 것이다. 그리고 돈 걱정은 하지 않아도 된다. 화폐가 아직 생겨나기 전이니까. 돈 대신에 어딘가 쓸모 있는 물건들로 물물 교환을 하면 된다. 여러 면에서 지극히 실용적인 시대라 할 수 있다.

현재의 영국과 달리 수목이 압도적으로 우거져 있으니 자연을 만끽하기에 그만이다. 텐트를 까먹었다면 굵은 나뭇가지와 잔가지로 은신처를 만들면 된다. 장작과 불쏘시개는 충분하지만 날씨가 종종 축축하다는 게 조금 문제다. 날씨 운이 좋다면 모닥불 위에서 바로 요리를 해 따뜻한 식사를 즐길 수도 있다. 그렇지 않다면 그냥 집에서 챙겨 온 땅콩과 치즈 빵으로 끼니를 때우도록 하자.

여행에서 당신은 신석기 후기를 경험하게 될 것이다. 이 무렵 섬의 주민들은 식량을 찾아 헤매는 일상을 멈추고, 차차 정착 생활로 넘어가기 시작한다. 동물들은 길들여져 가축이 되고, 여러 종의 곡물들이 재배되며, 밭이 조성되고, 숲이 개간되며, 취락 단지가 지어진다. 이 1000년의 중반 즈음 언젠가, 영국 제도에 이른바 벨비커Bell Beaker 문화가 등장한다. 이 도기 문화에서 비롯된 특색 있는 질그릇은 오늘날 유럽 전역에서 널리 발견된다. 허리가 살짝 들어간 종 모양의 벨 비커 토기와 함께, 밝은 피부색을 지닌 새로운 인간들이 해협을 건너 넘어온다. 그리고 몇백 년 이내에 이 땅의 전체 거주민이 완전히 달라진다. 정확히 어떤 과정을 거쳐 달라지는지, 오늘날 우리는 자세히 알지 못한다. 다른 건 몰라도 새로 정착한 주민들이 질병을 가지고 들어와, 아직 면역이 없는 기존의 거주민들에게 전염시켰을 가능성은 있다. 여행 중 검은 머리에 어두운 피부색을 가진 사람들을 주로 마주친다면 벨 비커인들이 아직 이 땅에 도달하지 않은 것이다. 이 1000년의 끝 무렵, 사람들은 구리와 주석으로 청동을 생산하는 법을 배운다. 그러면서 아름다운 석기 시대는 끝이 난다.

여러 가지로 받아들이기 어려운 부분도 상당히 많을 것이다. 아마 영국 땅에는 고작 몇 십만 명 정도만 살고 있을 것이다. 이는 오늘날보다 0이 두 개나 빠진 숫자다. 여행을 하다가 혹여 실제로 누군가를 만난다 하더라도 너무 오랜 시간을 보내지는 말자. 어차피 당신은 시간이 별로 없다. 낯선 언어를 배울 시간도, 낯선 음식에 익숙해질 여유도, 낯선 질병에 걸렸다가 완치될 시간도 없으니 말이다. 누군가와 만나 가까워지는 대신 스톤헨지가 세워지는 곳 근처의 평화로운 빈터를 찾아가 보도록 하자. 다양한 새와 곤충 그리고 식물들을 관찰해 보자. 아득히 먼 과거에서 일어난 일들을 자세히 한번 들여다보자.

현재 남겨진 스톤헨지의 폐허는 별다른 어려움 없이 찾아가,

편안하게 감상하며 감탄사를 날릴 수 있다. 하지만 실제 스톤헨지는 지금의 모습과 다르며 또한 시대마다 다른 모습을 하고 있다. 스톤헨지는 거대한 돌덩이들이 전부가 아니며, 일종의 대규모 건설 프로젝트라 할 수 있다. 이 터전은 당시에도 지금처럼 수목이 없는 온전한 평지로, 스톤헨지가 건축되기 한참 전부터 사람들이 찾아와 정착한다. 주거 단지와 경작지 그리고 무덤처럼, 인간이 만들어 놓은 구조물들이 5000년도 전에 여기에서 발견된다. 다음으로 이어지는 500년 사이에 초기 버전의 스톤헨지가 생겨난다. 맨 처음에는 무덤과 담장 그리고 구멍들이 만들어지며, 그런 다음 나무로 된 기둥들이 추가로 세워진다. 기원전 약 2600년경, 혹은 조금 더 늦은 시기에 첫 번째 돌기둥이 더해진다. 그리고 계속해서 육중한 바위 덩어리들이 조달되어, 가공되고 설치되고 재배치된다. 동시에 중심을 둘러싸고 점점 더 많은 구조물들이 생겨난다. 기원전 1700년 무렵 마지막으로 약간의 변화가 생기며, 이후 머지않아 스톤헨지의 건축 활동은 끝난다. 스톤헨지 건설은 느리지만 꾸준한 진화를 보여 준다. 수백만에 달하는 작업 시간이 투입되며 이 가운데 대부분은 건설 후반기에 집중된다. 이곳은 1000여 년에 걸쳐, 역사 속에서 더욱더 깊이 (금속으로 된 정 하나 없이, 나무와 돌로 만든 도구들만으로) 가공되고 다듬어진다.

　당신은 분명 오늘날 더 이상 존재하지 않는 기념비적인 건축물들을 마주하게 될 것이다. 이는 어느 정도 보장할 수 있다. 뿐만 아니라 스톤헨지가 무엇을 위해 사용되었는지 알게 될지도 모른다. 어쩌면 당신은 고유의 매장 문화나 길고 지난한 장례 행렬을 경험할 수도 있다. 석기 시대 버전의 순례자 또는 천문학자를 만나거나, 아니면 둘 다 만나게 될지도 모르겠다. 어쩌면 당신이 방문한 기간 내내 거기에 아무도 없을 수도 있다. 하지만 한 가지는 확실하다. 스톤헨지에서 하지점과 동지점은 중요한 역할을 한다. 상당수의 구조물들은 하지의 일출 방향을 가리키거나, 반대 방향으로 돌면 동지의 일몰 방향이 된다. 결코 우연일 수는 없다. 이를 통해 우리는 동지나 하지에 활발한 활동이 이루어졌다고 추정할 수 있다. 현재 다수의 전문가들은 스톤헨지가 하지점보다는 동지점과 관련이 높다고 믿는다. 그러므로 여름에 방문하면 텅 비어 있을지 모른다. 반대로 12월 말에 찾아간다면 스톤헨지가 원래 무슨 용도로 어떻게 사용되었는지 경험할 수 있는 기회는 커진다. 겨울 날씨에 텐트는 적절하지 않으니 가져가지 않아도 된다. 대신 튼튼한 고무장화와 방수 재질의 옷가지 그리고 따뜻한 모자를 챙기자.

3장

사람들의 기억에서 잊혀진 나라

생경하고 기이한 세상을 발견하는 이색 여행을 원한다면 굳이 먼 과거로 떠나지 않아도 된다. 한 가지 예로 1990년부터 더 이상 존재하지 않는 나라, 흔히 동독이라 불리는 독일 민주 공화국DDR: Deutsche Demokratische Republik이 있다. 동독으로 떠나는 시간 여행은 인기가 높은 편인데, 무엇보다 그다지 복잡하지 않아서 많은 독일 여행객들이 선호한다. 독일어권 사람이라면 별다른 문제없이 어느 정도 원활하게 원주민들과 의사소통을 할 수 있다. 도로, 철도, 슈퍼마켓 등이 갖춰져 있는 데다 평소 주변 환경과 매우 비슷할 테니 기대해도 좋다. 하지만 그러면서도 완전히 낯선 곳을 경험하게 될 것이다.

1949년과 1990년 사이에는 '독일'이라 이름 붙인 나라가 둘이나 있다. 둘 중 하나는 1990년에 다른 하나에게 삼켜진다. 이 삼켜진 나라, 동독은 20세기 후반의 독일을 생각하면 바로 떠오르는 모습과 여러 면에서 정확히 일치한다. 나쁜 공기, 상자갑처럼 보이는 자동차들, 고르지 않은 도로, 어디에서도 터지지 않는 휴대전화, 맛없는 아이스크림 콘, 찾아보기 힘든 컬러텔레비전, 그리고 모두가 똑같이 입고 다니는 칙칙한 바지. 여기까지만 보면 동독은 그저 과거의 어느 평범한 나라에 불과하다.

그러나 다른 관점에서 보면 동독은 마치 미래에서 온 나라 같은 인상을 준다. 1960년대부터 그곳에선 유리, 종이, 금속을 수집하여 재활용한다. 대부분의 여성들은 직장 생활을 하며, 전반적으로 일자리가 없는 사람은 거의 없다. 집이 없는 노숙자는 실질적으로 존재하지 않는다. 모든 아이들은 어린이집이나 유치원에 다니며 비용은 무료다. 식료품, 주거 공간, 서적, 대중교통은 말도 안 되게 저렴하다. 모두가 의료보험에 가입되어 있으며 연금 수급권을 가진다. 진료를 받거나 병원에 입원을 해도 모두 무료다. 피상적인 관찰자의 시선에서 (그리고 여행객들은 언제나 피상적인 관찰자가 되게 마련이다) 동독이라는 나라는 유토피아적 공상 과학 비전Vision이자, 사회주의가 꿈꾸는 미래의 정점처럼 보인다.

이러한 성과 뒤에는 현실적인 이유들이 있다. 동독이 보유한 자연 원료의 종류는 다양하지 않으며 몇 가지 흔치 않은 원료만을 가지고 있다. 갈탄과 우라늄은 놀랍도록 많은 양이 있으나, 반면 다른 천연자원은 여유가 없다. 그래서 일찍이 재활용을 시도한다. 여성들이 집에 머물지 않고 일터로 나가면 갑절에 달하는 노동력이 생긴다. 광범위한 육아 지원은 국가에게 유익하다. 육아 부담의 상당 부분을 국가가 떠안으면서, 부모들은 육아를 이유로 노동을 피할 수가 없다.

동독을 여행하다 보면 곧바로 세 가지가 당신의 이목을 끌 것이다. 첫 번째는 냄새다. 공기에서 이상한 타는 냄새가 날 것이다. 동독은 위에서 언급한 국내산 갈탄으로 에너지 생산의 대부분을 조달한다. 일례로 집집마다 벽난로에서 갈탄을 태우며 난방을 유지한다. 트라반트Trabant나 바르트부르크Wartburg처럼 거리에서 흔히 보이는 자동차들은 투-사이클 엔진Two-cycle engine이 달려 있는데, 이들은 휘발유와 윤활유를 섞은 혼합 연료를 태워 움직인다. 둘은 오늘날 우리에게 더 이상 익숙하지 않은 독특한 냄새를 만들어 낸다. 두 번째로 나라 안에서 화려한 색상을 찾아보기가 어렵다. 품질이 나쁜 건축 자재로 지어진 집들은 대개 잿빛이며, 암석 사막 같은 이 땅은 간간이 붉은 현수막이나 깃발로 꾸며져 있다. 세 번째로 지방에는 거대한 규모의 농경지가 자리하고 있다. 이른바 농업 생산 협동조합LPG: Landwirtschaftlichen Produktionsgenossen-schaften이 경작하고 관리하는 농지가 대부분이다. 이 나라는 자세히 파헤칠수록 당신에게 익숙한 인상에서 점점 멀어질 것이다.

동독에서 즐길 만한 볼거리 몇 가지를 여기에 소개한다.

퍼레이드와 가두 행진

동독에서 가장 중요한 공휴일인 5월 1일(노동절)과 10월 7일 (10월 사회주의 혁명 기념일, 동독 건국 기념일)에는 아무 도시나 방문하여 축제 분위기를 즐겨 보길 권한다. 현장에서 당신은 일요일에 입는 귀한 나들이옷을 꺼내 입고, 구호가 적힌 띠를 매고, 현수막이나 심지어 가끔은 횃불을 들고 거리를 활보하는 사람들을 보게 될 것이다. 오늘날 우리가 아는 일반적인 시위행진과 달리, 여기에서는 국가에 대항하는 시위가 아니라 국가를 지지하는 데모가 열린다. 물론 주의할 점도 있다. 데모의 끝으로 향할수록 과열되어 평소보다 위험할 수 있으니 안전에 각별히 유의하자. 하지만 잠시 동안 군중들 틈에서 모습을 감추고 있어도 크게 문제가 되지 않을 테니 걱정하지는 말자.

제로 수집

앞에서 이야기했듯이 원자재가 부족한 동독에서는 자원을 수집하여 재활용하는 시스템을 가동하는데, 동독의 언어로 이는 제로 SERO: Sekundärrohstofferfassung 수집이라 불린다. 지역마다 개인이 운영하는 재활용품 수거장이 있으니 반드시 방문해 보자. 분명 의미 있는 경험일 것이다. 오늘날의 재생 센터와 비슷해 보이지만, 재활용 가능한 물건을 가져오면 대가로 돈을 받기 때문에 이는 오히려 고물상에 더 가깝다. 신문, 빈병, 깡통, 고철 그리고 헌옷처럼 쓸모 없는 물건을 가져다주면 저울에 달아 킬로그램 당 의류는 50페니 Pfennig, 신문지 꾸러미는 30페니, 책은 20페니로 쳐준다. 당시 물 가와 비교해 보면 가늠이 쉽다. 1980년대 동독에서 주먹만 한 빵 하나는 5페니, 아이스크림 콘 하나는 15페니, 베를린 지하철 승차 권은 20페니, 호밀이 섞인 커다란 빵은 한 덩어리에 50페니 그리 고 구운 소시지 하나는 1마르크Mark에 달한다(1마르크=100페니). 지역의 청소년 단체에 속한 십 대 아이들이 손수레를 끌고 이 집 저 집 다니며, 신문지 더미와 낡은 빈병들을 주워 모으는 대규모 수거 활동의 날도 적지 않다. 이런 엄청난 경험은 놓치지 않기를 바란다. 뿐만 아니라 제로 수거장에서 당신은 집에 모아 둔 약간의 동독 화폐를 비교적 쉽고 간단하게, 의심을 받지도 않으면서 자연 스레 쓸 수 있다. 이 기회에 묵은 동전들을 처리해 보자.

상점 앞의 대기 줄

특정한 날이면 동독의 여러 상점들 앞에는 영업시간 전부터 기나 긴 줄이 늘어서곤 한다. 다시 말해 어떤 상품은 정해진 날에만 구 입할 수 있고 다른 날에는 살 수 없다는 뜻이다. 기본적인 식료품 및 생필품 공급은 대부분 보장되지만, 반면 이국적인 것들은 아예 얻을 수 없거나 간혹 극히 드물게 주어진다. 브렉시트Brexit 이후 영국의 모습과 조금 비슷하다고 보면 된다. 따라서 바나나, 커피, 오렌지처럼 외국에서 들어오는 식료품은 인기도 높고 수요도 많다. 인기 있는 식료품은 한 사람 당 정해진 양만 주어진다. 때론 바나나를 얻을 수 있다는 소문이 돌아 무작정 대기 줄이 생기기도 하는데, 정작 어느 가게인지 정확히 몰라 아무 데서나 줄이 늘어서곤 한다. 앞에 선 사람들만 바나나를 얻는 날도 있고, 가끔은 줄을 선 모두에게 돌아가는 날도 있다. 그리고 때로는 앞에 무엇이 있는지도 모르고 그냥 줄을 서기도 한다. 여기에서 당신은 동독 사람들의 평범한 하루가 어떻게 흘러가는지 자세히 들여다볼 수 있다. 동독의 일상을 직접 경험할 수 있는 유일한 기회이니 놓치지 말고 한번 발을 들여 보자. 줄을 서서 기다렸다가 드디어 살 수 있다 하더라도 매번 저렴하지는 않으니 주의하자. (가령 바나나 1킬로그램은 5마르크로, 이를 감당하려면 헌책 25킬로그램을 미리 제로 수거장에서 팔아야 한다.) 안타깝게도 어느 식료품 가게에서 언제 줄을 서야 하는지 구체적으로 계획하기는 어렵다. 베를린 외에 다른 지역에 머문다면 대기 줄을 발견할 기회는 많다. 동독의 수도인 동베를린은 생필품 공급 현황이 확실히 원활하기 때문에 줄을 서서 기다리는 사람들은 상대적으로 적다.

현실 사회주의 도로 위로 떠나는 모험

동독이 도로를 까는 방식은 아주 간단하다. 역사적으로 가치 있는 자갈길 위에 아스팔트나 대형 콘크리트 판을 덮어 버리면 그만이다. 포장도로가 패이면서 생기는 깊은 포트 홀Pot hole은 곳곳에서 적잖이 드러난다. 몇 미터 간격으로 포장 상태가 달라지는 경우도 빈번하며, 동시에 도로 위를 달릴 때 나는 소음과 진동도 달라진다. 버스나 자동차를 타고 동독의 도로를 달릴 기회가 생긴다면 무슨 말인지 납득이 갈 것이다. 잠시 동안 외곽 지역을 달려 보아도 좋다. 아직 포장이 되지 않은 자갈길 위를 이리저리 흔들리며 달리는 여행도 가치가 있다. 콘크리트로 만들어진 도로는 몇 미터마다 갈라진 틈새가 있어, 차량이 틈에 빠졌다가 다시 나올 때마다 이를 온몸으로 느낄 수 있다. 틀니나 안경을 끼는 사람이라면 경우에 따라 미리 빼 두어야 할지도 모른다.

이 모든 발전에도 불구하고 동독은 온갖 속박과 곤경으로 가득 찬 나라라고 할 수 있다. 모든 걸 마음껏 살 수 없고, 모든 걸 마음대로 말하거나 쓰거나 노래할 수도 없으며, 어디로든 자유롭게 여행을 떠날 수도 없다. 당신은 이를 여러 곳에서 깨닫게 될 것이다. 구속과 억압으로 체제를 유지하기 위해, 한편으로 이 나라는 이념 주입과 교화를 꾸준히 시도하며 다른 한편으로는 감시와 사찰을 한다. 시간 여행자인 당신에게 이념 주입이나 교화는 별로 문제가 되지 않는다. 오히려 반대일 수 있다. 주민들이 무엇을 생각하고 또 믿어야 하는지 연신 상기시키는 거리의 벽보, 교정에서 울려 퍼지는 노래, 신문 일면의 헤드라인 등은 여행객에게 흥미롭고 유익한 경험으로 남는다. 전체주의 독재 체제에서 권력자들은 자기 민중이 무슨 생각을 견지해야 하는지 간단명료하고 확실한 말로 전달한다. 다른 곳에서라면 오랫동안 탐구하고 숙고해야 하는 사상을 쉽게 주입해 버리고 만다.

　반면 감시는 여행객인 당신에게도 어느 정도 문제가 될 수 있다. 동독에는 소위 '슈타지Stasi: Ministerium für Staatssicherheit'라 불리는 국가 보안부가 있어 감시 및 감찰 업무를 전담한다. 좋은 소식도 있고 나쁜 소식도 있는데 먼저 전자부터 전할까 한다. 일단 이곳에는 요즘처럼 모퉁이마다 달려 있는 조그마한 감시 카메라가 없다. 신용카드는 거의 사용되지 않는다. 1987년 이전까지는 어디에도 현금 인출기가 없으며, 이후에도 몇몇 대도시에만 있다. 인터넷에 흔적을 남길 수도 없다. 다른 곳은 몰라도, 최소한 동독에는 아직 인터넷이라는 연결망이 존재하지 않으니 말이다. 따라서 디지털 감시는 거의 이루어지지 않는다. 나쁜 소식을 전하자면, 기술력 대신 슈타지는 곳곳에 비밀 정보원들을 심어 놓는다. 국가의 위임을 받은 이들은 일종의 비공식 첩보원으로, 나라 구석구석에서 무슨 일이 벌어지는지 주도면밀하게 살핀다. 다른 말로 하면 여가 시간에 남몰래 스파이로 활동하는 사람들이라는 뜻이다.

실제로 여행 도중 당신이 마주치는 사람들은 모두 비밀 정보 요원일 수 있다. 소문에 의하면 동독 주민 다섯에 하나 혹은 일곱에 하나는 국가 보안부에 몸담고 있다고 한다. 이 숫자는 과장되었을지 모르나, 감시라는 개념을 강조하기에는 부족함이 없어 보인다. 이 나라는 모두가 스파이일지 모른다는 인상을 전 국민에게 불러일으키려 한다. 어떤 공간에 있든 슈타지에 정보를 넘기는 누군가가 있다는 생각을 늘 해야만 한다. 어디에서 무슨 말을 하든 슈타지가 항상 엿듣고 있다는 의혹을 품어야만 한다. 동독의 몰락 이후 17만에 달하는 비밀 요원의 신원이 확인되는데, 이는 대략 동독 주민 100명 당 하나에 해당된다.

정보원이 얼마나 많은지는 그리 중요하지 않다. 어찌 되었든 언젠가 당신은 본연의 책임을 다하는 누군가에 의해, 정보 당국에 보고되고 낯선 요주의 인물로 다뤄질 것이다. 그 누군가는 예컨대 직업상 주변을 많이 관찰하며 주워듣고 흘려듣는 사람일 가능성이 높다. 버스 운전기사, 병원 종사자, 판매원, 열차 차장 등 안타깝게도 당신이 여행을 하며 가장 빈번히 마주치고 엮이는 부류의 사람들이다. 남의 눈에 띄지 않게 어딘가에서 조용히 묵는 일 또한 그다지 쉽지 않을 것이다. 호텔과 여관들은 신분증 같은 신원 증명을 요구하며, 접수 과정에서 남긴 당신의 정보를 보유한다. 이는 숙박 업체를 위한 절차가 아니다. 개인이 운영하는 숙소에 머물더라도 규정에 따라 바로 해당 관청이나 시설 관리인에게 신고해야 한다.

주말에만 또는 며칠 동안만 동독에서 보낼 생각이라면 감시에 대한 걱정을 크게 할 필요는 없다. 잠시만 머문다면 집중적인 감시를 받지는 않을 것이다. 하지만 보다 오랜 기간 동독에 체류할 계획이라면 반드시 주의하라는 조언을 건네고 싶다. 당신이 직접 곤란한 상황에 빠질 경우는 거의 없지만, 대신 당신을 도와주거나 당신에게 숙소를 제공한 현지 주민이 어려움에 처하게 된다. 가능하면 저택 단지에 있는 숙소는 선택하지는 말자. 대부분 이런 집들은 관리인이 원칙에 따라 하나하나 철저하게 돌보고 관리하기 때문이다. 같은 장소에 이삼일 이상 머물지는 말자. 분별없이 경솔하게 사람들과 친해지지는 말자.

당신 혹은 당신의 숙소 주인이 어떤 종류의 어려움에 빠지게 될지는 쉽게 예측할 수 없다. 슈타지는 흥미로운 전략을 사용하여 동독 주민들을 궁지에 몰아넣곤 한다. 반동분자로 여겨져 고문을 당하고, 재판에 넘겨지고, 이어서 어두운 감옥에 투옥되는 경우는 허다하다. 특히 동독 건국 초기에는 이런 구시대적 방법이 널리 행해진다. 하지만 이후에는 슈타지 내부에서 이른바 '분열Zersetzung' 공작이라 부르는, 교묘한 심리전을 이용한 처벌이 선호된다.

분열 공작은 여러 가지 형식으로 가능하다. 보통 자동차를 사고 싶으면 일정 기간을 기다려야 하지만, 그래도 10년까지 걸리지는 않는다. 그런데 분열 공작에 걸리면 30년을 기다려야 한다. 전화선이 연결되지 않고, 아이들은 대학에서 자리를 받지 못한다. 여기에 더해 '반역자'라는 소문을 뿌려 평판을 떨어뜨리고, 사회적 환경을 와해시킨다. 공격적인 방식으로는 익명으로 전화나 편지를 하고, 감시하는 것처럼 속이거나 실제로 감시를 하고, 몰래 집에 침입하여 가구의 위치를 옮겨 놓기도 한다. 다시 말해 반동분자의 자의식을 분열시키고, 완전히 미치도록 만드는 목표를 위해 필요한 모든 수단을 동원한다. 이런 일들이 불가피한 것은 아니나 적어도 일어날 가능성은 언제든 있다. 이따금 슈타지는 반역자를 하나 세워, 정보 당국에 소속된 일원이라고 날조하기도 한다. 그러면서 가족이나 친구들 사이의 불신을 조장하고, 슈타지의 특권을 확보한다. 그러니 슈타지나 슈타지 소속 요원(이라 추정되는 사람)에 대해 들려오는 모든 말을 절대 믿지 말자.

동독에 오래 머물며 이곳저곳에 관여하다 보면, 현지 사람들의 편에 서서 도와주는 일이 가능한지 의문이 생길 수도 있다. 하지만 혹시라도 주민들 틈에 침투해 체제를 약화시키거나 아니면 아예 무너트리려는 생각은 하지 말자. 당신이 마음에 품고 있는 그 계획은 당신보다 현지 상황에 정통한 누군가가 분명 벌써 시도해 보았을 것이다. 뿐만 아니라 대부분의 동독 주민들은 자신이 처한 상황에 전적으로 불만족스럽지는 않다. 이번 장의 초입에서 언급했듯이 이 나라는 여러 면에서 이상적인 모습을 지닌다. 과반 이상의 동독 주민들에게 동독에서의 삶은 별다른 걱정 없이 대체로 무난한 편이다. 원하는 모든 걸 살 수 없는 환경은 장점이 된다. 즉 응집과 단결이 더욱 중요해진다. 사람들은 서로 교환을 하고 사고판다. 그리고 서로서로 돕는다.

그러나 모두가 만족스러운 건 아니다. 이 이상한 나라에 머물며 전혀 행복하지 않은 사람들도 당연히 있다. 동독 주민들은 허가 없이 서쪽에 있는 나라로 떠날 수 없다. 이 땅은 서쪽과 북쪽 그리고 남쪽의 일부가 막혀 있으며, 동쪽 방향으로 이동하는 일 또한 때론 그리 간단하지 않다. 난민 수의 증가를 막기 위해 동독은 광범위한 경계를 세우는데, 그 일환으로 예컨대 1961년에는 베를린 장벽이 건설된다. 이 장벽은 베를린이라는 도시 서쪽 3분의 2를 완전히 에워싼다. 서독과 서베를린 쪽의 경계는 국경 수비대, 감시탑, 철조망, 참호, 투광등, 경비견, 지뢰, 스프링건Spring gun 등의 도움으로 철저하게 지켜진다. 동독의 국경 지대를 '죽음의 띠'라 부른 이유가 다 있다. 동독의 국경선에서 1989년 초까지 목숨을 잃은 사람은 1000여 명에 달한다.

동독과 서독 사이에 세워진 장벽은 시간 여행자들에게 인기 있는 관광지 중 하나다. 하지만 대다수는 장벽의 서쪽 면을 둘러본다. 베를린의 도시 고속 철도 S반S-Bahn은 다양한 노선들이 장벽을 따라 빈틈없이 이어 달리며, 경계선의 한가운데를 가로질러 달리는 노선도 있다. 예를 들어 게준트브루넨Gesundbrunnen에서 프로나우Frohnau로 이어지는 구간을 달려 보자. 프리드리히슈트라세

Friedrichstraße 역에서 서쪽으로 가는 S반 및 지하철 U반U-Bahn 선들이 연결되니, 여기에서 당신은 국경을 넘어가지 않고도 서독 방향의 노선으로 갈아탈 수 있다. 이미 동독에 와 있다면 쇤하우저 알레Schönhauser Allee에서 판코브Pankow로 가는 S반을 타고, '울브리히트Ulbricht 커브'를 통과해 지나가 보자. 동독 원수의 이름을 딴 울브리히트 커브는 동서 베를린 사이에 장벽이 세워지면서, 동독에서 서독으로 빠지던 노선을 북쪽으로 돌리기 위해 새로 배치된 구간이다. 울브리히트 커브처럼 경계를 지나는 구간을 열차로 달리면, 죽음의 지대가 지닌 강렬한 인상을 비교적 안전하게 감상할 수 있다.

나름의 이유로 이 땅을 벗어나길 원하며, 서쪽으로 탈출하려는 시도가 실패로 돌아간 사람들을 도와주고 싶다면 치밀한 계획 하에 진행해야 한다. 여기 선례가 하나 있다. 그것도 동독이 무너지기 몇 달 전에 벌어진 일이다. 1989년 3월 7일에서 8일로 넘어가는 밤, 프로이덴베르크Freudenberg 부부는 직접 만든 가스 풍선을 이용하여 동독 탈출을 시도한다. 늦은 저녁 두 사람은 베를린 북동쪽에 위치한 S반 정차역 블랑켄부르크Blankenburg 근처로 풍선을 가져온다. 이어서 두 부부는 풍선을 가스로 채운다. 한밤중에 주점에서 일을 마치고 집으로 돌아가던 한 행인이, 그 사이 어마어마하게 부풀어 13미터 높이로 커진 풍선을 발견하고는 경찰을 부른다. 그리고 곧바로 경찰이 현장에 도착한다. 풍선은 두 사람을 나를 만큼 가스가 아직 충분히 채워지지 않은 상태다. 이에 부부는 계획을 급히 변경한다. 남편 빈프리트 프로이덴베르크Winfried Freudenberg만 홀로 풍선에 올라타기로 한다. 서두르다가 계획은 어긋나고 상황은 악화된다. 너무 높이 오른 풍선은 3월 8일 아침 서베를린 첼렌도르프Zehlendorf에서 추락하고 만다. 빈프리트 프로이덴베르크는 그대로 즉사한다. 그의 아내는 동독에 잔류하며, 공화국 도주 미수죄로 수감된다.

물론 당신은 프로이덴베르크 부부나 또는 80년대 후반에 장벽을 넘다 생을 마감한 다른 희생자들에게 다가가, 동독이 얼마 가지 못해 무너진다고 미리 설득을 해도 좋다. 하지만 어떤 말로 시작할지 정확히 생각해 두어야 한다. '안녕하세요, 저는 미래에서 왔는데요!' 이런 문장은 대화의 물꼬를 트기에 그리 좋은 표현은 아니며, 건설적인 결과를 이끌어 내지도 못한다. (구체적인 대화법은 정보와 조언이 담긴 3부를 참고하자.) 동독이 조만간 몰락한다는 증거로, 1989년 가을에 발행된 일간지의 복사본을 가져가는 것도 하나의 방법이다. 그러나 이런 어설픈 종이 쪼가리를 누군가 믿어 줄지는 모르겠다. 1989년 1월 19일만 해도, 동독의 국가 원수 에리히 호네커Erich Honecker는 베를린 장벽이 100년 넘게 지속될 거라 장담한다.

하지만 프로이덴베르크 부부의 이야기는 기나긴 설득이 아닌, 간단한 해결책 하나로도 행복한 결말에 이를 수 있다. 만약 두 사람에게 풍선을 완전히 채울 만큼 약간의 시간이 더 주어졌다면 아마도 둘의 도주는 성공적으로 마무리되었을 것이다. 그러므로 시간 여행자인 당신의 목표는 우연히 근처를 지나가는 바로 그 행인을 다른 데로 돌리는 일이다. 길을 묻거나 미친 척하거나 아니면 술에 취한 척 비틀거리는 등, 그의 도움이 절실해 보이는 상황이라면 뭐든지 가능하다. 다만 아주 조금의 시간만 벌면 된다. 커다란 풍선이 높이 날아 보이지 않을 때까지만 버티면 된다.

동독 말기에 탈주를 시도한 주민들의 정보는 문서로 잘 정리되어 있다. 따라서 특정 사건의 경과를 세세한 사진과 함께 들여다볼 수도 있다. 그러니 여행을 떠나기 전에 역사의 어느 지점에서 당신이 나사를 살짝 더 조이면, 당시의 누군가를 죽음으로부터 혹은 아름답지 않은 미래로부터 보호할 수 있는지 미리 생각해 보는 것도 좋다. 적어도 당신이 지금 돌아다니고 있는, 그 과거 버전에 해당되는 미래에서 말이다. (이 이야기는 앞서 '시간 여행에 관한 짧은 역사'에서 다루었다.) 그렇게 한다고 당신이 장벽을 넘다 이미 목숨을 잃은 희생자들을 되돌릴 수는 없지만, 누군가의 세상은 조금이나마 달라질 수도 있다.

4장

4개 도시로 떠나는 과학 기행

과학이라는 학문은 잘 보이지 않는 곳에서 은밀하게 일어난다. 물리학자, 화학자, 지질학자 그리고 생물학자들은 비공개로 연구 작업을 벌이며, 그러다 누군가 수십 년 뒤에 노벨상을 받으면 대부분의 사람들은 수상자의 이름을 처음으로 듣는다. 우리는 주로 그저 잘된 실험과 성공담만을 듣는 편이며 위대한 과학적 발견 이전에 일어난 실패, 불화, 회의 그리고 좌절에 대해서는 어디에서도 듣지 못해 아는 바가 거의 없다. 시간 여행자들은 과학자들이 유명해지기 전의 모습을 볼 수 있는 기회가 있다. 그들이 공식을 작성하고, 죽은 동물들을 모으며, 자료를 수집하고, 액체들을 혼합하며, 사고 실험을 구상하는 모습을 곁에서 바라보는 일은 자칫 지루할 수도 있겠지만 무척이나 소중한 경험이 될 것이다. 어쩌면 그들은 노벨상 수상자 사진 속 모습보다 훨씬 더 어리고 아름다워 보일지 모른다. 과학의 역사로 떠나는 시간 여행 또한 굉장히 흥미진진하다. 당신의 구미를 자극하는 몇 가지 여행지를 여기에 소개한다.

갈릴레오 갈릴레이, 파도바, 1610년

많은 이들이 갈릴레오 갈릴레이Galileo Galilei를 근대 자연과학의 아버지라 여긴다. 하지만 이 세상은 각각의 추상적인 것들마다 아버지 그리고 어머니가 있다 말하고 끝날 정도로 그리 단순하지 않다. 갈릴레이의 명성은 무엇보다 1609년 말부터 1610년 초까지, 최초로 망원경을 가지고 천체를 관찰한 업적에 있다. 이 무렵의 겨울에 갈릴레이를 방문한다면 세 가지 현실적인 이유에서 매우 유익한 여행이 될 것이다. 첫 번째로 그의 천문학적 발견은 불과 몇 달이라는 비교적 짧은 기간 안에 이루어지기 때문이다. 튀코 브라헤Tycho Brahe처럼 1년 넘게 덴마크 어느 섬에 자리를 잡고 앉아 내내 하늘만 바라볼 필요가 없다. 두 번째 이유는 갈릴레이가 일하며 머무는 도시인 파도바Padova에 있다. 햇살이 가득한 이 도시는 쾌적하고 아늑하여 여행지로도 손색이 없다. 1909년 에지워스 데이비드Edgeworth David를 따라 남극 대륙을 탐험하며 그와 함께 자남극에 도달하고 싶은 사람은 극히 적을 것이다. 세 번째로 늘 어두운 갈릴레이의 집 덕분에, 별다른 문제없이 지나가다 잠시 들르거나 언뜻 그를 지켜볼 수도 있다.

17세기가 시작되면서 파도바는 베네치아Venezia 공화국의 일부가 된다. 마차와 곤돌라Gondola로 몇 시간이면 세계적인 대도시 베네치아에 도달하기에, 파도바에서 베네치아를 오가는 일은 갈릴레이에게 그리 특별한 여행이 아니다. 거기에서 갈릴레이는 네덜란드 무역상들을 통해 처음으로 망원경의 발명에 대해 듣고, 직접 망원경을 제작하기로 마음먹는다. 베네치아의 전성기는 지나가고 이 공화국은 오스만 튀르크Osman Türk와의 가망 없는 싸움에 휘말린다. 그럼에도 베네치아는 개방적이며 세계주의적인 도시로 자리매김한다. 이 도시에서 시간 여행자는 각양각색의 수많은 사람들 가운데 조금 이상한 모습을 한 낯선 사람에 불과하다. 다른 어딘가에서 전쟁이 벌어지고, 1576년부터는 흑사병이 돌아 인구가 크게 줄면서 도시 안에 정적이 감돌기도 한다.

파도바에서 보낸 1592년부터 1610년까지는 갈릴레이의 말대로 생애 가장 행복한 시간이다. 아직 널리 알려지기 전이며, 가톨릭교회와 벌이는 아름답지 않은 논쟁도 미래의 일이다. 갈릴레이는 널찍한 집에서 여러 명의 학생들과 함께 산다. 그리고 그 지역의 대학에서 수학과 천문학 강의를 하며 생활비를 번다. 연구나 수업이 없는 자유 시간에는 집에서 몇 블록 떨어진 곳에 사는 한 여성과 만나며 자녀 셋을 낳는다. 아이들을 키우는 일은 돈이 많이 들기에 갈릴레이는 보다 나은 직업을 찾는다. 어쩌면 그는 흑사병이 다시 도지기 전에 유명해지기를 원했는지 모른다.

갈릴레이가 손수 만든 망원경은 특별히 뛰어난 편은 아니다. 안경알로 조립한 그의 수제 망원경은 초창기에는 3배율 정도이며 후에 개량한 버전은 30배율에 달한다. 아주 높은 배율이라고 할 수는 없다. 요즘 100유로Euro면 이와 비슷한 배율에 훨씬 좋은 렌즈를 가진 쌍안경을 살 수 있다. 갈릴레이의 망원경으로 천체를 관찰한다면 별은 윤곽이 다 깨지고 달은 심하게 왜곡된다는 걸 감안해야 한다. 그러나 아직 누구도 보지 못한 대상을 망원경으로 관찰하는 것만으로도 충분하다고, 갈릴레이는 생각하고 또 소망한다. 1609년 8월 그는 처음으로 자신의 망원경을 사람들 앞에 선보이며 천체 관측을 시연한다. 머지않아 그의 망원경은 온 세상을 사로잡는다. 선박 위를 비롯해 요새의 방어벽 그리고 장군들의 손안에도 망원경이 자리하게 된다.

갈릴레이를 방문하기에 최적의 시기는 1610년 1월이다. 그로부터 두 달 뒤에 출간되어 훗날 저명한 서적으로 남는 그의 소책자 《시데레우스 눈치우스Sidereus Nuncius》(별들의 소식)가 어떻게 집필되는지 엿볼 수 있는 기회이기 때문이다. 그는 밤하늘에서 목성과 함께 모여 있는 네 개의 작은 광점들을 발견하고, 이들이 모두 일직선상에서 일주일 동안 목성의 이쪽과 저쪽을 오간다는 걸 알게된다. 그가 발견한 이른바 '갈릴레이의 목성 위성'은 오늘날 유로파Europa, 가니메데Ganymede, 이오Io 그리고 칼리스토Callisto라 불린다. 이들 네 개의 위성은 사람의 육안으로는 보이지 않는다. 뿐만 아니라 갈릴레이는 달의 표면을 본떠 그리며, 달도 지구처럼 산맥과 계곡이 있는 울퉁불퉁한 입체 구조라는 사실을 깨닫는다. 망원경을 통해 관측한 하늘은 온통 별들로 가득하다. 렌즈가 완전하지 않아 못난이 별들뿐이지만, 그럼에도 보조 도구 없이 눈으로 볼 때보다 한층 더 많은 별들을 관찰할 수 있다.

갈릴레이는 이 시기에 망원경으로 하늘을 관측한 유일한 천문학자는 아니다. 영국인 토머스 해리엇Thomas Harriot은 그보다 앞서 1609년 여름에 망원경으로 달의 분화구를 관찰하며, 프랑케 시몬 마리우스Franke Simon Marius는 1610년 1월 갈릴레이 바로 다음에 목성의 위성을 관측한다. 가톨릭교회 예수회도 로마에서 고유의 망원경을 가지고 하늘을 주시한다. 망원경은 1608년 발명된 이후 빠르게 확산되어 유럽 곳곳에서 등장한다. 이런 도구를 가지고 목성이나 달 쪽으로 방향을 맞춰 보려는 아이디어가 유일무이하고 획기적이라 말할 수는 없다. 이 같은 생각은 어렵지 않게 떠올릴 수 있으며, 망원경으로 어떤 천체를 최초로 발견하는 일은 낮게 매달린 열매와 같다. 그러므로 처음 잡아채는 사람, 즉 처음으로 책을 펴내는 사람이 열매를 따낸다.

이를 확실히 인식한 갈릴레이는 《시데레우스 눈치우스》 출간을 서두른다. 오늘날 학자들 사이에서 통용되는 '출판 아니면 도태Publish or perish'라는 말은 17세기 자연과학에도 해당된다. 그는 자신의 발견을 토스카나Toscana 대공국의 코시모 2세 데 메디치Cosi-mo II de' Medici에게 헌정한다. 피렌체의 메디치 가문 출신인 코시모 2세는 한때 갈릴레이에게 과외를 받은 제자이기도 하며, 그의 발견 이후 몇 달 뒤에 토스카나의 새로운 대공이 되어 학문과 예술의 부흥에 크게 기여한다. 전부터 갈릴레이의 연구를 후원한 메디치 가문은 목성 위성 발견 이후 그를 가문의 궁정 수학자 겸 철학자로 임명한다. 다시 말해 더 이상 대학에서 수업 시간을 채울 필요도 없는 데다, 평생 높은 연봉을 받는 종신직이 주어진 것이다. 갈릴레이는 모든 과학자들이 꿈꾸는 지점에 도달한다. 목성 위성의 발견은 천문학적으로도 대단한 진보이지만, 이 외에도 학자가 스스로의 안정적인 생계를 확보하기 위해 무엇을 어떻게 도모해야 하는지를 보여 주는 훌륭한 사례이기도 하다.

1610년은 천문학계 입장에서 유독 흥미진진한 해다. 이 무렵 대부분의 천문학자들은 태양과 행성들이 지구 주변을 돈다고 확신한다. 소수의 몇몇 학자들만 모든 행성이 태양의 둘레를 돈다는, 70년 전에 등장한 오래된 이론의 여러 다양한 버전을 지지한다. 이들 중에는 갈릴레이와 요하네스 케플러Johannes Kepler가 있다. 한편 또 다른 학자들은 중도를 추구하기도 한다. 즉 태양과 달은 지구 주위를 돌고, 다른 행성들은 태양의 주변을 돈다고 믿는다. 학자들은 거론되는 여러 우주 체계들의 장점과 단점을 두고 풍부한 토론을 벌인다. '비범한 아이디어는 비범한 증거를 요한다.' 이는 통칙이다. 그리고 지구와 모든 행성들이 태양 주위를 빠르게 움직이는 세계를 뒷받침할 진짜 증거는 아직 없다. 이 주제에 관심이 있다면 파도바대학교에 들러 보자. 참된 세계상을 놓고 벌이는 뜨거운 논쟁에 참여할 기회가 틀림없이 주어질 것이다. 물론 당신이 라틴어를 이해하고 또 말할 수 있다면 말이다.

목성 위성의 발견으로 세계상 논쟁이 크게 달라지지는 않는다. 목성에게 위성이 있다는 사실 하나로, 태양이 지구 주위를 움직이는지 또는 아닌지의 문제를 꺼내는 사람은 거의 없다. 일단 또 다른 행성을 끌어들여야 한다. 이를테면 금성이 있다. 지구의 관점에서 금성이 태양의 왼쪽이나 오른쪽에 있으면, 한쪽 면만 비춰지기 때문에 금성은 작디작은 반달의 모습으로 나타난다. 태양의 둘레를 도는 금성은 마치 달처럼 일정한 주기로 위상이 변하게 된다. 금성이 태양 말고 지구 주변을 돈다면, 태양의 궤도 안에 있다면, 이 행성은 항상 초승달 모양으로 보여야 한다. 그리하여 갈릴레이, 해리엇, 마리우스 그리고 다른 천문학자들은 망원경으로 금성을 주의 깊게 관찰하며 추적한다. 그러다가 언젠가 1610년의 끄트머리에 이르러, 이 행성이 태양 주위를 회전할 때에만 가능하다고 생각한 보름달 모양의 위상이 관측된다. 무척이나 오래된 지구 중심설은 이제 심각한 위기에 빠진다. 최소한 금성은 지구 주변을 순환하지 않는다. 하지만 이 무렵 갈릴레이는 세계적으로 유명해진 데다 피렌체에 머물기 때문에 찾아가서 만나기는 어려울 것이다.

갈릴레이를 찾아갈 시간 여행자들을 위해 미리 경고할 사항이 있다. 당신은 분명 그가 카리스마 넘치고 유쾌한 남성임을 알게될 테고, 그러면서 어쩌면 그의 생각과 이론 그리고 실험 도구 등에 대해 자세히 물어보고 싶은 마음이 들 수도 있다. 그러나 동시에 갈릴레이는 야심이 넘치고 비밀스러우며 의심이 많다. 아무하고나 쉽게 목성의 위성에 대해 대화를 나눌 사람은 아니다. 적어도 책이 발간되는 1610년 3월 이전에는 쉽지 않을 것이다. 그의 인간관계는 업적만큼이나 전설로 회자된다. 그는 동료 천문학자들을 경쟁자로 여긴다. 평소 케플러와 편지를 주고받은 갈릴레이는 자신이 금성의 위상을 발견한 사실을 애너그램Anagram으로 알린다. 그 발견이 자신의 것임을 적시에 발표하려고, 철자를 바꾸어 암호문을 만들어서 숨긴 것이다. 갈릴레이는 잉골슈타트Ingolstadt 예수회의 천문학자인 크리스토프 샤이너Christoph Scheiner와 태양의 흑점을 누가 처음 발견했는지를 두고 수년 동안 격론을 벌이기도 한다. 역사적으로 보면 의미 없는 싸움이다. 흑점을 최초로 관찰한 사람은 위에서 언급한 토머스 해리엇이기 때문이다.

아무튼 갈릴레이는 자신의 명성을 지키기 위해 엄청난 에너지를 쏟는다. 아마 그는 당신과 그리 많은 이야기를 나누지 않을 것이다. 너무 많이 발설할까 두려워 대화를 오래 지속하지 못할 것이다. 파도바대학교에 등록을 하고 강의를 들을 계획이 없다면, 당신은 그를 멀리서 은밀하게 지켜보아야 한다. 길거리에서 우연히 그를 마주칠 수도 있다. 어쩌면 밤중에 발코니에서 망원경을 세우고 관찰에 몰두하는 그의 모습을 보게 될지도 모르겠다. 하지만 부디 신중을 기하자. 수많은 시간 여행자들이 스파이로 의심을 받곤 한다. 그러니 제발 카메라로 몰래 찍거나, 뒤를 쫓으며 스토킹을 하거나, 갈릴레이 집 대문 앞에서 오랫동안 어슬렁거리지는 말자. 그러는 대신 과학사에 기록된 역사적인 현장에 같이 머물고 있는 순간을 즐기도록 하자.

마리아 쿠니츠, 슐레지엔, 1650년

마찬가지로 마리아 쿠니츠Maria Cunitz도 천체와 관련이 깊지만 갈릴레이보다는 수십여 년 뒤의 인물이다. 1650년 그녀의 주요 저서인 《우라니아 프로피티아Urania propitia》(은혜로운 우라니아)가 발표된다. 이 책에서 그녀는 행성들의 위치와 궤도를 일목요연하게 정리하여 표로 만드는데, 다시 말해 태양계가 어떻게 움직이는지 파악하기 위해 필요한 정확하고 구체적인 정보를 축적하여 남기는 위대한 성과를 거둔다. 쿠니츠는 이전에 케플러가 작성한 오래된 천문표의 오류를 개선하며, 활용하기 쉽도록 보다 간단명료하게 정리하고 풀이한다. 행성의 위치 계산은 컴퓨터의 도움을 받는 오늘날에도 그리 간단하지 않다. 이는 당대 수학계에선 혁혁한 업적이다.

마리아 쿠니츠는 슐레지엔Schlesien에 산다. 슐레지엔은 현재 폴란드에 속한 지역으로, 비치나Byczyna라는 이름으로 불린다. 30년 전쟁에서 슐레지엔은 여러 나라들의 무력 침공으로 황폐화된다. 쿠니츠와 그녀의 남편 엘리아스 폰 뢰벤Elias von Löwen은 몇 해 동안 멀리 떠났다가 전쟁이 끝날 무렵 다시 슐레지엔으로 돌아온다. 혼란과 전염병 그리고 고난과 빈곤이 극심한 지경인 전쟁 기간은 반드시 피하도록 하자. (이와 관련하여 더욱 구체적인 내용은 11장 '전쟁터에서 벌어지는 일들'에 담겨 있다.) 그리고 가능하면 1648년 이후에 슐레지엔을 방문하자. 마리아 쿠니츠는 다중 언어를 유창하게 구사하며 다방면에 관심이 많아, 당신이 찾아가더라도 아마 큰 부담 없이 자연스레 대화를 나눌 수 있을 것이다.

마리아 쿠니츠에 대해 들어 본 적이 없을 수도 있다. 그 이유는 무엇일까? 이 위대한 과학자는 왜 우리에게 널리 알려지지 않은 걸까? 한 가지 이유는 시대에 있다. 수학과 천문학에 능한 여성들에게 17세기 유럽은 전혀 어울리지 않는다. 그래서 그녀의 남편인 엘리아스 폰 뢰벤은 《우라니아 프로피티아》의 서문에, 책의 저자가 본인이 아닌 여성이라고 명백히 밝히며 동료들과 서신을 주고받으면서도 이를 재차 확인시킨다. 또 다른 이유는 1656년 5월 도시의 절반을 폐허로 만든 대형 화재로 인해, 마리아 쿠니츠의 연구 작업 중 상당 부분이 소실되는 데 있다. 그녀는 다른 과학적 영웅들처럼 대단한 성취를 이루었을지도 모른다. 하지만 우리는 더 이상은 알지 못한다. 어쩌면 당신이 직접 방문하여 그녀에 대한 보다 풍부한 이야기를 발견하게 될 수도 있다.

제임스 허턴, 에든버러, 1770년대

제임스 허턴James Hutton은 학문의 경계를 가로지른 선구자이자, 지구의 동일과정설을 처음으로 주장한 이들 중 하나다. 쉽게 말해 동일과정설은 지표가 대격변이 아닌 점진적인 변화로 형성된다는 가설이다. 즉 지구는 기나긴 세월 동안 지금과 마찬가지로 끊임없는 지질 변화를 겪었으므로, 오늘날에도 여전히 일어나는 바람에 의한 침식, 침적물의 퇴적, 화산 폭발 등의 과정을 들여다보면 지구의 오랜 역사를 이해할 수 있다는 뜻이다. 현대의 판 구조론은 이들 과정에 속한다. (17장 '시간 여행에서 만나 봐야 할 사람들'을 참고하자.) 시간이 흐르면서 이제 지극히 당연한 소리로 들리지만 허턴의 시대에선 매우 새로운 가설이다. 당시에는 동일과정설 대신 지표의 모든 돌들이 단 한 번의 커다란 격변으로 생겨났다고 보는 입장이 지배적이다.

18세기 에든버러Edinburgh는 스코틀랜드 계몽주의의 중심지 가운데 하나로, 1770년대에 이 도시를 방문한다면 유명 학자들과 잇달아 마주치는 행운이 주어질 수도 있다. 그리고 여기에서 말하는 학자들은 오직 남성에 국한된다. 계몽주의 시대에 계몽이 덜 이루어진 측면 하나가 드러나는 대목이다. 경제학자 애덤 스미스Adam Smith 그리고 화학자 조지프 블랙Joseph Black과 함께 허턴은 '오이스터 클럽Oyster Club'이라는 사교 모임을 결성하여, 매주 정기적으로 만나 먹고 마시며 토론을 벌인다. 모임에 찾아오는 이들 중에는 데이비드 흄David Hume, 제임스 와트James Watt 그리고 벤저민 프랭클린Benjamin Franklin도 있다. 오이스터 클럽은 에든버러 구시가지의 여러 주점들을 옮겨 다니며 만난다. 당시의 다른 모든 사교 클럽과 마찬가지로, 여성들은 회원이 될 수 없다. 클럽 이름에서 알 수 있듯이 만약 당신이 오이스터, 즉 굴을 좋아하지 않는다면 역시나 모임에 끼기 어려울지 모른다.

암벽으로 된 언덕인 솔즈베리 크랙Salisbury Crags은 반드시 올라보자. 도시 위에 높이 치솟은 구릉인 아서스 시트Arthur's Seat의 서쪽에 위치한, 솔즈베리 크랙 위에서 당신은 두 가지를 경험하게 된다. 먼저 한편에는 북해가 그리고 다른 편에는 하늘과 맞닿은 산맥이 펼쳐지는, 환상적인 에든버러의 경관을 감상하게 될 것이다. 여기에서 당신은 19세기에 도로 포장을 위해 암벽을 깎아 내기 전, 솔즈베리 크랙 본연의 모습을 보게 된다. 그리고 또 하나, 제임스 허턴이 지질학 연구를 위해 사용한 암벽을 어려움 없이 둘러볼 수도 있다. 솔즈베리 크랙의 암벽은 퇴적 작용으로 생성된 퇴적암과 함께 화산 작용에서 비롯된 화성암을 지니고 있다. 허턴은 이들 두 종류의 암석이 각기 다른 방식으로 각자 다른 시기에 생성되었음을 깨닫는다. 지질학자들은 특출하게 두드러지는 돌이 필요한데, 제임스 허턴은 그런 돌이 바로 대문 앞에 있다. 솔즈베리 크랙이 잘 보이는 집에 살고 있으니 말이다. 운이 좋으면 당신은 그 위에서, 돌덩이를 유심히 들여다보며 깊은 생각에 잠긴 수염이 없고 머리가 듬성듬성한 어느 노신사와 마주칠 수도 있다. 그에게 다가가 가장 좋아하는 돌이 무엇인지 물어보자. 어쩌면 그는 절벽 아래 비탈에 위치한, 오늘날 '허턴의 바위Hutton's Rock'라 불리는 어느 바위 덩어리를 가리킬지 모른다. 이 암벽 언덕 위에서 당신은, 시간 여행 속에서 다시금 3억 년 전의 과거로 떠나는 색다른 시간 여행을 추가로 즐기게 된다. '아서스 시트'가 화산이고 스코틀랜드가 적도 근처에 놓여 열대 지방인 시대를 경험하게 될 테니 말이다.

에미 뇌터, 괴팅겐, 1930년

에미 뇌터는 수학계를 통틀어 손에 꼽히는 위대한 인물이다. 오늘날 물리학을 전공하는 사람이라면 줄곧 '뇌터 정리'와 맞닥뜨리게 된다. 우주의 법칙에 대한 깊은 통찰이 담긴 뇌터 정리는 쉽게 말해, 자연계에서 대칭성과 보존 법칙은 불가분의 관계라는 뜻이다. 즉 대칭성이 있으면 그와 짝을 이루는 보존 법칙이 있으며, 둘의 관계는 자연 법칙의 근본적인 특징이라는 것이다. 예를 들어 물리학적 실험 하나가 실행되면, 언제 그리고 어디든 상관없이 우주 안에서는 정확히 동일하게 진행되며 이는 '병진 대칭'을 이룬다. 이어서 뇌터의 정리에 따라 운동량 및 에너지 보존 법칙이 성립한다. 다시 말하면 대칭이나 보존 법칙 중에 하나를 알면 다른 하나를 발견할 수 있다는 것이다. 뇌터 정리는 자연 법칙 탐구에서 일종의 정밀 탐침기 역할을 한다.

뇌터는 아버지가 수학 교수로 재직하는 에를랑겐Erlangen에서 공부한다. 그녀는 독일에서 수학으로 박사 학위를 받은 두 번째 여성이나, 대학에서 강의 자리를 얻지 못하고 오랜 시간 공식적으로 아버지의 조교로 일한다. 1915년 에를랑겐에서 괴팅겐Göttingen으로 거처를 옮긴 그녀는 역시나 처음에는 조교로 고용되어 강의 없이 연구만 하며 수학적 난제들을 푼다. 대학 내에 여성 교수 임용을 반대하는 측과 맞서며 오랫동안 이런저런 일들을 겪은 끝에, 그녀는 1919년이 되어서야 교수 자리를 얻는다. 1920년대에 들어 그녀는 수학자들 사이에서 명성을 떨치지만, 그럼에도 그녀의 저작 중 다수는 다른 남성의 이름으로 출판된다. 20세기 또한 여성이 수학으로 생계를 꾸리기에는 녹록하지 않은 시대다.

에미 뇌터는 열정적인 학자이자 교수다. 그녀는 빠르고 큰 목소리로 말하는 편이라, 수학에 문외한이라면 그녀가 수학적 주제를 놓고 해석하는 과정을 따라가기 어려울 것이다. 일부 학생들은 그녀의 정리되지 않은 혼란스러운 강의에 불만을 토로하며, 한편 개방적이고 활발한 토론 분위기를 극찬하는 이들도 있다. 도시 곳곳을 다니다 보면 우연히 에미 뇌터를 마주칠 수도 있다. 공원을 산책하다가도 학생들과 대화를 나누는 에미 뇌터를 볼 수 있으며, 시내의 카페하우스Kaffeehaus나 길거리에서도 문득 그녀와 조우할지 모른다. 1922년부터 1932년까지 뇌터는 괴팅겐 도심에서 남동쪽으로 불과 몇 백 미터 떨어진 프리드랜더벡Friedländerweg 57번지에 위치한, 지역 학우회 '튀링기아Thuringia' 소속 주택에 산다. 괴팅겐대학교 수학 연구소는 1929년부터 분젠슈트라세Bunsenstraße에 새로 지은 건물 안에 자리를 잡으며, 길 끝으로 가서 모퉁이에 다다르면 바로 보인다.

괴팅겐은 카를 프리드리히 가우스Carl Friedrich Gauß의 도시이기도 하며, 이 외에도 시간 여행 연구를 크게 발전시킨 지역이기도 하다. ('시간 여행에 관한 짧은 역사'를 살펴보자.) 제1차 세계 대전이 일어나기 전, 헤르만 민코프스키Hermann Minkowski와 카를 슈바르츠실트Karl Schwarzschild가 여기에서 일한다. 두 학자는 당대 동료들보다 훨씬 앞서 시공간의 개념을 이해하고 풀어낸다. 1920년대 괴팅겐은 수학계의 중심지가 된다. 다비트 힐베르트David Hilbert는 에미 뇌터뿐 아니라, 헤르만 바일Hermann Weyl(1913년까지. 그런 다음 다시 1930년부터)과 존 폰 노이만John von Neumann(1927년/1928년)처럼 저명한 수학자들을 괴팅겐으로 데려온다. 공학자인 루트비히 프란틀Ludwig Prandtl은 괴팅겐 유체 역학 연구소를 이끈다. 물리학계는 훗날 노벨상 수상자들로 그득하다. 막스 보른Max Born과 제임스 프랑크James Franck는 각각 이론물리학 연구소와 실험물리학 연구소의 소장을 맡는다. 마리아 괴페르트메이어Maria Goeppert-Mayer는 여기에서 1930년에 박사 학위를 받는다. 볼프강 파울리Wolfgang Pauli는 1921년과 1922년에 보른의 조교로 일한다. 베르너 하이젠베르크Werner Heisenberg는 괴팅겐에서 1925~1926년에, 막스 보른 및 파스쿠알 요르단Pascual Jordan과 함께 행렬 역학을 구축한다. 과학사로 떠나는 시간 여행에 흥미가 있다면, 이들 이름만 읽고도 무아지경에 빠져 버릴지 모른다.

1933년 초 히틀러가 정권을 장악한 이후 새로운 법이 공포되면서, 나치Nazis는 달갑지 않은 인물들을 대학에서 제거하기 시작한다. 무엇보다 유대인과 정치적 반대 세력이 겨냥 대상이 된다. 이로써 괴팅겐의 수학적 황금기는 끝이 난다. 다른 많은 동료들과 함께 에미 뇌터는 자리를 박탈당한다. 그녀는 유대인이고, 잠시 동안 좌파 정치 단체에서 활동한 이력이 있으며, 이보다 몇 해 전에는 모스크바의 대학에서 강의를 맡기도 한다. (1928년과 1929년 겨울이니, 괴팅겐에서 뇌터를 찾아가고 싶다면 이 시기는 피하도록 하자.) 바로 이들 세 가지 이유로 나치는 에미 뇌터를 해고한다. 결국 그녀는 미국으로 건너가며, 1935년 종양 수술 후 갑작스러운 후유증으로 53세의 나이에 세상을 떠난다.

5장

중세, 씻지 않는 사람들을 위한 낙원

시간 여행지 가운데 중세는 예약이 넘칠 정도로 인기가 많다. 하지만 여행자들이 기대하는 '중세 시대'는 일종의 허구다. 현재 동네에서 계절마다 열리는 중세 축제나 중세 장터는 과거의 실제 중세와 크게 관련이 없다. 진짜 중세, 그러니까 대략 6세기부터 15세기까지의 시기는 상당한 적응 시간을 요하는 완전히 낯선 환경이다. 그럼에도 많은 이들이 여행 계획을 제대로 세우지 않고 무작정 떠나곤 한다. 말하자면 오직 여왕들만 특별한 조건 속에서 사는 시대이기에, 중세로 떠났다가 돌아오는 여행객들은 자신의 여행사에게 속았다며 번번이 불만스러운 평을 내놓는다.

현대를 사는 여행객들이 중세에 가서 익숙해지기까지 유독 시간이 드는 분야는 무엇보다 위생이다. 중세의 사람들은 대체로 씻지 않는다. 중세에 목욕이 널리 사랑받는다는 말도 하나의 신화이며 그저 소수의 사람들만 목욕을 즐긴다. 충분한 양의 뜨거운 물을 공급하는 과정 자체가 노동 집약적이며, 매 시대에 모든 지역마다 목욕용 온천장이 있는 것도 아니다. 위생의 관점에서 보면 중세 여행지로는 우리보다 북쪽에 있는 나라들이 추천할 만하다. 북유럽 사람들은 매주 목욕을 하며, 매일매일 씻고 머리를 빗으며 옷도 규칙적으로 갈아입는다. 13세기에 기록된 영국의 어느 사료에 의하면, '데인Dane' 사람들이 이런 청결함을 무기로 결혼한 여성의 정절을 망치고 귀족 가문의 딸을 유혹하는 데 성공했다는 내용이 나온다. (여기에서 말하는 데인인은 오늘날의 덴마크가 아니라 '북방에서 온 사람'을 통칭한다.)

물론 이 자료는 출처가 불확실하며, 이미 200여 년이 지난 일들을 나중에 기록한 것이라 신뢰하기 어렵다. 하지만 북방 사람들이 중부 유럽보다 청결하게 산다는 사실에는 논란의 여지가 없다. 북유럽 사람들의 장례용품에는 면도칼, 핀셋, 귀 청소 도구 그리고 빗이 으레 들어간다. 이들은 비누를 만들어 쓰고 머리도 감는다. 바그다드Baghdad 출신의 지식인 아흐마드 이븐 파들란Ahmad Ibn Fadlan은 921년 러시아 볼가Volga강 유역을 여행하다가, 거기서 스칸디나비아Scandinavia 사람들을 만나고는 그들의 위생 습관에 질색을 하며 이를 여행기에 담는다. 즉 섹스를 하고 나서도 씻지 않으며, 아침마다 모두가 똑같은 대야의 물에 얼굴과 손을 씻는다고 말이다. 중부 유럽보다 깨끗하다는 북유럽이 이 정도다. 그러니 이런 부분이 다소 거슬린다면 여행지로 중세 유럽보다는 이슬람 국가를 고려해 보자. 예컨대 바그다드나 콘스탄티노폴 또는 나스르 왕조의 그라나다 등이 있다. (2장 '잊을 수 없는 주말을 위한 원 포인트 여행지'를 참고하자.)

그럼에도 중세 유럽으로 떠나고 싶다면 그나마 아이슬란드가 무난하다. 이 땅에는 천연 온천이 있기 때문에 다른 북유럽 나라들보다는 조금 더 깨끗한 편이다. 따뜻한 물에 몸을 담그는 목욕은 시대를 불문하고 널리 행해지며, 건강에도 유익하다 여겨진다. 사람들은 몸뿐 아니라 빨랫감도 온천에 담가 세탁을 한다. 하지만 아이슬란드라고 해도 집집마다 있을 정도로 온천이 넉넉하지는 않다. 만약 청결한 사람들과 어울리고 싶거나 옷가지 빨래를 중요시한다면 유명 온천지 근처에 머무는 계획을 세우도록 하자.

위생 문제 외에도 아이슬란드는 많은 장점을 지니고 있다. 대부분의 이웃나라들에 비해 아이슬란드는 평화로운 상태를 유지한다. 다른 어떤 곳에선 외부 세력과 전쟁을 벌이지만, 아이슬란드는 씨족 간의 반목으로 내부 위기가 고조된다. 스투틀룽 시대Sturlungaöld라 불리는 1220년부터 약 1270년까지는 씨족끼리 서로 치고받고 싸우며 끊임없이 선혈이 낭자하니 이 시기에는 방문을 피하자. 1238년 8월 21일에는 오를뤼그스타디르Örlygsstaðir에서 거대한 전투가 벌어진다. (이는 아이슬란드식 날짜 계산에 따른 것이며, 날짜 이야기는 뒤에 더 나온다.) 대략 2700명이 교전에 참여하여 하루에만 60명 가까이 목숨을 잃는다. 1246년 4월 19일에는 하우그스네스Haugsnes에서 다시 한번 크게 싸우며 110명이 죽는다. 전투에 가담한 대다수는 농부들로, 서로에게 돌덩이를 던지면서 참혹하게 싸운다.

중세의 아이슬란드는 상당히 민주주의적으로 다스려진다. 여성들은 토지를 비롯해 책이나 필사본을 소유할 수 있다. 이혼이 가능하며 혼인 지참금을 돌려 달라 요구할 수도 있다. 남편이 없거나 죽더라도 가게를 계속 운영할 수 있다. 현대 아이슬란드어를 어느 정도 구사한다면 무척 유용할 것이다. 독일 여행자들의 경우 사전에 어학 코스를 밟지 않으면, 고대 고지 독일어로 의사소통을 시작조차 하지 못한다. 다른 모든 유럽인들도 마찬가지다. 현대 국어로 중세 무렵의 국어를 이해하기란 쉽지 않다. 그러나 현대 아이슬란드어는 1000여 년 전에 통용된 고대 노르드어Norse와 매우 유사하여, 최소한 읽기는 가능하며 발음만 다소 낯설 것이다.

9세기 말 이전의 아이슬란드로 떠나는 여행은 특별한 취향을 가진 여행객들에게만 추천한다. (그 이유는 아래에 적혀 있다.) 일단 이 땅에 아직 사람이 없어 텅 빈 황무지이기 때문이다. 경우에 따라 아일랜드에서 온 수도사들을 드문드문 발견할 수는 있다. 이들은 이 땅에 처음 발을 들이고는 얼마 있다 바로 떠난다. 874년이 되어서야 처음으로 아이슬란드에 사람들이 정착하기 시작한다.

노르웨이에서 온 바이킹Viking족이 최초로 영구 정착한 이후, 북방에서 속속 찾아와 자리를 잡으며 대다수는 노르웨이와 아일랜드 사람이다. 아일랜드 출신은 자원해서가 아니라 바이킹이 노예로 들여오면서 타의로 정착하게 된 경우이다. 930년 무렵부터 농업용으로 쓸 만한 지역의 대부분은 주인이 생긴다. 그러므로 여기에 오래도록 눌러앉고 싶다면 시간을 잘 맞춰서 적시에 나타나야 한다. (12장 '정착을 고려하는 사람들을 위한 조언'을 살펴보자.) 아이슬란드 초기 이주민들의 정착기를 담은 역사적인 고문서《란드나마보크Landnámabók》(정착민들의 책)에 나오듯이, 여성들에게도 토지 선택권이 있으니 잘 생각해 보자.

일찍 들어가 자리를 잡을수록 여러 모로 훨씬 수월하며, 어떤 경우에는 심지어 땅을 무료로 얻을 수도 있다. 이웃들 또한 새로 들어온 외지인을 의심의 눈초리로 주시하거나 텃세를 부리는 대신, 반갑게 맞이하며 기꺼이 도움을 줄 것이다. 언제든 따뜻한 물로 씻을 수 있도록, 고유의 온천이 있는 주거지를 물색해 보자. (과거의 시점에서) 미래에 폭발하거나 또는 높디높은 용암에 삼켜져 사라지는 곳은 피하도록 하자. 아이슬란드가 지닌 여러 가지 단점은 단기 여행자보다는 장기 야영객이나 이주자들과 관련이 깊다. 토지는 그리 비옥하지 않고, 지나치게 많은 활화산이 국토 곳곳에 있으며, 전반적으로 따뜻한 간빙기에도 이 땅의 기후는 온화함과는 거리가 멀다.

원주민들과의 관계는 크게 걱정하지 않아도 된다. 대체로 아무런 문제없이 편안한 인간관계를 맺고 또 유지할 수 있다. 이들은 방문객에게 친절하고 호의적이며, 외지에서 온 손님들이 몇 주나 몇 달 동안 묵고 가는 일에 익숙하다. 하지만 특별히 한겨울에는 식량 상황이 어려워지는 해가 많으므로, 숙박을 하더라도 본인 식량은 스스로 조달해야 한다. 또한 어느 해에 여행을 하든 상관없이, 먹을거리를 가을에 다 먹어 치우면 봄철에는 식량 부족에 허덕이게 된다. 아이슬란드에서 특히 부족하거나 잘되지 않는 와인, 곡물, 꿀, 기름, 향신료 같은 식료품은 분명 환영받을 것이다. 보통은 양보다 질이지만, 여기에서는 질보다 양으로 승부해도 된다. 어딜 가든 마찬가지지만, 오래도록 상하지 않는 선물을 가지고 가서 괜히 미래의 고고학자들을 혼란에 빠트리지는 말자. (보다 자세한 내용은 3부에 담겨 있다.)

이 나라에서는 풍부한 양의 선물을 아낌없이 건네야 너그러운 성품으로 인정받는다. 작고 귀한 물건을 몰래 깜짝 선물하는 요즘 방식과는 다르게, 많은 양을 눈앞에 한가득 펼쳐 놓아야 좋은 반응을 얻는다. 그리고 무엇보다 받는 사람이 생계의 위협에서 벗어날 수 있게 도와주는 품목이어야 제대로 된 선물이라 여겨진다. 그러니 부디 아끼지 말고 한껏 챙겨 가자. 가능하면 체류하는 첫날 바로, 당신이 가진 모든 것을 숙소 주인에게 넘겨주자. 그러면 머무는 내내 당신을 굶게 하지는 않을 것이다. 아니면 적어도 식량 부족에 시달리는 일이 다른 누구보다 덜할 것이다.

홀로 여행하는 여성들에게는 눈에 잘 보이는 커다란 열쇠를 최소한 하나 정도 휴대하길 추천한다. 열쇠는 당신이 부유한 집주인이자 가정이 있는 신분임을 상징하는 도구다. 현대식 집 열쇠는 너무 작아서 열쇠로 보이지 않을 수 있다. 필요하다면 박물관이나 여행사를 통해 조언을 얻거나, 주말에 열리는 중세 장터에서 마땅한 열쇠를 구해 보자. 장식용으로 나온 축소판이 아니라, 반드시 원본 크기의 열쇠를 마련하도록 신경을 쓰자.

여행 계획을 세울 때 공통으로 유의할 점이 있다. 즉 10세기부터 18세기까지 아이슬란드는 윤년이 53주인 고유의 달력을 따른다. 따라서 특정한 날짜에 현지를 방문하고 싶다면 아이슬란드 사정에 정통한 전문 여행사와 긴밀히 상의해야 한다.

그리스도교 이전의 종교를 들여다보려면 새 천 년 이전의 시대에 발을 들여야 한다. (여기에서 말하는 새 천 년은 1000년이다.) 새 천 년을 전후로 아이슬란드에는 종교 분쟁이 벌어지는데, 당시 사법 심판관이자 법률 암송가인 토르게이르 토르켈스손Þorgeir Þorkelsson이 분쟁을 정리하기 위해 1000년(혹은 999년일지 모르니, 당신이 직접 확인하자)에 아이슬란드 의회인 알팅그Althing에서 스스로 그리스도교로 개종하면서 이 나라의 국교도 그리스도교가 된다. 국교가 정해지고 이를 받아들이는 과정은 비교적 평화롭게 진행된다. 비록 처음에는 의회 참석자들이 모두 찬물에 들어가 세례받기를 거부하지만, 나중에 근처 따뜻한 온천에서 단체 세례가 이루어진다. 사적으로 예전의 북유럽 신들을 숭배하는 행위는 허용된다.

알팅그 역시 추천할 만한 여행지다. 알팅그는 세계에서 가장 오래된 의회일 뿐 아니라 일종의 야외 축제장이기도 하다. 대략 930년부터 매년 6월 중순이면 수도 레이캬비크Reykjavík에서 동쪽으로 약 40킬로미터 떨어진 팅벨리르Þingvellir에서 의회 행사가 열린다. 현재 국립 공원인 이 지역은 천혜의 자연 속에서 주민들이 모여 민주주의 축제를 벌였다는 이유로 오늘날까지도 아이슬란드의 주요 명소로 꼽힌다. 지금 가면 그저 경치를 감상하고 안내 게시판의 설명을 읽으며 어슬렁거리는 일이 전부다. 중세에 찾아가면 확실히 더 흥미로울 것이다. 법률이 공포되고, 공개적으로 법을 다루며 토론을 벌이고, 춤을 추면서 축제를 벌이는 장관을 경험할 수 있으니 말이다.

팅벨리르를 방문하더라도 당신은 주변의 이목을 크게 끌지 않을 것이다. 알팅그에는 굉장히 많은 아이슬란드 사람들이 참여하기 때문이다. 참가할 수 있는 사람들은 누구든 환영하며, 법을 준수하는 자유로운 시민으로서 모두에게 참가할 권리가 있다. 가능하면 국교가 정해지기 전에 찾아가자. 그 이후에는 춤추는 행위가 금지되기 때문이다. 개정 이후에도 유쾌한 서클 댄스Circle dance를 꼭 경험하고 싶다면 페로Faeroe 제도에 가서 즐기자.

국교 개정으로 빚어진 또 하나의 아름답지 않은 결과물로 법 체계 개편이 있다. 아이슬란드에 사람들이 정착한 이후 첫 세기만 해도, 알팅그의 법률관계는 현대와 비교해도 뒤지지 않을 만큼 확실히 인도적이다. 대부분의 경우 죄를 지은 사람은 범죄로 비롯된 결과에 해당되는 경제적 배상금만 지불하면 된다. 가장 강력한 처벌은 일정 기간 또는 영구적인 유배다. 유배는 사람들로부터 배제되어 더 이상 아이슬란드 땅에서 식량이나 숙박 지원을 받지 못한다는 뜻이며, 동시에 누군가에게 맞아 죽을 수도 있다는 말이다. 그러므로 유배형을 받으면 다른 나라로 옮겨가야 한다. 아이슬란드 원주민에게는 대단히 고통스러운 형벌이다. 집행 기관이 없어 판결을 집행하려면 원고 측의 가족과 친구들이 직접 관여해야 한다.

국교가 정해진 이후 법률 체계가 달라지고, 그로 인해 알팅그에서 벌어지는 일들 또한 그다지 달갑지 않은 방향으로 나아간다. '부도덕한' 여성들은 수장되거나 마녀 사냥으로 화형에 처해진다. 채찍질, 낙인 그리고 능치처참 등이 형벌에 추가된다. 물론 현재에도 이와 같은 일이 여전히 행해지는 나라들이 있다. 굳이 이런 나라를 방문하여 실상을 구경하고 싶은 마음이 없다면, 과거에서도 애써 찾아갈 필요는 없다.

13세기 후반 아이슬란드는 노르웨이의 지배하에 들어간다. 새로운 군주는 약속된 협정을 지키지 않는다. 정치 및 법적 구조는 더욱 비민주적이 되며, 교회는 권력을 얻는다. 대략 이 무렵에 '소빙기'가 시작되는데, 수백여 년 넘게 추운 기후가 지속되면서 그렇지 않아도 농경지가 넉넉하지 않은 이 나라는 곤경에 처한다. 농사가 가능한 지역들은 수확이 형편없으며, 동시에 길고 추운 겨울을 견뎌야 하는 가축들은 더 많은 먹이를 원한다. 이는 정치 구조에도 좋지 않은 영향을 미친다.

이 모든 것들이 여행자인 당신에게 심각한 걸림돌이 되지는 않는다. 그럼에도 보다 안정적인 시기를 원한다면, 그리고 특별히 선호하는 시기가 따로 없다면, 아이슬란드에 정착민이 들어온 이후부터 노르웨이 손에 들어가기 전인 13세기 초반 사이에만 들러도 한결 만족스러운 모습의 사람들을 쉽게 발견할 것이다. 하지만 노예는 예외다. 정착 초기부터 최소한 12세기 초입까지 아이슬란드에는 노예 제도가 실행된다. 그리고 노예는 주로 영국 제도에서 강탈하거나 돈을 주고 사 온 사람들이다.

전염병이 걱정이라면 마찬가지로 이른 시기에 방문하기를 추천한다. 천연두는 1241년에 처음 발생하고, 흑사병은 1402년에 최초로 아이슬란드 땅에 들어오며 1494년에 다시 한번 유행한다. 첫 번째 유행이 두 번째보다 더 치명적이다. 두 전염병이 번지는 시기는 피하자. 그러나 여기에서 끝이 아니다. 당신 또한 의도치 않게, 아이슬란드에 어떤 질병을 처음으로 옮기는 당사자가 될 수도 있다. 이를 유의하며 3부의 안내 및 지시 사항을 반드시 따르자.

뜨거운 온천은 여러 모로 유익하지만, 계속되는 위험이 도사리고 있다는 뜻이기도 하다. 아이슬란드는 북아메리카 판과 유라시아 판의 경계인 대서양 중앙 해령 위에 위치한다. 경계에 있는 두 판이 서로 밀어내면서, 고온의 마그마가 지구 내부에서 끊임없이 올라와 새로운 지각을 만들어 낸다. 온천과 간헐천은 이런 지각 변동의 직접적인 결과물이다. 도움이 되지 않는 결과물도 있다. 바로 지진과 화산 폭발이다. 이 같은 지질학적 특수성은 중대한 문제점이 하나 있다. 즉 화산 근처에 산다면 본인의 집과 초지가 흐르는 용암에 언젠가 삼켜져 사라질 수 있음을 매 순간 염두에 두어야 한다.

아이슬란드에 체류하는 동안 연구 작업을 해 보고 싶은 사람도 있을 것이다. 정착 이후의 아이슬란드 역사는 기록을 즐기는 아이슬란드 사람들 덕분에 철저하게 기록되어 문서로 남아 있다. 하지만 그 전에는 무슨 일이 일어났을까? 남쪽 해안을 따라 각기 다른 다섯 곳에서 3세기 로마 동전이 발견되지만, 이 동전들이 정착 이전에 아이슬란드를 방문한 이들에게서 나온 것인지, 아니면 이 섬에 사람들이 정주한 다음에 당도한 것인지 지금까지도 명백히 밝혀진 바는 없다. 휴가 동안 섬에서 얼마간 홀로 보내고 싶은 당신의 계획에 크게 지장이 없다면, 874년 이전 이 섬의 역사를 한층 자세히 파헤치는 탐구 작업을 시도해도 좋을 것이다.

아이슬란드 민족의 풍습과 전설에 관심이 있다면 나브로크Nábrók를 심층적으로 연구해 보면 어떨까. 영어로 네크로팬츠Necropants라 불리는 나브로크는 민간 설화를 통해 전해 내려오는 바지로, 이를테면 일식집마다 있는 행운의 고양이와 같은 의미라고 보면 된다. 죽은 사람의 하반신 가죽으로 만든 바지인 나브로크를 입으면 돈주머니가 마르지 않는다는 전설이 있다. 그리고 이 바지의 돈주머니는 죽은 자의 음낭에 있다. 즉 음낭에 동전 한 닢과 마법의 문양을 넣은 이 가죽 바지를 입으면 항상 동전이 채워진다고 한다. 홀마비크Hólmavík 주술 박물관에 가면 이 바지의 모조품이 전시되어 있다. 언젠가 정말 이런 바지를 만들어 입은 건지, 아니면 단지 전설이나 설화로만 내려오는 것인지, 여전히 풀리지 않은 데다 한편 사료가 거의 없으니 밝혀내기도 어렵다.

지금까지 알려진 아이슬란드 정착의 역사는 대부분 앞서 언급한 《란드나마보크》와 《아이슬렌디가보크Íslendingabók》(아이슬란드인의 책)에서 유래한 내용이다. 《아이슬렌디가보크》는 아이슬란드의 역사학자 아리 토르길손Ari Þorgilsson이 1120년에 집필한 역사서다. 아리는 《란드나마보크》 저작에도 최소한 관여했으리라 추정된다. 《아이슬렌디가보크》의 초기 원고는 전해지지 않으며, 현재 보존 중인 가장 오래된 필사본은 17세기 원고다. 아리 토르길손의 정확한 주소지는 알려진 바가 없다. 그렇지만 당신이 1120년 무렵 스나이펠스네스Snæfellsnes 반도에 위치한 오늘날의 스타다르스타뒤르Staðastaður 지역으로 가서, 아리 현자Ari hinn fróði에 대해 물으면 다들 누구를 뜻하는지 알 것이다. (이 시기에 그는 50대 중반이다.) 그런 다음《아이슬렌디가보크》의 원본을 사진에 담아 오자. 만일 아리가 세상을 떠난 1148년 이후에 여길 들르게 된다면, 자필 원고가 분실되지 않도록 지키거나 추가 사본을 여러 부 작성해도 좋겠다. 1541년 종교 개혁이 단행되며 스칼홀트Skálholt 교구의 재산 목록이 공개되고 이와 함께 '가치 없는 고서적들'이 한가득 버려지는데, 이들을 구해내는 것도 분명 가치 있는 일일 것이다.

새 천 년 즈음 아이슬란드나 그린란드Greenland에 머문다면 무조건 빈란드Vinland에 대한 정보를 보다 많이 알아내야 한다. 빈란드는 탐험가이자 바이킹인 레이프 에릭슨Leif Eriksson이 1000년 전후에 발견한 아메리카 대륙으로, 에릭슨 일행은 여러 차례 정착을 시도하다가 나중에는 결국 포기하고 이 땅을 떠난다. 현재 그린란드의 남쪽 끝 카시아수크Qassiarsuk에 위치한, 브라타흘리드Brattahlíð 출신인 레이프 에릭슨은 오랜 항해 끝에 약 1000년경 최초로 빈란드에 발을 들인다. 이를 두고 한동안 이론이 분분했으나 바이킹이 정주한 흔적이 오늘날의 뉴펀들랜드Newfoundland 해안에서 발굴되면서, 에릭슨의 빈란드 개척은 단지 북유럽 전설이 아닌 역사적 사실로 입증된다. 하지만 여전히 밝혀지지 않은 부분이 많다. 정확히 언제 아이슬란드 사람들이 그곳에 당도하는지, 바이킹의 유물이 발굴된 뉴펀들랜드의 란세 오 메도스L'Anse aux Meadows 외에 다른 어느 지역에 머무는지, 거기에서 무엇을 하는지, 그리고 왜 빈란드를 향한 항해는 그토록 빨리 유행이 시들해지는지 궁금하지 않은가?

당신이 직접 항해에 동행할 필요는 없다. 북유럽 사람들의 항해는 위험천만하며 전혀 안락하지도 않고 무척이나 지루하다. 오늘날의 관점에서 보면 이들이 모는 배는 상당히 작은 데다, 그 안에 사람과 동물 그리고 물건들을 지나치게 많이 싣는다. 하지만 동시대인들과의 인터뷰만으로도 아이슬란드 역사 연구는 현저한 진척을 이룰 것이다. 뿐만 아니라 그러다가 어쩌면 구드리드 토르뱌르나르도티르Guðríðr Þorbjarnardóttir를 알게 되는 기회가 생길지도 모른다. 그녀는 1005년과 1013년 사이 언젠가 빈란드 탐험에 함께한 인물 중 하나일뿐더러, 훗날 로마로 순례 여행을 떠나기도 한다. 그러나 이에 대한 이야기는 지금까지도 지극히 일부만 알려져 있다. 여행을 하며 당신이 무언가를 추가로 알아낸다면 사소한 것이라도 틀림없이 환영받을 것이다.

이 모든 것들 중에 혹여 당신이 아무것도 해내지 못하더라도 휴가를 망친 것은 아니니 실망할 필요는 없다. 아이슬란드의 역사와 문헌은 당신의 도움 없이도 대다수의 다른 문화보다 이미 충분히 많이 후세에 전해진 상태이기 때문이다.

6장

바흐의 칸타타를 감상하는 시간

진정성을 추구하는 시대적 바람이 시간 여행자들에게도 불어 닥치면서, 진짜를 찾아 떠나려는 이들이 늘어나고 있다. '예전에도 다 있었어' '옛날이 훨씬 낫지' '요즘에는 제대로 된 게 하나도 없어'. 실제로 삼십 대 이상의 사람들 사이에 이런 생각이 널리 퍼져 있다. (더 많은 이야기는 12장 '정착을 고려하는 사람들을 위한 조언'을 참고하자.) 타임머신이 이들을 도와줄 수 있다. 현재가 그저 조악한 모조와 복제로 가득하다면 역으로 진정한, 순수한, 진짜 원본이 과거의 어딘가에서 발견되어야 마땅하다.

음악은 좋은 예시다. 음악적 상연은 말 그대로 순간 포착이다. 한번 연주된 소리는 결코 다시 처음과 똑같을 수 없다. 나중에 아무리 원본에 충실히 재현하더라도 처음에 들은 소리를 그대로 만들어 낼 수는 없다. 19세기 말부터 소리를 기록하여 재생하는 음반이라는 매체가 등장한다. 원통형의 실린더Cylinder에 소리를 새긴 최초의 음반은 토머스 에디슨이 발명한 축음기로 재생된다. 여기에서는 소름이 끼칠 정도로 날카롭게 긁는 소리가 난다. 악기 회사인 M. 벨테 & 죄네M. Welte & Söhne에서 제작한 최초의 기계식 피아노는 음표 대신 구멍이 뚫린 두루마리 종이 악보에 따라 자동으로 연주를 한다. 음악의 저장과 재생이 가능해지면서, 곧이어 원작자가 무슨 생각으로 작곡했는지를 비교적 분명히 후세에 전달할 수 있게 된다. 이전에는 해봐야 악보와 주석 그리고 우연히 현장에 있던 사람들의 기억 정도가 전부이니, 음악가들 입장에선 작곡가의 의도를 오해하고 잘못 해석할 가능성이 매우 높다.

레코드판이 없던 시대의 여러 음악 창작자들은 후세와 소통하려는 절망적인 시도를 감행하곤 한다. 얼마나 빨리 연주해야 하는가? 얼마만큼 크게? 얼마나 엄격하게 악보를 따라야 하는가? 음표의 길이에 변화를 주어도 되는가? 빠르기를 달리해도 되는가? 음에 진동을 주어 울려 퍼지게 해도 괜찮은가? 가로 플루트 연주자이자 작곡가이며 프리드리히 2세Friedrich II의 플루트 선생인 요한 요아힘 크반츠는 1752년, 당대의 음악을 어떻게 연주해야 하는지 자세히 전하는 광범위한 안내서를 집필한다. 연주의 빠르기 문제는 모두가 가슴 속에 지니고 있는 천연 생체 시계의 도움으로 해결한다. '템포Tempo는 점심 식사 이후부터 저녁 무렵까지 뛰는 맥박을 기준으로 하자. 물론 아침 식전의 맥박이 오후 식후보다 느릴 것이며, 밤에는 오후보다도 더 빠를 것이다. 또한 감성적인 성향의 사람이 활달하고 성급한 사람보다 느리다 말할 수도 있다. 이런 의견들은 일리가 있다. 하지만 이를 무시하지 않고도 어느 정도 객관적인 기준을 세울 수는 있다. 말했듯이 점심 시간대부터 저녁 사이, 유쾌하고 밝은 사람 또는 열정적이고 성급한 사람 혹은 (이렇게 거론해도 된다면) 다혈질적인 기질을 가진 사람의 맥박을 취하면 된다. 이들의 오후 시간대 맥박을 기준으로 삼으면 연주의 템포를 쉽게 이해하고 받아들이게 된다. 다시 말해 맥박이 1분에 대략 80번 뛴다고 정하고 이를 표준 템포로 삼자.' 예전에는 보통 교회의 시계탑을 보며 자신의 심장이 얼마나 빠르게 뛰는지 점검하기에, 매 순간 맥박으로 템포를 재면서 연주하기는 어렵다. 크반츠 역시 이를 분명히 인지하며 정밀한 템포를 지시하지는 않는다. 다만 그는 연주자들이 심장 고동을 통해 다양한 템포에 대한 지식을 얻길 바란다. '맥박수가 조금 더 많거나 적은 것은 여기에서 그리 중요하지 않다.' 플루트의 대가는 이렇게 덧붙인다. 크반츠의 말을 온전히 이해하려면 일단 18세기 중반의 다혈질적인 사람이 어느 정도인지를 확인해 보아야 한다.

이로부터 불과 수십 년 뒤, 정밀 기술이 등장하여 스트레스에 처한 작곡가들에게 해결책을 전한다. 즉 1815년 엔지니어이자 발명가인 요한 네포무크 멜첼Johann Nepomuk Mälzel이 기존의 템포 측정기를 개량한 메트로놈Metronome으로 특허를 내면서 연주의 템포 문제는 이내 해결된다. 일정한 속도로 빠르기를 나타내는 이 기계 덕분에 음악 작품의 템포를 정확하게 규정할 수 있게 된다. 더불어 메트로놈은 연주하는 사람들이 원작자가 선정한 템포를 엄밀히 지키도록 도와준다. 기계식 메트로놈은 기술적으로 보면, 시계추 같은 진자가 태엽의 도움으로 계속해서 이리저리 움직이는 원리다. 마찰 손실로 진자가 느려지지 않으려면 옛날 시계처럼 적당한 때에 태엽을 감아야 한다. 진자 운동의 횟수는 진자의 법칙에 의해 정해진다. 진자의 길이와 중력 가속도를 가지고 계산하면 된다. 메트로놈의 가동추를 위로 올리거나 내리면 진자 운동이 빨라지거나 느려지며, 이를 통해 음악의 템포를 조절할 수 있다. 메트로놈 덕분에 작곡가들은 작품이 얼마만큼의 빠르기로 연주되어야 하는지 정확히 측정하게 된다. 이 정보, 이 숫자는 후세에 남는다.

멜첼은 이 메트로놈으로 엄청나게 유명해진다. 그보다 앞서 메트로놈의 전신인 템포 측정기를 발명한 사람은 디트리히 니콜라우스 빈켈Dietrich Nikolaus Winkel이지만 말이다. 대신 멜첼은 바보같이 뚝딱거리는 진자보다 훨씬 덜 지루한 여러 다른 기계들을 발명한다. 음악이 흘러나오는 주악 시계, 말하는 기계, 자동 연주 트럼펫, 그리고 자동으로 작동하는 줄타기 광대 및 마술사처럼 다양한 서커스용 볼거리들도 고안한다. 하지만 그가 만든 이 대단한 기계들은 오늘날 아는 이가 아무도 없다. 여기에 더해 멜첼은 직접 개발한 자동화 무대 장치로 이동식 극장인 디오라마Diorama를 화려하게 채우는데, 모스크바에 세워진 이 극장 건물은 1812년 나폴레옹이 이 도시에 도착한 지 얼마 되지 않아 대형 화재로 4분의 3이 파괴되고 만다. 얼마나 큰지 확실치 않으나 대략 웅장하다고만 전해지는 멜첼의 대작은 거의 보존되지 못한다. 불이 나기 전 과거로 당장 떠나, 공연 시간에 맞춰 꼭 방문해 보기를 권한다. 놓치기엔 너무나 아까운 무대다. 1838년 세상을 떠나기 전까지, 멜첼은 마지막 12년을 미국 동쪽 해안에 자리한 필라델피아에서 보낸다. 이 시기에 필라델피아를 가면 공연용 무대 장치를 비롯해 여러 가지 볼거리들을 아주 쉽게 만날 수 있다.

　메트로놈 이야기로 다시 돌아오자. 아메리카 대륙으로 떠나기 전 멜첼은 루트비히 판 베토벤Ludwig van Beethoven과 친해지며, 청력이 약해진 그를 위해 나팔 모양의 보청기를 고안한다. 그러면서 베토벤은 메트로놈의 열렬한 지지자가 된다. 그는 자신의 작품을 얼마나 빠르게 연주해야 하는지를 메트로놈에 기초하여 지시 사항으로 남기며, 무엇보다 새로운 교향곡과 현악 사중주에 이를 적용한다. 음악의 템포가 매우 중요한 베토벤에게, 메트로놈은 그의 의도와 상상을 연주자들에게 명확히 전달하는 수단이 된다. 메트로놈 표기를 도입하면서 모호한 템포 지시는 마침내 종지부를 찍는다.

　하지만 외관상 너무나 객관적으로 보이는 메트로놈의 진자가 모든 오해를 불식시키는 건 아니다. 일단 연주자가 곡을 해석할 때

작곡가의 메트로놈과 똑같은 속도를 내는 메트로놈을 사용해야 한다. 이를테면 베토벤의 메트로놈과 동일한 양식으로 만들어지고, 회전 장치인 플라이휠Flywheel의 무게가 동일하며, 똑같은 방식으로 태엽을 감는 메트로놈이어야 한다. 베토벤이 실제 사용한 메트로놈은 여전히 존재하나 플라이휠은 빠져 있다. 그래서 얼마나 빠르게 움직이는지 확인할 수가 없다. 또한 베토벤의 템포를 이해하려면 적어도 그와 같은 천체에 머물러야 한다. 중력 가속도가 지구와 전혀 다른 달이나 우주 정거장 위에서 메트로놈의 숫자는 실효가 없다. 무슨 소리인가 싶겠지만, 지구의 음악 템포를 지구 밖 외계와 비교해 보고 싶은 사람들에게는 실로 중요한 문제다.

베토벤의 메트로놈 지시는 200년 가까이 심히 간과된다. 그가 표기한 템포는 몹시 빨라 보이는데, 너무 빨라서 작품 연주가 거의 불가능하거나 아예 들을 수조차 없는 정도다. 베토벤과 동시대를 살며 메트로놈 표기를 남긴 다른 작곡가들의 음악도 비슷하게 취급된다. 그래서 고전 메트로놈의 가치는 오랫동안 완전히 무시된다. '그가 의도한 템포가 그 정도는 아닐 거야!' 보통은 이런 이유를 들며 작품에 지시된 템포보다 느리게 연주한다. 그가 정말 그렇게 빠른 템포를 의도한 건지 아닌지, 궁금하다면 당신이 직접 가서 알아보자. 19세기 초 오스트리아 빈으로 떠나, 베토벤 연주회를 찾아가자. 예를 들어 그가 세상을 떠나기 3년 전인, 1824년 5월 7일 교향곡 9번이 초연되는 케른트너토어 극장Kärntnertortheater에 들르길 추천한다. 각각의 악장이 얼마동안 연주되는지 유의하며 들어 보자. 오늘날 대부분의 교향악단은 1악장인 알레그로 마 논 트로포Allegro ma non troppo(빠르게 그러나 너무 지나치지 않게)를 15분 내외로 연주하며, 마지막 악장은 대략 25분이 걸린다. 아마 원작자가 이끄는 초연은 확실히 더 빠를 것이다. 따라서 당신은 조금 더 일찍 집으로 돌아올 수 있다.

20세기에는 베토벤의 미친 듯이 빠른 메트로놈 표기를 두고 몇 가지 해석을 내놓기도 한다. 메트로놈은 진자가 왔다 갔다 한 차례 왕복 운동을 할 때마다 딸깍거리는 소리가 두 번 난다. 각 진동의 끝에서 한 번씩 소리가 나기 때문이다. 메트로놈으로 속도를 측정할 때 딸깍 소리 대신, 이쪽으로 한 번 저쪽으로 한 번씩 움직이는 진자 운동의 횟수를 셀 수도 있다. 다시 말해 베토벤이 악보에 적은 '80'은 어쩌면 '80'이 아니라 그 절반을 뜻할지도 모른다. 혹은 베토벤의 메트로놈이 망가졌을 수도 있다. 아니면 베토벤은 그저 재미삼아 메트로놈 표기를 남겼을 수도 있다. 당시의 음악가들은 으레 곧바로 이해하는 걸, 우리만 괜히 헤매는 것일지도 모른다. 베토벤 작품의 템포가 워낙 빠르다 보니 이처럼 별의별 해석이 다 나오기도 한다.

원작자가 의도한 올바른 템포로 연주하려면 무엇보다 느낌이 중요하다. 각기 다른 세기의 전문가들이 하나같이 입을 모아 말하듯이, 음악가에게는 특별한 감수성이 필요하다. 메트로놈도 맥박도 그리고 공기 착암기 같은 기계도 정확한 템포에는 도움이 되지 않는다. 음의 세기를 비롯한 다른 양식적인 특성도 마찬가지다. 제대로 된 연주를 이끄는 이 감수성은 예술가의 혈관에만 따로 흐르는 마법 같은 피가 아니다. 다년간 수없이 듣고 연주하면서 습득하는 능력이다. 바로크 시대의 음악가들에게 악보에 적힌 알레그로 아사이Allegro assai(매우 빠르게)는 결코 모호하지 않으며 무슨 의미인지가 명확하다. 게다가 그들은 당대의 음악 작품이 어떻게 연주되어야 하는지를 누구보다 잘 알며, 악보에 달린 방대한 주석으로 잘못 해석할 일도 없다. 눈앞에 악보가 있으면 바로 연주에 들어가면 된다. 반대로 그들은 가령 비틀스The Beatles의 〈겟백Get Back〉을 어떤 식으로 연주해야 하는지 전혀 감을 잡지 못할 것이다. (그럼에도 연주를 시도해 본다면 무척 흥미로울 것이다. 악보를 구해다가 17세기 실내 관현악단의 연주실에 놓아 보자. 진짜 바로크식으로 해석한 최초의 비틀스 연주를 들어볼 수도 있다.)

17세기나 18세기 동시대인들의 느낌을 그대로 살리려면 무엇을 어떻게 해야 할까? 촛불을 밝히고 딱딱한 의자에 앉아, 당시의 향수를 뿌리고 먼지투성이 가발을 쓰고는, 플라스틱이 하나도 들어가지 않은 악기를 연주해야 하는 걸까? 당대를 느끼기 위해, 현재 알고 있는 그리고 벌어지는 모든 것들을 잊어야 할까? 어디에나 있는 시계, 넘치는 일정, 제한 없이 달리는 아우토반, 끊임없이 흐르는 새로움의 물결 등에서 벗어나야 하는 걸까? 당대 고유의 음악 감성에 영향을 받은, 수 세기 전의 완전히 다른 음악을 어떻게 오롯이 느낄 수 있을까? 텔레만Georg Philipp Telemann의 음악이 오늘날 생각하듯 고전적이고 신성한 음악이 아니라, 요즘 우리가 대중음악이라 칭하는 음악처럼 여겨진다면 어떤 느낌으로 들린다는 걸까?

물질의 구성 요소 그리고 우주의 크기에 대해 아무것도 모른다면, 전자레인지를 사용해 본 적이 한 번도 없다면, 신교를 신성 모독으로 여긴다면, 어떤 감정을 느끼며 살아갈까? 현재 우리가 느끼는 감정들 가운데 보편적이고 시대를 초월하는 것은 얼마나 될까? 우리는 우리 시대의 어린아이다. 우리 중 대부분은 우리 시대의 리듬과 선호 그리고 일련의 사건들이 새겨진 채로 살아간다. 현재는 무자비한 독재자다. 현재에 대항하려면 막대한 에너지가 필요하다. 원작 그대로의 음악을 듣고 느끼고 싶다면 고유의 시대에서 벗어나 과거로 깊이 빠져들어야 한다.

바로크 음악을 원곡에 가깝게 들을 수 있는 기회가 하나 있는데, 바로 교회의 예배 연주다. 입장은 무료이고 누구든 환영하니, 선뜻 안으로 들어가 군중 속에 파묻히면 된다. 요한 세바스티안 바흐는 수백 곡에 달하는 예배용 칸타타를 작곡한다. 대다수는 그가 라이프치히Leipzig 성 토마스 교회Thomaskirche의 성가대 지휘자인 토마스칸토어Thomaskantor로 임명된 1723년 무렵에 만들어진 곡이다. 이들 중 일부는 매주 일요일과 종교 기념일에 연주된다. 그러니 종교와 상관없이 라이프치히의 토마스 교회로 가서, 눈에 띄지 않게 차분히 행동하며 원곡을 들어 보자.

수백여 곡의 칸타타는 시간이 흐르면서 차차 사라진다. 따라서 현재 당신의 귀에 익은 칸타타가 과거의 교회 예배에서 우연히 흘러나오리라 기대하지는 말자. 또한 당신이 그곳에서 들은 칸타타가 현재 어떻게 연주되고 불리는지 인터넷으로 확인할 수도 없다. 칸타타는 기악 반주가 동반되는 다성부 성악곡이다. 바흐 시대의 칸타타가 소규모 합창단 또는 독창가의 노래와 함께 연주되는지, 악보대로 모든 관현악단이 자리를 채우는지는 여전히 의견이 갈린다. 당신이 가서 보고 들으며 세세한 사항들을 적어 오자. 그런 다음 돌아와 전문가에게 기록을 전달하자.

칸타타 외에도 바흐는 성 토마스 교회를 위해 다섯 편의 방대한 수난곡을 쓴다. 이들 중에 두 곡만 완전한 형태로 보존되니, 다른 세 곡은 오직 과거로 가서만 들을 수 있다. 수난곡은 십자가에 못 박히는 예수의 고난을 다루는 곡이므로, 대개 부활절 무렵에 연주된다. 유명한 마태 수난곡은 1727년 4월 11일에 초연을 접할 수 있다.

다른 건 몰라도 한 가지는 제법 확실하게 보장할 수 있다. 즉 이런 역사적인 공연을 접한 당신은 여러 모로 크게 놀라게 될 것이다. 혹여 해당 작품에 대해 이미 속속들이 알더라도 말이다. 과거의 음악은 21세기 디지털 녹음을 통해 익히 아는 음악과는 다르게 들릴 것이다. 어쩌면 연주 방식도 전혀 다를 수 있으며, 역사적 연주 실황에 관한 모든 추측들이 다 틀릴지도 모른다. 무엇보다 객석의 음향은 현재에서 온 사람에겐 분명 이상하고 낯설 것이다. 반면 과거 사람들에게는 지극히 정상적으로 들릴 것이다. 공연에는 마이크도 없고 스피커도 없다. 아마도 앙상블Ensemble은 연습을 조금만 하고 무대에 오를 것이다. 매주 갓 지어진 새로운 칸타타가 보면대에 놓이면 충분히 연습할 시간이 없다. 손으로 쓴 악보에는 실수가 가득하다. 작품을 세심하게 다듬고 꾸미는 연주법을 익히지 않은 상태이며, 다들 그저 순간적으로 떠오르는 대로 연주하는 편이다. 결국 시간 여행자들은 현재의 귀와 선입견을 가지고 가게 된다. 그러면 원작을 바로크 시대의 사람들처럼 들을 수 없다. 그곳에서 몇 년을 보내더라도 어려울지 모른다. 오리지널의 진정성을 추구하는 일은 주말에 잠깐 즐기는 여가 수준이 아니다.

바흐의 칸타타가 아니더라도 토마스 교회는 방문할 가치가 있는 장소다. 오리지널을 중요시하는 시간 여행자라면 더욱 그렇다. 바로 여기에서 마르틴 루터Martin Luther는 1593년 성령 강림절에 설교를 한다. 1721년에 세워진 바로크 양식의 제단은 1943년 빗발치는 폭탄 세례에 파괴된다. 제단에 그려진 그림의 재료는 귀한 거라 구하기도 어렵다. 바흐 시대의 파이프 오르간은 그 사이 모두 다른 오르간으로 대체된다. 예전의 오르간이 어떤 소리를 냈는지 누구도 정확히 알지 못한다. 반면 교회의 종은 아직 옛날 그대로다. 현재 이 종소리를 들어본 사람이라면 과거에 가서 토마스 교회를 쉽게 찾을 수 있을 것이다. 종소리를 모르더라도 상관은 없다. 성 토마스 교회는 오늘날과 마찬가지로 라이프치히의 중심지에 자리한다. 차이가 있다면 당시에는 교회 주변에 세워진 바흐 기념비의 수가 지금보다 훨씬 적다.

기록이 아닌 답습을 통해 전해지는 음악에 관심이 많은 이들에게는 색다른 방식의 탐구 여행을 제안한다. 연주회를 위해 만들어진 고전 음악은 악보를 통해 널리 전해지는 편이지만, 세대와 세대를 넘어 전달되는 이른바 실용 음악에 대해 우리는 지극히 조금만 알고 있다. 각 시대별로 평범한 사람들이 일상에서 무슨 노래를 부르고 연주하는지 우리는 거의 모른다. 이 점에 있어 시간 여행자들은 완전히 새로운 음악 양식과 악기 그리고 악음을 발견할 수 있다. 수백 년 이상 떨어진 과거의 어느 시대로 떠나 시장에서, 모닥불 앞에서, 게스트하우스에서 또는 축제에서 연주되고 불리는 음악들을 귀 기울여 들어 보자. 보너스로 노래 몇 곡을 녹음해 두자. 악기들의 사진을 찍어 놓자. 오랫동안 망각된, 지나간 문화 속 악기를 연주하는 방법을 직접 배운다면 더욱 좋을 것이다.

7장

낯선 길을 따라 고대 문명 속으로

우리 대다수는 학교에서 역사의 극히 일부만을 배운다. 독일에서 정규 교육을 받고 고등학교 졸업 시험을 치른 사람이라면 고대 이집트, 그리스의 고대, 로마 제국 그리고 고대 메소포타미아Mesopo-tamia의 고도 문명에 대해 막연하게 알고 있을 것이다. 이 모든 고대 문명들은 다 해서 대략 3500년 넘게 유지되는데, 이는 무수한 일들이 벌어지고도 남을 정도로 놀랍도록 긴 시간이다. 그럼에도 우리 중 상당수는 이에 관해 아는 바가 별로 없다. 그나마 아스텍 Aztec 문명이나 중국의 여러 왕조 또는 이슬람 칼리파Khalifa에 대해서는 조금이나마 들어보았을지 모른다. (이슬람 왕조는 2장 '잊을 수 없는 주말을 위한 원 포인트 여행지'를 살펴보자.)

그 밖에도 역사 속 수많은 문명화 프로젝트가 현대인의 대부분에겐 미지의 세계처럼 봉인되어 있다. 이 낯선 문명들이 그리스나 로마보다 열등하거나 혹은 우둔하다고 말할 수는 없다. 우리가 전자는 모르면서 후자에 대해 비교적 잘 아는 것은 우열이 아니라 임의의 문제다. 다시 말해 학교에선 고대 로마 대신, 예컨대 고대 메로에Meroë를 다룰 수도 있다. 메로에는 쿠시Kush 왕국의 수도로, 오늘날의 수단 지역에 건국된 고대 왕국 쿠시는 기원전 1세기를 전후로 막강하고 부유한 국가로 자리 잡으며 로마와의 전쟁을 수차례 이끈다. 메로에와 같은 생소한 문명은 시간 여행자들에게, 또 다른 대안 세계로 빠져드는 환상적인 기회를 제공한다. 풍습도 있고 발명도 있으며 공동체 관계도 있으나, 당신이 존재 자체도 모르는 그 어떤 세계로 떠나는 것이다. 해당 시대와 장소에 도착하면 당신은 곧바로 보편적인 인간적 경험과 함께 뭔가 문화적인 경험을 하게 될 것이다.

한 마디 경고를 하자면, 당신을 포함해 오늘날을 사는 대다수의 사람들에게 완전히 낯선 나라들을 다들 즐겨 찾지 않는 이유가 당연히 있다. 일단 여행 상품 자체가 드물고 다른 여행보다 더욱 비싸다. 통역사를 찾기도 어렵다. 그리고 많은 여행사들이 추가적인 보험 체결을 요구한다. 멀리 떨어진 과거에서 당신이 불의의 사고를 당하거나, 현대인의 위가 소화할 수 없는 후식을 먹거나, 그 사이에 멸종된 동물에게 물리거나, 누군가 당신의 머리를 내리치거나 하는 일이 벌어지면 구조 작업이 극도로 복잡해진다. (구체

방구석 시간 여행자를 위한 종횡무진 역사 가이드

적인 내용은 3부를 참고하자.)

　오랜 기간 지속된 문명들 중에는 때론 몇 점의 조각품이나 기초벽의 일부 또는 낡은 의치 한두 벌이 전부인 경우도 있다. 수천 년의 역사가 어떻게 이리도 적은 흔적만을 남길 수 있는지 놀랍고도 이상하다. 문자로 된 기록이 발견되더라도 보통은 해독이 거의 불가능하다. 세계 문명의 시초 중 하나인 인더스Indus 문명의 문자처럼 말이다. 지금의 파키스탄 지역에서 발생한 인더스 문명은 4000여 년 전에, 벌써 수만 명의 인구가 거주하는 도시들을 갖춘다. 뿐만 아니라 하수도와 저수 시설이 있으며, 수공업이 고도로 발달된 데다 여성과 남성의 권리가 동등한 사회가 형성되어 있다. 주의할 점은 바로 위의 문장에 담긴 내용들이 모두 실제인지 확실치 않다는 것이다. 인더스 문자가 정말 하나의 문자인지 아니면 일종의 수수께끼 그림인지도 아직 100퍼센트로 알지는 못한다. 이런 이유로 시간 여행자들에게 조언을 하기가 몹시 어렵다. 다수의 경우 그곳에서 무엇을 기대할 수 있는지조차 우리는 잘 모른다. 좋든 나쁘든 뜻밖의 일이 갑자기 벌어지는 걸 선호하지 않는다면 이번 장은 당신에게 그리 적합하지 않을 것이다. 이들 문명이 충분히 연구될 때까지 기다리거나 연구가 활발히 이루어진 다른 문명을 찾는 편이 낫다.

　다른 시간 여행지와 달리 이번 장에서 제안하는 여행지에서는 눈에 띄지 않게 군중 속에 파묻히기가 어려울 것이다. 하지만 대체로 통하는 일반적인 기본 원칙은 하나 있다. 거대한 도시를 건설하고 수만에서 수십만에 달하는 사람들을 조달하며 살아가는 민족들은 나름의 방식으로 낯선 '이방인'에 대한 개념을 정립하고 발전시킨다. 즉 자신들과 다른 모습을 하고 다른 말을 하며 다르게 행동하는 사람들을 무조건 배척하지는 않는다. 고대 문명의 역사에서 불가피한 상수인, 무역과 전쟁이 여기에서 중요한 역할을 맡는다. 전쟁과 무역은 자원을 확보하고 새로운 지식을 얻으며 풍요와 번영을 보장하는 데 크게 기여한다. 그리하여 원주민들은 본토 출신이 아닌 사람들을 어떻게 대해야 하는지 어느 정도 알고 있다. 또한 외지에서 온 타인을 보며 까무러치게 놀라는 반응을 보이지도 않는다. 따라서 당신이 곧바로 제물로 바쳐지거나, 다들 당신 앞에서 무릎을 꿇는 일은 아마 없을 것이다.

예를 들어 마야의 도시들은 유럽인들이 도착하기 수백 년 전에, 전 아메리카 대륙을 돌아다닌 무역상들을 통해 막대한 이익을 얻는다. 오늘날의 페루에 위치한 잉카Inca는 남아메리카의 서부 해안을 따라 육로와 해로로 수천 킬로미터 넘게 다니며 상거래 활동을 추진한다. 서아프리카에서 일어나 높은 수준의 문명을 갖춘 베냉Benin 왕국은 15세기부터 유럽과 교역 관계를 맺으며, 특히 중앙아프리카의 노예를 유럽의 무기와 교환하는 노예 무역으로 크게 번성한다. 따라서 이곳 사람들은 하얀 얼굴을 한 유럽인을 신뢰한다. 베냉 왕국은 1879년 영국인들에게 정복되어, 모조리 약탈당하고 산산이 파괴된다. 이러한 지역에선 시간 여행자인 당신도 평범한 인간으로 받아들여지며, 숙소와 음식을 마련하는 일도 어느 정도 가능하리라 기대해도 좋다. 비록 당신이 현지에서 통용되는 언어를 이해하지 못하더라도 말이다.

한 가지 덧붙이자면 당신에게 숙소를 제공하는 현지인의 모습은 굉장히 생경할 수 있다. 약간 어색하고 낯선 수준이 아니니, 반드시 마음의 준비를 해야 한다. 많은 민족들이 오늘날 보디 아트 Body art라 칭하는 일종의 인체 예술을 애호한다. 다시 말해 자신의 몸을 예술적으로 변형시키기를 즐긴다. 피부를 뚫어 장신구를 다는 행위도 여기에 해당되지만 이 정도는 보통 시작에 불과하다. 마야에서는 길고 납작한 뒤통수, 뾰족한 치아, 매부리코 그리고 약간의 사시안을 매력적이라 생각한다. 그래서 여기 사람들은 해당 신체 부위를 시류에 맞게 변형시키기 위해, 현재라면 신체적 부상으로 분류될 물리적 방법으로 많은 노력을 들인다. 어쩌면 당신은 이들의 보디 아트 과정을 전혀 이해하지 못하며 결과 또한 받아들이기 어려울지 모른다. 여러 진귀한 광경이 펼쳐질 테니 미리 대비를 하자. 당신은 현지인과 다른 모습을 하고 있기 때문에, 여행하는 동안 주변과 어울리지 못하고 아웃사이더처럼 외롭게 지낼 수도 있다. 이 또한 염두에 두어야 한다. 기적 같은 일을 기대하지는 말자.

유럽인들과 접촉하고 교류한 민족들은 전해 내려오는 자료를 참고해도 나쁘지는 않다. 이런저런 보고 자료를 통해, 현지인들이 낯선 방문객을 어떻게 다루는지 조금이나마 익히고 가면 도움이 된다. 물론 이는 지극히 제한적이며 경우에 따라 도움이 될 수도 되지 않을 수도 있다. 현재 우리가 접하는 대부분의 자료는 유럽 정복자의 시선에서 기록된 보고서이기 때문이다. 선입견을 가득 품고 남의 나라 해안에 나타나, 대포를 쏘아 대는 정복자들이 만나고 기록한 현지인들의 모습과 반응은 지나치게 주관적인 관점에 바탕을 둔다. 불화나 다툼이 자주 벌어진다고 적혀 있다 해서, 원주민들이 싸우기를 좋아하거나 피에 굶주린 잔인한 인간이라 볼 수는 없다. 모든 것이 평화롭게 흘러간다 하더라도, 항상 그런 상태를 유지할 거라 결론지을 수는 없다. 여행을 준비하는 과정에서 정복자의 진술이 담긴 글을 읽으며 무언가를 크게 기대하지는 말자. 유일하게 현존하는 사료라 하더라도 말이다. 이런 경우에는 정복을 철두철미하게 진행하고 기록한 정복자의 자료이기 때문에 더더욱 그렇다.

여기 교훈이 되는 사례가 하나 있다. 1511년 스페인 선박 한 척이 유카탄Yucatán 연안에서 전복된다. 유카탄은 멕시코Mexico 만에서 엄지처럼 솟아 있는 반도로, 이 무렵 유카탄반도에는 마야인들이 정주한다. 첫 번째 만남은 그리 유쾌하지 않게 진행된다. 마야의 유카탄에 발을 디딘 다수의 스페인 사람들은 제물이 되어 신에게 바쳐진다. 나머지 생존자들은 노예가 된다. 마야의 환영식이 왜 이리도 비우호적인지, 혹여 방문객 측에서 먼저 적대 행위를 가한 건 아닌지, 지금까지 우리는 정확히 알지 못한다. 그로부터 8년 뒤 에르난 코르테스Hernán Cortés가 이 땅을 정복하기 시작할 무렵, 1511년에 좌초된 선원들 가운데 두 명의 남성 즉, 곤잘로 게레로 Gonzalo Guerrero와 헤로니모 데 아길라르Gerónimo de Aguilar는 여전히 생존해 있다. 알려진 바에 의하면 당시 두 사람은 별다른 문제없이 대체로 잘 지내며 살아간다. 아길라르는 자신의 신앙과 문화를 고수하며 주변에 적응하기를 거부한다. 그는 마야인을 아내로 맞이하려 하지도 않는다. 결국 그는 도망쳐 나와 코르테스의 통역사로 일한다.

이와 반대로 게레로는 제 살길을 찾아내며 보다 수월하게 적응한다. 그는 마야의 언어를 습득하고 얼마 뒤에는 체투말Chetumal 의 군사 지도자가 된다. 수천여 명이 거주하는 항구 도시 체투말은 현재 벨리즈Belize 지역에 위치한다. 게레로는 원주민 여성과 결혼을 하여 가정을 꾸리며, 긴 머리를 하고 마야 문신을 새긴다. 문신과 긴 머리는 사회적으로 인정받고 있음을 나타내는 마야의 징표로, 오늘날 중부 유럽에서 유행하는 문화와는 다른 의미다. 게레로는 스페인 사람들을 '구하지' 않으며 남은 생을 마야인들 곁에서 보낸다. 끝내 그는 동족인 스페인 침입자들과 맞서 싸우다가 생을 마감한다. 그러므로 원한다면 낯선 문화에서 자리를 잡고 커리어를 쌓는 일이 가능하다는 뜻이다. 하지만 때로는 받아들여지기까지 몇 해가 걸리기도 한다. 본질적으로는 현재와 아주 똑같다고 할 수 있다.

　조금 전에 언급한 인간 제물 때문에 걱정이 되는 사람들도 있을 것이다. 인간을 죽여 제물로 바치는 의식은 실제로 고대 남아메리카 및 중앙아메리카에서 널리 행해진다. 가령 아스텍인들은 빈번히 그리고 기꺼이 사람을 제물로 바친다. 특히 이들은 의례의 일환으로 참수를 선호하는데, 심장이나 다른 장기를 꺼내서 제단에 올리기도 한다. 그렇다고 여행의 감흥을 쉽게 깨트리지는 말자. 너무 불안하다면 아스텍은 피하도록 하자. 아마 아스텍보다는 마야가 더 안전할 것이다. 마야인들은 일정한 의식 안에서, 이를테면 전쟁 기간 동안 인신 공양을 거행한다. 그리고 주로 지배 계층인 엘리트들이 이에 해당된다. 전투가 끝나고 나면 가급적 높은 위치에 있는 적군의 인물을 제물로 올리며 그중에서 최고는 왕이다. 여행객인 당신은 칼을 휘두르고 다니지 않는 한 해당 사항이 없다. 안전을 위한 공통적인 조언을 하나 하자면, 스스로를 신이라 자처하며 나서지는 말자. 종교적인 행위를 따로 드러낼 필요도 없다. 즉 어리석은 얼간이처럼 행동하지는 말라는 것이다.

　여러 생경한 세계들 가운데, 유럽인들이 도착할 당시에도 여전히 존속한 문명은 우리에게 조금 덜 낯설다. 하나는 그곳에 사는 민족들에 대한 보고와 기록이 우리가 이해할 수 있는 언어로 남아 있기 때문이다. 앞서 말했듯이 신뢰성에 한계가 있기는 하지만 그럼에도 덕분에 아주 생소하지는 않다. 다른 하나는 이들 문명의 잔

재가 모조리 무너지고 파괴되어 수풀이 무성하게 우거진 상태는
아니기 때문이다. 라틴 아메리카에서도 잉카와 아스텍 그리고 마
야는 여기에 꼽힌다. 셋 모두 기술, 과학, 예술, 도심, 세분화된 직
업 그리고 복합적인 풍습을 갖춘 고도로 발달된 문명이다. 아스텍
은 스페인 정복자들이 발을 들이기 바로 전까지 영역을 최대한으
로 확장한다. 현재의 멕시코시티Mexico City 자리에 위치한 아스텍
의 수도 테노치티틀란Tenochtitlan은 수십만의 거주민을 거느린다.
유럽인들이 당도하기 전 잉카는 안데스Andes 지역의 대부분을 지
배한다. 아스텍과 마찬가지로 잉카의 거대한 제국도 16세기경 지
도에서 사라진다. 도시들은 파괴되고 민족들은 절멸한다. 마야는
단일 제국이라기보다 여러 도시 국가들이 비교적 느슨하게 응집
되어 번영한 문명으로, 오늘날의 멕시코 남동부 그리고 접경국인
과테말라와 벨리즈 등에 걸쳐 자리한다. 유럽인들이 도착하기 전
에 이미 마야는 가뭄과 질병 그리고 인접 국가들과의 전쟁으로 생
겨난 몇몇 문제들에 시달린다.

이들 문명은 다양한 민족 축제를 벌이므로 축제 기간에 맞춰
찾아간다면 여행의 절정을 누릴 수 있다. 특히나 축제를 자주 즐
긴 마야 사람들은 여러 가지 축제를 고루 정하여 거의 일 년 내내
축제 기분을 낸다. 예를 들어 어부, 의사, 사냥꾼 또는 양봉업자 같
은 직업군은 각자 고유의 파티를 치른다. 이런 직업을 가진 사람들
과 미리 친분을 쌓아 둔다면 당신도 분명 함께할 수 있을 것이다.

여성인 어부, 의사, 사냥꾼 그리고 양봉업자도 같이 축제를 벌이는 지는 알 수가 없다. 자료가 빈약한 상황이라 우리도 잘 모른다. 마야에는 규정된 금식 기간과 무절제하게 먹는 시기가 따로 있으며, 이는 다수의 축제에서 중요한 요소로 여겨진다. 마야 사람들은 초콜릿, 혹은 이와 굉장히 비슷한 무언가를 처음으로 만들어 먹는다. 이들은 카카오Cacao 열매의 씨앗인 코코아콩에서 얻어 낸 가루 반죽을 물과 옥수수 그리고 강한 향신료와 혼합하여 씁쓸하고 거품이 많은 음료로 제조한다. 이를 맛본 스페인 사람들은 크게 열광한다. 마야의 파티는 종종 아무도 일어날 수 없을 정도로 거나하게 취하면서 끝이 난다.

늦가을이면 사람들은 쿠쿨칸을 기리는 축제를 거행한다. 마야 민족의 영웅이자 전지전능한 신인 쿠쿨칸은 마야 문명의 후반기에 중심이 되는 인물이다. 쿠쿨칸은 마야 후기의 중심지인 치첸이트사Chichén Itzá에서 매우 중요한 위치를 차지한다. (여기에 세워진 쿠쿨칸 신전을 비롯한 기념비적인 건축물들은 현재 마야 땅에서 가장 주목할 만한 볼거리로 꼽힌다.) 후에 치첸이트사의 세력이 약해지고 일종의 수도 개념으로 마야판Mayapán이 세워진 다음에는 이 도시에 신전이 마련된다. 마야에서 쿠쿨칸은 신으로 숭배되는데, 보다 정확히 말하면 깃털이 있는 뱀의 형상을 한 신으로 언젠가 하늘로 승천하여 사라졌다고 알려진다. 쿠쿨칸에 대한 이야기는 오늘날 완전히 비밀에 싸여 있으며, 이는 당시의 유럽인들이 기억을 지워 버린 탓이기도 하다. 반면 마야인들에게 쿠쿨칸은 비밀스러운 존재가 아니다. 축제에 참여하다 보면 당신도 이를 바로 깨닫게 될 것이다. 마야에게 쿠쿨칸은 인간과 신이 합쳐진, 위대하고 빛나는 인물이다.

쿠쿨칸의 영광을 기리는 축제의 이름은 칙 카반Chic Kaban으로, 수많은 사람들의 기도와 제물 그리고 변장을 동반한 거대한 행렬로 구성된다. 축제에 동참하고 싶다면 쿠쿨칸의 도시인 마야판으로 가는 것이 제일 좋다. 혹은 마야판이 몰락하는 1441년 이후에는 그로부터 서쪽으로 20킬로미터 떨어진 마니Maní로 가자. (마야판의 멸망은 예외적으로 유럽인들의 책임이 아니다.) 안타깝게도 축제가 어느 날짜에 거행되는지, 구체적으로 어떤 행사가 개최되는지, 축제 행사가 하루 중 언제 시작되는지 등을 정확히 말해 줄 수는 없다. 마야의 달력은 오늘날을 사는 우리에게 너무나 많은 해석의 여지를 주기 때문이다. 최선의 길은 당신이 직접 현장에 가서 확인하는 것이다. 당연히 우리는 유럽인들이 그곳에 도달하기 얼마 전에 치러진 축제들에 대해서만 대략적으로 알고 있다. 시간 여행자인 당신이 가서 지금껏 전혀 알려지지 않은 반신반인을 기리는, 실수로 여태까지 하나도 전해지지 않은 파티에 우연히 발을 들일 가능성은 꽤나 높다.

실수로 역사에서 누락되어 불확실성 속에 잠기는 많은 장면들 앞에서 좌절을 느낀다면, 세상의 몇 가지 모순을 없애는 데 당신이 이바지할 수도 있다. 즉 여행에서 보고 듣고 경험한 것들을 상세하게 보고하자. 종이에 기록을 남기자. 아니면 중요한 문헌들이 파괴되지 않도록 지켜 내자. 오늘날 우리가 아는 마야 문명에 대한 지식의 상당수는 스페인의 주교 디에고 데 란다Diego de Landa의 보고서 덕분이다. 하지만 그는 다른 업은 제치고 무엇보다 이 문명을 근절하는 일에만 전념한다. 그의 눈에 마야인들은 일단 잘못된 신을 섬기는 데다 상대를 종종 바꿔 가며 섹스를 한다는 점에서 크게 거슬린다. 마야 고유의 기록이 담긴, 낱장을 엮어 만든 마야식 서적인 코덱스Codex는 오늘날 단 네 권만 보존된다. 1562년 여름 디에고 데 란다의 사람들은 마야 코덱스 가운데 최소 27권을 앞서 말한 마니라는 도시에서 태워 버린다. 당신이 시간을 잘 맞춰 현장에 도착한다면 이 코덱스들을 슬쩍 가로채서 어딘가에 숨기자. 마른 동굴이나 구덩이에 감춘다면 아마 미래의 고고학자들이 당신의 과감한 행동을 훌륭한 업적으로 갚아 줄 것이다. 코덱스의 낱장을 사진에 담아 오면 더욱 좋다. 아니면 마야의 지식인들에게 다가가 책을 라틴어로 옮겨 쓰라고 설득을 시도해 보자. 그런 다음 라틴어 사본을 사진으로 찍어 두자.

미지의 낯선 문명을 이야기할 때 마야는 확실한 변종 같은 위치에 있다. 마야 문명과 달리 전연 탐구되지 않은 영역을 찾는다면, 현재 볼리비아의 서부에 있는 티티카카Titicaca호 근방으로 떠나는 여행을 추천한다. 호수의 남동쪽 오늘날 티아우아나코로 널리 알려진 지역을 들러 보자. 고대 도시 국가의 흔적이 남은 이곳이 당시 어떤 이름으로 불렸는지 우리는 모른다. 시간 여행자인 당신이 찾아가서 처음으로 알아내도록 하자. 티아우아나코는 서력기원으로 대략 10세기 무렵까지 지속된다. 여행의 적기는 이 문화의 최고 전성기인 800년 즈음이다. 그곳에서 당신은 수만 명이 거주하며 기념비적인 건축물들이 세워진 거대한 도시를 다시금 발견하게 될 것이다. 그러면서 독특한 건축물들의 목적도 직접 밝혀내 보자. 이름을 알 수 없는 이 대도시는 한 제국의 중심지로, 경우에 따라 이 제국은 티티카카의 동쪽 고원에서부터 서쪽의 태평양 해안에까지 이를지도 모른다. 그러므로 당신은 아마조나스Amazonas나 아메리카 대륙의 북부 해안 등지처럼, 멀리 떨어진 지역에서 온 무역상이나 순례자 또는 방문객을 만날 가능성도 높다. 어쩌면 당신은 다문화가 공존하는 세계적인 대도시를 되찾게 될지도 모른다. 시간 여행자인 당신은 크게 눈에 띄지 않을 수도 있다.

떠나기 전에 현대 아이마라Aymara어나 케추아Quechua어 또는 마푸체Mapuche어를 조금 익혀 두면, 아마 상당수의 단어는 그리 낯설지 않아 보일 것이다. 여유가 된다면 태양신(숭고하게 여겨진다)이나 라마Llama 스테이크(맛이 좋다)와 관련된 몇 가지 관용어를 준비해 가도록 하자. 전반적으로 음식은 대단히 만족스러울 테고 심지어 현대적이기까지 할 것이다. 퀴노아Quinoa, 갓 잡은 송어, 진기한 향신료를 넣은 살사Salsa 소스, 그리고 바로 옆 소금 호수에서 긁어 온 소금을 뿌린, 주식이 되기 전의 소박한 감자 등등. 다 먹은 다음에는 소화를 촉진하기 위해 코카coca 나무 잎을 씹는다. 어쩌면 전무후무하고도 호화로운 여행이 될지 모른다.

하지만 이에 대한 보장은 없다. 티아우아나코에서는 모든 가능성을 열어 놓고 만반의 준비를 해야 한다. 어쩌면 그곳은 완전히 지루할 수도 있다. 거리 축제도 없고 이국적인 시장도 없으며 다른 나라에서 온 관광객도 없어, 여행 내내 모두가 당신을 뚫어져라 바라볼지도 모른다. 음식에선 소름 끼치도록 이상한 맛이 날 수도 있다. 우리의 미각 신경에 부담을 가하는 향신료들을 사용하는 까닭에 입에 넣기 어려울지도 모른다. 달랑 추뇨Chuño만 있을 수도 있다. 추뇨는 냉동 건조하여 장기간 보관해 먹는 감자로, 먹기 전에 물에 담가 불려야 한다. 현존하는 언어와 유사점이 하나도 없는 언어를 구사하여 전혀 알아듣지 못할지도 모른다. 이방인에 대한 개념이 잡혀 있는 민족일 수도 있으나, 그러면서 의식에 따라 잡아먹을 수도 있다. 아마도 그러지 않을 가능성이 높지만 그렇다고 가능성을 완전히 배제하기도 어렵다.

그래도 한 가지는 확실히 알고 있다. 남아메리카에서 가장 큰 담수 호수인 티티카카는 해발 3800미터 높이에 있으며, 1200년 전에도 크게 다르지 않다. 이 정도의 해발 고도는 공기가 매우 희박하므로, 준비를 제대로 하지 않으면 도착하자마자 숨이 찰 것이다. 그러니 사전에 며칠 동안 고산 지대의 공기에 익숙해지는 훈련을 하길 추천한다. 예를 들면 하루나 이틀 정도 마추픽추Machu Picchu로 가벼운 여행을 다녀오면 좋다. 페루의 안데스 산맥에 위치한 마추픽추는 해발 2400미터에 불과하며, 지도상으로는 티티카카 바로 근방에 있다. 하지만 티아우아나코의 전성기(로 추정되는 시기)보다는 700년가량 뒤에 찾아가야 당신이 기대하는 무언가를 경험할 수 있다.

마추픽추에 관해 몇 마디 덧붙일까 한다. 가령 페루의 마추픽추나 유카탄의 치첸이트사처럼, 오늘날 관광객들에게 인기가 대단히 높아진 오래된 유적지들은 타임머신 없이 현재 방문하는 편이 더 낫다. 지금의 관광 코스는 이들 문명의 후반기 무렵, 우연히도 최상으로 보존된 기념물들을 주로 다룬다. 시간 여행자인 당신에게는 이런 우연들이 주어지지 않는다. 마추픽추는 스페인 정복자들에게 절대 발견되지 않으며, 한참 뒤인 19세기 후반이나 20세기 초반 즈음 언젠가 찾아내진다. 오늘날에는 폐허만 남아 있지만, 잘 유지되고 복원된 폐허이며 동시에 상세히 잘 기록된 폐허다. 얽히고설킨 어려움 없이 상대적으로 적은 돈을 가지고 쉽게 접근할 수 있으며, 예전에는 모두 어땠는지 구체적인 설명을 들을 수도 있다. 천연두 같은 질병과의 조우도 피할 수 있다. 천연두는 스페인 사람들이 의도치 않게 아메리카 대륙으로 가지고 들어와, 원주민 수를 급감시키는 데 크게 기여하는 전염병 중 하나다. (3부를 참고하자.)

지금 식민주의의 흔적이 여전히 남아 있는 장소를 찾아가는 여행은 수면 위를 헤엄치는 것과 같다. 시간 여행자들에게는 과거로 깊이 들어가 잠길 수 있는 유일무이한 기회가 주어진다. 어마어마하게 번영했으나 1000년 넘게 누구에게도 전성기가 목격되지 않은 고대 도시들을 방문해 보자. 예를 들면 현재 과테말라에 위치한 엘 미라도르El Mirador처럼 말이다. 수십만의 주민이 거주하는 엘 미라도르는 붉은 돌로 지은 커다란 피라미드와 넓은 도로를 지니며, 고도로 발달한 어느 도시 국가의 중심부에 있다. 농업으로 부양하는 이 도시는 인공적인 계단식 경작지를 만들어, 근처 습지에서 영양이 풍부한 진흙을 조달하여 농사를 짓는다. 오늘날 엘 미라도르는 밀림에 뒤덮여 있다. 그러나 2000년 전으로 가면 그곳에서 당신은 인류 역사의 문화적 절정을 둘러볼 수 있다.

한 가지 더 조언하자면 페루의 남부 평야에 그려진 거대한 그림인 나스카Nazca 지상화 또한 과거가 아닌 현재에 가서 보도록 하자. 기원전후 대략 1000년이라는 시간에 걸쳐 땅을 파내어 그린 이 지상화의 선과 윤곽은 하늘 위에서 보아야 식별할 수 있으며, 위에서 바라보는 형상도 지금이 훨씬 단순하고 분명하다.

8장

아웃도어 마니아를 위한
단 한 번의 기회

오늘날 더 이상 자연 그대로의 진짜 야생은 없다. 현재 우리가 '야생' 또는 '황무지'라 부르는 지역도 대부분은 오래된 문화 경관이며, 아니면 기근이나 추방 같은 역사적 곤경에 처하면서 텅 비어버린 경우다. 자연 속에서 모험을 경험하고 싶다면, 옛날이든 지금이든 인간의 현존 여부가 일일이 기억되지 않는 공간을 찾는다면, 과거로 떠나야 한다. 아웃도어 열성팬들 사이에서 가장 사랑받는 여행지로 플라이스토세Pleistocene가 있다. 지구의 마지막 빙기가 속한 플라이스토세는 변화무쌍한 지질 시대로 꼽힌다. 플라이스토세에서 우리는 누구도 손대지 않은 자연 경관을 있는 그대로 경험할 수 있는 유일한 기회를 가질 수 있다.

플라이스토세에서 당신은 우리 지구의 기후가 가장 흥미롭게 전개되는 지질 시대 중 하나를 경험하게 된다. 경치는 끊임없이 변화한다. 약 260만 년 전 극해의 빙결과 함께 시작되는 이 시대는 마지막 빙기 이후 기후가 온난해지는 대략 1만 2000년 전에 끝이 난다. 그 사이 지구는 빙기와 간빙기가 연속되는 빙하기를 겪는다. 빙하가 불어나 대륙의 일부까지 덮다가 이어서 다시 줄어드는 변화가 반복된다. 지구 역사의 마지막 100만 년 동안에는 약 10만 년 간격으로 빙기와 간빙기가 차례로 이어진다. 빙기 동안에는 (당연히) 추워진다. 해수면은 두드러지게 낮아진다. 많은 바닷물이 빙하에 갇히기 때문이다. 반면 간빙기에는 오늘날과 비슷한 온난한 기후와 마주하게 될 것이다. 빙하가 극적인 흔적을 남기며 경치도 달라진다. 깊은 계곡과 새로운 산맥이 생기고 암석들은 자리를 옮긴다.

빙기와 간빙기는 심판이 호각을 불자마자 끝나 버리는 축구 경기처럼 생각하면 안 된다. 빙기가 끝나면 빙하가 사라지기는 하나, 수천 년에 걸쳐 녹으며 이따금 몇 백 년 동안 녹지 않고 그대로 있기도 한다. 기후는 추웠다 더웠다 다시 추워지는 식으로 계속해서 달라지기보다, 그침 없이 빠르게 따뜻해지거나 추워지는 경우가 여러 번 있으며 그런 다음 휴식기가 이어진다. 마지막 빙기는 대략 1만 8000년 전부터 서서히 따뜻해지면서 종료되기 시작한다. 하지만 오늘날의 중부 유럽이 얼음에서 거의 완전히 벗어나기까지는 5000년 이상이 걸린다.

플라이스토세의 동물계는 대체로 현재 우리가 아는 종들로 구성되어 있으며, 여기에 그때 이후로 멸종된 매력적이고 커다란 포유동물들이 더해져 풍부한 종의 다양성을 자랑한다. 무엇보다 유럽 땅에서는 큰뿔사슴, 자이언트비버, 검치호랑이, 동굴사자, 동굴호랑이, 털코뿔소, 둥근귀코끼리, 오록스 그리고 매머드Mammoth 등을 볼 수 있다. 곰, 늑대, 유럽들소, 들소, 엘크Elk처럼 오늘날 희귀종에 속하는 동물들도 널리 퍼져 산다. 식물군과 동물군은 빙하와 함께 움직이며 바뀐다. 빙하기에는 생명들이 물러났다가 다시 번지기를 반복한다. 빙기 동안에는 온통 얼음으로 덮이거나 풀이 드문드문 난 대초원 같은 자연 경관만 펼쳐진다. 간빙기에는 수풀이 다시 자라난다. 걸어서 돌아다니기를 원한다면 (물론 교통수단이 없어 딱히 다른 방법도 없지만) 희박한 초목은 오히려 큰 장점이 될 것이다. 시야가 트여 경관을 한눈에 가득 담을 수 있으니 말이다.

플라이스토세가 시작될 무렵 이른바 최초의 인류가 처음으로 유럽에 등장한다. 그 아종이자 현생 인류라 불리는 호모 사피엔스Homo sapiens는 플라이스토세가 끝날 때까지 전 대륙으로 확산된다. 다른 포유동물들과 달리 이 종은 두 발로 이동하며 가죽에 털이 거의 없다. 이는 집단의 동일화를 간소화시킨다. 즉 같은 종끼리 서로 식별하기가 쉽다. 인간들은 두 발로 자연 속을 떠돌아다니며 동물을 사냥하고 열매를 따 모은다. 정착은 아직 이루어지지 않는다. 플라이스토세의 말기로 가도 전 지구에 사는 인간은 기껏해야 몇 백만에 불과하다. 그러므로 당신의 휴가 사진이 걸어 다니는 원주민들의 모습으로 채워질까 걱정할 필요는 없다. 석기 시대 인간과 아예 마주치고 싶지 않다면 동굴이나, 주변 평지가 한눈에 들어오는 전망 좋은 장소는 피하자. 물론 당신은 이런 곳에 서서 전경을 즐기고 싶을 것이다. 하지만 석기 시대 사람들은 순록이 어디에 있는지 확인하기 위해 주로 이런 장소를 이용한다. 플라이스토세의 마지막 간빙기와 빙기 사이에 한 무더기 쌓인 코끼리 뼈대(또는 유독 커다란 뼈들의 무덤)를 발견한다면 네안데르탈Neanderthal인이 근처에 있다는 뜻이다.

실용적인 조언

플라이스토세는 폭넓은 선택지의 아웃도어 활동을 위한 이상적인 조건을 갖추고 있다. 얼음에 관심이 많다면 빙기를 택하자. 그중에서도 최후의 빙기인 뷔름Würm 빙기는 지금으로부터 약 2만 년 전에 정점을 찍는다. 이 시기에 영국, 스칸디나비아, 북부 독일, 오늘날 뮌헨과 베른Bern 그리고 빈이 위치한 곳을 포함한 알프스 지역

은 수백 미터 두께의 얼음층 아래에 있다. 뷔름 빙기는 당연히 추우며 현재보다 평균 기온이 10도가량 낮다. 침낭을 구입할 때에는 다음을 참고하자. 오늘날에는 침낭으로 세 계절을 무난히 버틸 수 있지만, 빙기에 당신은 고작해야 한여름에만 침낭을 사용할 수 있다.

동물 및 식물의 세계에 흥미가 있다면 또는 얼음이 없는 자연 속에서 도보 여행을 즐기고 싶다면 간빙기로 떠나는 편이 좋다. 예컨대 대략 12만 6000년 전부터 11만 5000년 전까지의 에미안Eemian 간빙기를 권한다. 리스Riss 빙기와 뷔름 빙기 사이의 시기인 에미안은 플라이스토세의 마지막 간빙기다. 이 시기에 중부 유럽은 기후 상황이 비교적 안정적이므로, 아마도 오늘날과 많이 다르지 않다는 느낌을 받을 것이다. 따라서 지난 휴가 때 스웨덴이나 오스트리아로 떠난 트레킹Trekking 여행에서 사용한 장비를 그대로 가져가 쓰면 된다. 이 간빙기의 초반 100년 무렵은 피하도록 하자. 빙하가 녹으면서 거센 조류와 거대한 호수를 형성하기 때문에 그다지 안전하지 않다. 에미안 간빙기의 마지막 500년은 극도로 건조할 가능성이 높다. 그로 인해 산불과 모래 폭풍이 일어나기 쉽다. 하지만 다른 한 편으로 이 시기에 당신은 안심하고 우비를 집에 놔두어도 된다.

대략적인 방향과 위치를 파악하려면 현재의 지도를 활용해도 좋다. 그리고 세부 사항이 많이 표시되지 않은 지도가 낫다. 어차피 지도에 적힌 세세한 부분 또한 다니다 보면 모두 더 이상 일치하지 않을 테니 말이다. 해안선은 해수면의 높이에 크게 좌우된다. 더불어 지금 빙하가 유럽 땅을 덮고 있는지 여부에 따라 달라진다. 어느 빙기에 생성된 계곡이나 언덕이 아직 드러나지 않을 수도 있다. 하천들의 일부는 현재와 전혀 다른 방향으로 흐른다. 현재의 지도상으로는 당연히 얼음의 위치도 파악할 수 없다. 그래도 다행히 대륙들은 당신이 기대하는 위치에 자리한다. 이미 스칸디나비아와 이베리아반도는 오늘날과 같은 위치에 있으며, 심지어 영국 제도도 있으나 아직은 유럽 대륙과 육지로 연결되어 있다.

나침반을 챙겨 가더라도 너무 믿지는 말자. 지구의 자기장은 지구 역사에서 수차례 뒤바뀌며 그로 인해 극도 반대로 뒤집힌다. 이러한 지구 자기 역전이 마지막으로 발생한 시기는 78만 6000년 전으로, 보통 브루느-마츠야마Brunhes-Matuyama 역전이라 부른다. 브루느-마츠야마 역전이 일어나기 전의 플라이스토세를 여행한다면 당신의 나침반은 평소처럼 북쪽이 아니라 남쪽을 가리킬 것이다. 지자기의 역전은 주기가 일정하지 않으나 대부분은 비교적 짧은 주기로 일어난다. 평균 25만 년 주기로 반전된다는 주장도 있으니, 대략 100만 년 전으로 가면 지자기가 완전히 다를 수도 있다. 자북극과 자남극의 반전은 보통 1000년에서 1만 년 정도가 걸리지만 이보다 훨씬 빠르게 역전이 일어날 수도 있다. 지구 자기장의 두 극이 뒤집히며 어디엔가 놓여 있는 동안, 그 밖에 다른 자극들이 존재할 수도 있다. 간단히 말해서 당신이 챙겨 간 나침반을 그냥 배낭에 넣고 다녀도 된다는 뜻이다.

별들은 조금 더 믿을 만하다. 하지만 여기에서도 주의가 요구 된다. 지구의 자전축은 2만 6000년을 주기로, 마치 팽이처럼 기 울어진 상태로 삐딱하게 회전을 한다. 현재 자전축은 작은곰자리 의 손잡이 끝에 있는 별인, 북극성을 가리킨다. 그러므로 오늘날 이 별은 제법 정확히 북쪽에 위치한다. 그러나 과거에는 오직 2만 6000년마다 그럴 것이다. 그 사이에 하늘의 북극은 케페우스Ce- pheus, 백조자리, 거문고자리, 용자리로 이어지는 다른 별자리로 차 츰 옮겨간다. 물론 다들 작은곰자리 바로 옆에 있는 별들이다. 위 에서 말한 별자리 중 하나를 보고 싶다면 대강 북쪽 하늘을 올려다 보면 된다. 하지만 원하는 별자리의 모습을 한 치의 오차 없이 정 확히 식별할 수 있어야 한다. 모든 별들은 각기 다른 방향과 속도 로 하늘 위를 떠돌기 때문이다. 마치 당신이 플라이스토세를 이리 저리 방랑하듯이 말이다. 10만 년 전의 큰곰자리는 지평선에 가까 워, 흡사 지금 막 나무를 내리치려는 큰곰처럼 보일 것이다. 플라 이스토세의 초기로 가면 저렴한 공상 과학 영화에서 보던 환상적 인 하늘과 마주하게 된다. 말하자면 그래픽 팀이 실제 하늘을 구현 할 여력이 없어, 대충 만든 하늘 장면과 비슷한 광경을 보게 될 것 이다. 더욱이 인간의 손이 닿지 않은 자연 그대로의 하늘이니, 당 신 마음대로 고유의 별자리를 만들어도 좋다. 얼룩말자리, 큰물뿌 리개, 쌍둥이 황금햄스터 등등. 동서남북의 방위에 관심이 있다면 현재에서 그리 멀리 떨어지지 않은 과거를 돌아다니도록 하자.

다른 여러 시대들에 비해 플라이스토세에서 물 공급은 크게 문제가 되지 않는다. 개울이나 빗물을 마셔도 비교적 안전하다. 적어도 농약이나 그 외에 화학 산업의 산물로 하천이 더러워질 가능성은 완전히 배제해도 된다. 오늘날과 마찬가지로 시냇물 줄기의 어디엔가 죽은 동물이 빠져 있을 위험은 있다. 그러므로 빠르게 흐르는 차가운 물을 마시고, 가능하면 수원에 가까이 있는 물을 찾도록 하자. 일말의 빈틈을 허락하고 싶지 않다면 물을 마시기 전에 팔팔 끓이자. 빙기의 장점은 대체로 쉽게 찬물을 얻을 수 있다는 것이다. 반면 물을 끓일 나무를 찾기가 어렵다는 단점이 있다. 땅이 모두 얼음에 덮여 있다면 말할 것도 없다.

플라이스토세에서는 어디에서든 텐트를 치고 야영을 해도 된다. 지켜야 하는 규칙은 현재의 야영장 및 다른 시간 여행지의 규칙과 다르지 않다. 즉 당신이 가지고 온 것은 반드시 다시 집으로 가지고 가야 한다. 오늘날의 캠핑과 차이가 있다면 플라이스토세에는 당신을 먹이로 여길 만한 동물들이 현저히 많다는 것이다. 현재 유럽만 해도 트레킹을 즐기는 사람들의 다수는 크고 사나운 야생의 육식 동물에 대한 정보와 경험이 부족하다. 그러니 플라이스토세로 떠나기 전에 지금의 북아메리카 곰 서식지 등지에서 휴가를 보내며, 야생 동물 대응 방법을 미리 익히고 준비하도록 하자. 다시 말하면 일단 저녁 식사를 차리는 장소 바로 곁에 잠자리를 펴지는 말자. 식량은 제삼의 장소에 따로 보관하자. 그러면서 이들 세 곳은 최소한 몇 백 미터 정도 따로 떨어져 있어야 한다. 동굴과 촘촘한 덤불숲은 피하자. 매 순간 경계를 늦추지 말자. 부디 행운을 빈다.

하이킹과 래프팅

플라이스토세는 며칠에 걸친 하이킹 투어에 안성맞춤이다. 숲이 개간되기 전, 습지가 말라붙기 전, 하천이 정비되기 전의 독일 땅을 두 발로 돌아다녀 보자. 전 유럽 어디에도 도보 여행객을 위한 둘레길은 없으니 이에 익숙해져야 한다. 안내 표지 또한 품귀 상태다. 표지판을 찾는 대신 커다란 동물들이 밟고 지나간 길을 택하자. 하지만 더 위쪽으로 가다 보면 육식 동물이 서 있을 수도 있다. 이를 염두에 두고 걸어야 한다. 길이 없기 때문에 직접 만든 뗏목을 타고 수많은 하천을 따라 내려가 보는 기회가 주어진다. 중부 유럽 강의 다수는 오늘날과 상당히 다르게 흘러간다. 수천 년 넘게 라인Rhein강은 도나우Donau로 파고들어 물을 끌어간다. 네카어 Neckar를 비롯한 라인의 다른 지류들도 한때 도나우로 흘러 들어가나, 시간이 흐르면서 차츰 북쪽으로 향한다. 당신이 현대식 지도를 보며 기대하는 위치에 해당 장소가 반드시 나타난다는 보장은 없으니 마음의 준비를 해야 한다.

플라이스토세는 예컨대 오늘날 바다 밑에 놓이는 바람에, 이후로 더 이상 발을 들이지 못하는 길 위를 마음껏 돌아다닐 수 있는 기회를 제공한다. 앞에서 이미 언급했듯이 영국 제도와 유럽 대륙을 연결한 땅이 여기에 해당된다. 마지막 빙기의 끝 무렵에 가면 영국에서 덴마크를 걸어서 갈 수도 있다. 영국과 덴마크가 이미 존재한다면 말이다. 현재 '도거랜드Doggerland'라 불리는 이 지대는 비옥한 과거를 뒤로 하고 지금은 북해 아래 잠겨 있다. 도거랜드 북쪽에 있는 도거뱅크의 구릉을 찾아가 보자. 오늘날 지질학자들이 아우터 실버 피트Outer Silver Pit라 칭하는, 거대한 해안 계곡 근처에서 야영을 해 보자. 이곳은 도거뱅크의 남쪽에 있으며, 라인과 템스Thames가 때때로 합해지는 곳에 위치한다. (이 말이 맞는지 당신이 직접 확인해 보자.) 백악으로 이루어진 윌드-아토이스 배사층 Weald-Artois Anticline을 따라 도버Dover에서 칼레Calais를 두 발로 걸어 보자.

도거랜드의 빙하호가 빙기 이후 남쪽으로 흘러가면서, 영국 해협을 만들며 생겨나는 웅장한 폭포를 방문해 보자. 발트Balt해의 출구를 비롯해, 세계 곳곳에 빙하호가 녹으며 바다로 길을 내는 지점이라면 이와 비슷한 현상을 감상할 수 있다. 바다 낚시꾼들을 위해 나온 해저 지도를 활용하면 대충 방향을 잡을 수 있다. 지도에 적힌 수심에 대략 100미터는 더 보태어 계산해야 한다. 적어도 마지막 빙기가 끝나는 약 1만 5000년 전 근처를 돌아다닌다면 말이다. 이 외에 다른 시기는 부디 전문 서적을 찾아보길 바란다.

겨울 스포츠

플라이스토세의 빙기는 당연히 모든 형식의 동계 스포츠에 이상적이다. 스키나 빙벽 등반에는 얼음 덮인 산이 반드시 필요하다. 유럽의 고산 및 중간 산악 지대는 당신이 기대하는 위치에 이미 모두 자리하고 있는 데다 여러 빙기를 거치며 빙하로 단단히 덮여 있다. 상당수의 산지에는 얼음으로 이루어진 민둥민둥한 산봉우리들이 이따금 우뚝 솟아 있으며, 가령 검은 숲이라 불리는 슈바르츠발트Schwarzwald나 바이에른 숲인 바이에리셔발트Bayerische Wald 같은 산악 지대에는 산꼭대기 높이가 1000미터가 넘는 얼음 봉우리들이 적지 않다. 빙하로 뒤덮인 산지에서 때때로 당신은 지대가 깊이 갈라진 인상적인 틈새, 즉 크레바스Crevasse를 발견하게 될 것이다. 겨울 산행을 즐기려면 어쨌든 특수 장비는 필수다. 그러니 아이젠Eisen, 얼음도끼, 밧줄, 줄사다리 등을 챙기도록 하자.

스키 팬들에게 빙하는 무엇보다 1년 내내 눈이 보장된다는 뜻이다. 그것도 거의 온 사방에 말이다! 그렇지만 단점도 있다. 스키 리프트도 스키 코스도 호텔도 없으며, 스키어들의 뒤풀이 파티인 아프레-스키Après-Ski도 없다. 숙박은 이글루Igloo를 지어서 해결해야 한다. 따라서 플라이스토세는 인공이 아닌 천연 눈에 흥미가 있고, 거친 자연 조건에서 스키를 타 보고 싶은 사람들에게 특히 추천할 만하다. 눈 덮인 층 아래 빙하의 균열인 크레바스가 숨어 있는 곳이 많으니, 여행 내내 이를 명심하며 주의를 기울여야 한다. 크레바스에 대해 조금 덧붙이자면 협곡과 골짜기에 유독 관심이 있는 사람은 어쩌면 플라이스토세에 가서, 빙하의 짙은 푸른빛이 아른거리며 물방울이 뚝뚝 떨어지는 깊은 균열 아래로 내려가 보고 싶을지 모른다. 제발 이런 탐험은 당신이 무슨 일을 벌이려는 건지 확실히 알고 나서 감행하기를 바란다.

아이펠 화산

화산 폭발을 현장 체험하고 싶다면 현재와 그리 멀리 떨어지지 않은 플라이스토세로 가야 한다. 대략 1만 년 전에서 1만 2000년 전에 이르는 플라이스토세 말기에, 독일의 중서부 아이펠Eifel 산지에서 화산이 깨어나 활발해진다. 기원전 1만 900년 전 즈음 마지막으로 라허Laacher 화산이 폭발한다. 격렬한 폭발은 그저 며칠 동안 지속되고 말지만, 이는 넓디넓은 지대를 먼지로 뒤덮기에 충분한 시간이다. 오늘날 '라허 부석응회암'이라는 이름으로 알려진 퇴적물이 바로 이때 만들어지며, 이 암석은 현재 중부 유럽 전역에서 발견된다. 그러므로 너무 가까이 다가가지 않는 편이 낫다. 전망 좋은 지점들을 묻는다면 최소한 10킬로미터 거리에 있는 다른 산지에 오르라고 말하겠다. 보다 조심스러운 사람들은 100킬로미터 정도 떨어진 곳을 택하자. 그리고 방진 마스크는 꼭 쓰도록 하자.

라허 화산의 마지막 분출은 화산 폭발 지수VEI: Volcanic Explosivity Index 6에 달하는데, 이는 수마트라Sumatra와 자바Java섬 사이에 있는 크라카타우Krakatau 화산의 1883년 대폭발 및 1991년 필리핀 피나투보Pinatubo 화산의 극적인 폭발과 비슷한 수준이다. 슈퍼볼케이노Supervolcano인 초화산 가까이에 감히 다가가고 싶은 마음이 있다면 물론 기회는 있다. 플라이스토세에서는 심지어 폭발 지수가 8등급인 화산을 관찰할 수 있다. VEI 등급은 로그 스케일Logarithmic scale, 즉 대수 척도다. 무슨 뜻인가 하면 8등급은 6등급보다 약간 강한 정도가 아니라 100배 강력하다는 말이다. 북아메리카의 옐로스톤Yellowstone 화산은 플라이스토세에 수차례 폭발한다. 약 210만 년 전 남아메리카의 세로 갈란Cerro Galán은 라허 화산 대폭발의 50배에 달하는 분출물을 토해 낸다. 7만 4000년 전 수마트라 북부의 초화산 토바Toba의 대분출은 인류를 멸종 위기로 몰았다는 의심을 받고 있다. 이 의혹이 사실인지 여부는 당신이 가서 알아내도 좋을 것이다. 단 극한의 기후 조건에 충분히 대비를 하고 떠나도록 하자. 이 시점에서 우리는 10장 '크고 작은 천재지변의 순간들'을 들여다보라 권하고 싶다. 어쩌면 당신은 읽다가 이내 마음을 접을지도 모른다.

9장

공룡의 왕국에서 보내는 색다른 휴가

공룡 시대로 떠나는 여행은 지금껏 엄청난 수요에도 불구하고, 휴가를 보내기에는 그리 만족스러운 여행지가 아니라는 사실이 속속 입증되고 있다. 따라서 이번 장은 '언제?', '어디로?' 그리고 '기념엽서를 부치려면 우편료가 얼마나 드는지?' 등 여행하면 우선 떠오르는 질문들로 시작하지 않으려 한다. 대신 공룡들이 그들의 과거에 편안히 머물도록 내버려 두어야 하는 마땅한 이유들을 먼저 살펴보려 한다.

공룡의 왕국으로 여행을 원하는 다수의 사람들은 계획을 세우는 단계에서부터 여러 문제를 안고 출발한다. 방학을 공룡과 보내고 싶은 아이들의 바람이 크기는 하지만, 소송과 상해 배상금을 피하고 싶은 여행 업체의 바람은 더더욱 크다. 보통 어린 자녀를 데리고 그곳으로 휴가를 다녀온 가족들과 이런 법적 분쟁이 벌어지기 때문에, 신중하지 않은 여행사들이나 미성년자와의 동반 여행을 쉽게 허용한다.

대부분의 여행사들은 마치 렌터카 업체처럼 나이 제한을 두어 성인이 된 지 한참 지난 사람만 받는다. 보다 젊은 사람으로 인한 높은 위험 부담을 미리 참작하는 것이다. 그러므로 어린 시절부터 간절히 바란 당신의 소망은 서른 번째 생일에 다다른 다음에야 채워질 수도 있다. 그렇다고 시간 여행 업체를 비판하지는 말자. 그러는 대신 인터넷에 떠도는 동영상들을 한번 보자. 회색곰 그리즐리 베어Grizzly bear를 사진에 더욱 잘 담으려고 몇 미터 근처까지 다가가는 사람들을 보고 나면 생각이 달라질 것이다. 그리즐리의 행동 양식에 대해 우리는 꽤나 많이 아는 편이지만, 대다수 공룡 종의 생활양식에 대해서는 거의 모르는 것과 다름없다. 어쩌면 누군가가 당신의 중요 신체 부위를 물어뜯을지도 모른다. 동영상에 나오는 사람들처럼 조롱하듯이 행동하지 않더라도, 단지 과거의 동물 종이 어떤 행위를 도발로 느끼는지 너무 몰라서 그럴 수 있다.

현재 우리는 어떤 식물과 동물이 식용 가능한지 알고 있다. 우리 조상들이 시행착오를 겪으며 알아냈기 때문이다. 머나먼 과거에서는 이를 당신 혼자 힘으로 해내야 한다. 이 시대의 동물계 및 식물계 대부분은 오늘날 멸종되어 없는 데다, 안내 도감에도 요리책에도 기록되어 있지 않다. (다음에 이어지는 10장 '크고 작은 천재지변의 순간들'에 보다 자세한 내용이 담겨 있다.)

　　여행 내내 먹을 식량을 모두 집에서 준비해 간다면 뭔가를 잘 못 먹어 중독에 걸리는 일은 피할 수 있다. 그러나 현지에서 동식물을 먹지 않는다고 중독에서 완전히 자유로운 것은 아니다. 안타깝게도 이런저런 가능성들이 널려 있어 피해 가기는 그리 쉽지 않다. 이를테면 잘못된 장소에 그저 잠시 머물다가 혹은 부주의하게 몸을 조금 움직이다가도 중독될 수 있다. 현존하는 수많은 동물 및 식물 종들의 독성은 서로 무관하게 진화해 왔다. 즉 방울뱀의 독니는 파란고리문어의 독과 진화적으로 아무 관계가 없다. 그리고 둘은 벌침이나 광대버섯의 독과도 아무런 관련이 없다. 다시 말하면 과거에 존재하는 미지의 동식물들 중에서도 독니, 독샘, 독 촉수 또는 독침 등을 지닌 경우는 분명 적지 않을 것이다. 오늘날 독성이 있는 동물군 및 식물군은 불편할 정도로 충분히 많다. 하지만 현재 우리는 적어도 이런 동식물들이 어디에서 나며 또 어떤 해독제가 도움이 되는지 정도는 대략 알고 있다. 반면 우리는 과거의 자연 속 어느 부분에 독성이 있으며, 의심 없이 돌아다니는 여행객들에게 어떤 놀라운 방식으로 독이 쏘아질지, 그리고 무엇이 해독에 도움을 주는지조차 알지 못한다.

건강 유지를 위한 몇 가지 일반적인 조언

→ **여행사의 권고 사항은 반드시 따르자.** 공룡 시대 여행은 사람들이 무수히 밟아 '다져진 길'을 경멸적으로 거부하면서, 미지의 영역을 탐험하는 개별 자유 여행이 아니다. 다니다 보면 잘 다져진 길을 바라게 될지도 모른다. 혹은 잘 다듬어진 길을 간절히 그리워하더라도 헛수고일 뿐이다. 너무 당연한 말이지만 백악기에는 인적으로 다져진 길이 없기 때문이다.

→ **생물은 절대로 만지지 말자.** 두려움 없이 다가와 친근한 태도를 취하며 귀여운 모습을 한 동물이라 하더라도 마찬가지다. 겉모습이 무해해 보인다고 위험성이 없다는 징표는 절대 아니다. 이런 예는 현재에도 있다. 오리너구리의 뒷발에 있는 독성 박차를 생각해 보자.

→ **피부는 가급적 빈틈없이 무언가로 덮고 다니자.** 밖으로 노출되는 부분이 없도록 신경을 쓰자. 견고하면서 헐겁지 않은 옷을 입고 통이 긴 장화를 신자. 바지 밑단은 장화의 통 안에 끼워 넣자. 장화의 맨 윗부분은 벌레가 들어오지 못하도록, 가령 절연 테이프로 바지에 고정시키자.

→ **잠자리를 마련한 곳에 방충망을 팽팽하게 치자.**

→ **신발과 옷가지는 착용하기 전에 매번 꼼꼼하게 털자.** 어떤 경우에도 맨발로 걸어 다니지는 말자. 기온이 쾌적하거나 꿈결처럼 환상

적인 해변이 당신을 유혹하더라도 말이다. 여행을 떠나기 전에, 현존하는 어류인 동미리의 독 가시에 찔리면 어떻게 되는지 샅샅이 읽어 보도록 하자. 멀리 떨어진 과거라고 이런 종류의 동물 또는 더욱 고약한 동물을 만들어 내지 못할 이유는 없다.

→ **한 대륙에서 다른 대륙으로 헤엄쳐 건너는 모험은 하지 말자.** 지금과 달리 두 대륙이 나란히 놓여 있어 수월해 보이기도 하고, 수영으로 대륙을 건넜다고 집에 돌아와 자랑을 하고 싶을 수도 있다. 그러나 무슨 일이 있어도 물속으로 들어가지는 말자. 바다뿐 아니라 강이나 하천 또는 담수 호수도 마찬가지다. '고작 무릎까지 오는' 얕은 물이라도 발을 담그지는 말자.

→ **누군가가 숨어 있을지 모를 은신처는 접근하지도 만지지도 말자.**

→ **덤불이나 잡목 또는 키가 큰 풀이 우거진 곳은 가능하면 걸어 들어가지 말자.** 도저히 피할 수 없다면 기다란 막대기로 길 앞을 두드려 가며 조심스레 걷도록 하자. 최소한 현재의 동물들은 대부분 위기 상황에서 일종의 정당방위로 자기 독을 인간에게 찔러 넣는다. 또한 도망갈 기회가 주어지면 위험 지대에서 멀리 떠나간다. 당신이 운이 좋다면 머나먼 과거에 사는 동물도 이와 유사한 행동을 취할지 모른다.

동물들이 있어도 힘들고 없어도 문제다. 대다수의 여행객들은 공룡을 실제로 보고 싶어 하면서도, 공룡에게 노출되기를 두려워하며 반드시 볼 필요는 없다고 말하거나 심지어 근처에 다가가는 것조차 꺼리기도 한다. 다른 한편으로 공룡을 아예 구경도 못하고 여행에서 돌아오면 크게 실망할지도 모른다. 당신이 선택한 여행지가 머릿속에 그린 미적 인상과 전혀 다른 모습일 수도 있다. 스물 남짓의 각기 다른 공룡들이 저수지 주변에서 서로 밀치락달치락하고, 익룡들이 공중에서 교차하여 날아가는 사이, 멀리 있는 다른 동물들을 향해 긴 목을 뻗는 공룡들의 모습이 눈앞에 펼쳐지지 않을 가능성은 매우 높다. 과거는 동물원이 아니며, 흥미로운 모든 동물 종들을 최적의 상태로 볼 수 있도록 보장하는 사파리Safari 공원도 아니다. 여행을 통틀어 그저 진기한 곤충 몇 마리만 구경하고 말 수도 있다. 혹여 그런다 해도 이후 여행사로부터 한 푼도 돌려받지 못할 것이다.

항간에 떠돌듯이 과거의 몇몇 동물은 현재의 동물에 비해 인간에 대한 공포가 적을 거라는 설이 있다. 초창기 극지 탐험가들이 바다표범과 펭귄을 관찰하고 돌아와 보고한 대로 말이다. 하지만 항상 그런 건 아니다. 동물들이 실제 머무는 자연 환경 주변에서 이들을 관찰하려는 사람들은 현재에도 수많은 불편함을 감수해야 하며 무엇보다 엄청난 인내가 필요하다. 과거로 가서도 크게 다르지 않으니, 자연 다큐멘터리처럼 야생 동물을 촬영하는 연습을 미리 해 보면 도움이 될 것이다. 물론 오늘날 숨어서 동물을 엿보는 일은 과거에 비하면 거의 명상하듯이 평온한 오락거리에 가깝다. 우리 조상들이 여러 지역의 대형 육식 동물들을 절멸시켰기 때문이다.

가끔 북극 지역에서만 북극곰이 자신을 몰래 엿보는 줄도 모르고, 집중해서 다른 동물을 관찰하다가 곤경에 처하는 사람들이 나오곤 한다. 멀리 떨어진 과거에는 이런 경우가 훨씬 빈번할 것이다.

늦어도 영화 〈쥐라기 공원Jurassic Park〉이 나온 이후로는 백악기 동물의 위험성에 대해 다들 분명히 인식하게 된다. 얼마나 위험한지 정확히 가늠하지는 못해도 말이다. 최근의 연구에 의하면 티라노사우루스 렉스Tyrannosaurus Rex는 영화처럼 그렇게 빨리 달리지는 못할 거라 한다. 시속 20킬로미터 이상 달리면 발뼈가 부러질 수 있다는 이유에서다. 이 연구 결과는 당신에게 실질적인 도움이 되지는 않는다. 아주 짧은 구간이 아닌 한, 우리 인간도 이보다 훨씬 빨리 달리지는 못하기 때문이다.

그래도 위에서 들이닥칠 위험은 적은 편이다. 최신 지식에 따르면 익룡은 주로 물고기를 먹고 살며 시간 여행자를 잡아먹지는 않는다. 그러니 전망대를 찾는다면 기어올라갈 만한 높은 곳을 택하는 편이 비교적 안전하다. 그리고 가능하면 나무 말고 가파른 암벽을 오르자. 나무는 과거의 동물들에게 인기 있는 거처 중 하나이다. 암벽에 매달리기 전에 우선 장갑을 끼고, 자루가 긴 빗자루로 바위 곳곳의 턱과 구멍을 조심스럽게 쓸어 내자. 과거에도 따뜻한 암벽을 오르다가 뱀이나 거미에 물리는 일은 결코 드물지 않다. 이런 식으로 동물들을 관찰하기 제격인 지점에 도달했다면, 여행을 마칠 때까지 그곳에서 되도록 움직임을 최소화하며 숨죽여 기다리자. 보다 안전하고 편안한 길은 자동으로 움직임을 포착하여 촬영하는 야생 동물용 카메라를 설치하는 것이다. 이보다 월등히 안전한 길은 다른 여행자들이 과거에서 찍어 온 사진을 구경하는 일이다.

이 모든 경고 사항을 들으며 어쩌면 그 사이 당신은 기존의 계획을 변경했을지 모른다. 공룡 대신에 차라리 앞에서 수차례 언급된 오록스를 둘러보겠다고 마음을 바꾸었을 수도 있다. 2000년 전까지 유럽 전역에 퍼져 있던, 소의 선조이기도 한 이 온순한 동물을 보는 편이 한결 낫겠다고 생각하고는 다른 장을 펼쳐 읽을지도 모른다. 그러나 사람에 따라 선호하는 휴가는 각양각색이다. 누군가는 크루즈Cruise 안에서 몇 주를 보내는 여행을 아무렇지 않게 여기며, 다른 누군가는 자전거를 타고 거의 비만 내리는 곳을 일주하면서도 아랑곳하지 않는다. 따라서 암벽 위에 야영지를 마련하고 방충망 밑에서 미동도 없이 웅크린 채, 집에서 가져온 전투 식량으로 끼니를 해결하며 휴가를 보내려는 사람들도 분명히 있을 것이다. 만약 여기에 해당된다면 당신은 그곳에서 머물며, 혼자 재미있게 즐기는 방법을 최대한으로 끌어내는 자신의 새로운 모습을 경험을 하게 될 것이다.

백악기는 그리 길지 않다. 이 시대는 대략 1억 4500만 년 전에 시작되어 6600만 년 전에 끝난다. 백악기는 약 2억 3500만 년 전에 시작되는 소위 중생대의 일부다. 중생대의 대기는 전 기간 내내 호흡이 가능하다. 다만 공기 중 산소 농도에 익숙해져야 할지도 모른다. 어느 시기로 떠나느냐에 따라 15퍼센트에서 30퍼센트 사이를 오갈 것이다. 현재의 산소 비율은 보통 21퍼센트이다. 15퍼센트는 대략 2500미터 높이의 대기 상황과 맞먹는다. 이 정도 고도는 드물지 않으며 심지어 대도시가 세워져, 거주민들이 장기간에 걸쳐 이 산소 농도를 잘 버텨 내기도 한다. 마찬가지로 30퍼센트도 호흡과 관련해선 문제가 되지 않는다. 하지만 가서 캠핑용 버너를 쓴다면 평소보다 주의를 기울여야 한다. 습한 지역조차 산불의 위험이 매우 높기 때문이다.

약 1억 7500만 년 전 또는 1억 5000만 년 전까지는 모든 대륙이 서로 연결되어, 함께 판게아Pangaea라는 초대륙을 형성한다. 중생대 대부분의 시기 및 지역은 현재보다 평균 6도에서 10도까지 더 따뜻하다. (머나먼 과거의 기온에 대한 보다 자세한 내용은 19장 '추위와 더위를 피하는 방법'을 참고하자.) 오늘날 극지대와 같은 광범위한 빙결은 어디에도 없다. 해수면의 수위는 지금보다 대략 80미터 정도 높다. 해수면 높이와 상관없이 어차피 당신은 해안이든 내륙이든 어디가 어디인지 전혀 알아보지 못할 것이다.

중생대 초기는 공룡을 발견할 기회가 지극히 적다. 전체 동물계에서 공룡이 차지하는 비율이 1~2퍼센트에 불과하기 때문이다. 그러나 이 비율은 금방 달라진다. 고작 몇 백만 년 뒤부터는 공룡들이 대거 등장한다. 그럼에도 중생대의 초반 3000만 년 또는 4000만 년은 건너뛰자. 특히나 2억 년 전 무렵은 피하도록 하자. 안타깝게도 정확한 시점이 지금까지도 밝혀지지 않은 바로 이 시기에, 트라이아스기-쥐라기Triassic-Jurassic 대멸종이 일어난다. 중생대 전기인 트라이아스에서 중기인 쥐라기로 넘어가는 2억 년 전 즈음 지구상의 생물들이 대거 절멸하는데, 시점도 명확하지 않지만 그 원인 또한 분명하지 않다. (시간 여행자들에게) 최상의 경우는 기후 변화나 해수면의 변화처럼 전개가 느린 현상에서 비롯되는 것이다. 하지만 소행성이나 혜성 충돌 아니면 화산 폭발처럼, 개인적으로 그리 함께하고 싶지 않은 대형 사건들 때문일 수도 있다. (그래도 혹시 모르니 10장 '크고 작은 천재지변의 순간들'을 읽어 보자.) 이 대량 멸종으로 모든 종의 약 4분의 3이 희생된다. 확실한 안전을 보장받고 싶다면, 이 비극적인 운명을 나누고 싶지 않다면, 가급적 다른 시기를 택하여 체류하도록 하자. 중생대 말기로 가면 대륙들이 분열되어 점점 멀어지며, 이로 인해 다양한 종의 공룡들도 널리 퍼지게 된다. 즉 전체적으로 볼거리가 한층 많다는 뜻이다.

대형 동물 사냥을 즐기는 이른바 빅게임Big Game에 관심이 있는 사람이라면 백악기 말기와 최대한 가까운 시기로 여행 계획을 잡자. (단 너무 가까이는 안 된다. 칙술루브Chicxulub 충돌에 희생되고 싶지 않다면 말이다. 이 또한 10장 '크고 작은 천재지변의 순간들'을 참고하자.) 현재와는 달리 그곳에서 당신은 무려 멸종 위기의 동물들을 손수 사살할 수 있으며, 그러면서도 윤리적인 문제는 평소보다 덜 얻게 된다. 어쨌든 모든 공룡들은 얼마 지나지 않아 절멸되니 말이다. 당신이 타이밍을 얼마나 정확히 맞추느냐 그리고 어느 지역을 택하여 머무느냐에 따라, 어쩌면 당신의 사냥감은 이어지는 전 지구적 자연 재해로 죽는 것보다 도리어 편안한 죽음을 맞이할 수도 있다. 당연한 말이지만 재래식 탄약을 과거에 두고 오지 않도록 반드시 주의를 기울이자. 미래의 고생물학자들을 쓸데없이 교란시키지는 말자. 사냥감의 몸속은 물론이고 자연 속에도 놓고 와서는 안 된다. 장비 관련 문제는 이 같은 공룡 사파리 체험을 제공하는 여행사 측에서 알아서 도와주고 조달해 줄 것이다. 하지만 우리는 이런 식의 휴가를 권장하지는 않는다. 결국 다른 생명체의 죽음을 즐기는 활동이기 때문이다. 그러면서 당신은 인간이라는 종이 지닌 마주보는 엄지와 우연히 발명한 총기가 빚어낸, 불공평한 방식으로 유익을 얻는 셈이다. 이러한 불공평은 사냥감인 동물의 크기나 이빨 개수를 따지지 않는다.

최고의 여행지

이론적으로 당신은 공룡 화석이 발견된 유명한 장소로 향하면 된다고 생각할지 모른다. 이를테면 독일 잉골슈타트 북쪽의 졸른호펜Solnhofen 석회암층, 니더작센Niedersachsen주의 뮌헤하겐Müncheha-gen, 포르투갈 레이리아Leiria 근방의 구이마로타Guimarota 탄광, 대량의 이구아노돈Iguanodon 화석이 발견된 벨기에 베르니사르Bernis-sart 광산처럼 말이다. 그러나 떠나기 전에 해당 장소가 실제로 무엇 때문에 유명한지 보다 꼼꼼하게 확인해 보자. 눈에 잘 띄지 않는 작은 해양 생물의 화석만 있는 경우도 빈번하며, 당신이 택한 휴가지가 여행 기간 동안 내내 물속에 잠겨 있을 수도 있다. 뿐만 아니라 이들 모든 장소는 오늘날 우리가 기대하는 곳에 있지 않으며 전혀 다른 모습을 하고 있다.

다른 무엇보다 한 가지 커다란 이유 때문에, 유명 화석 발견지는 공룡 여행지로 그리 이상적이지 않다. 즉 화석은 하천 바닥에 퇴적물이 침전되는 지대에서만 생겨난다. 그런 다음 지각판의 움직임을 통해, 이 퇴적물이 오늘날 탐색에 유리한 장소로 옮겨져야 한다. 여기에서 말하는 '유리한' 장소는 '버스 정거장 근처'가 아니라 '지표에 가까운' 곳을 의미한다. 마찬가지로 다른 여러 곳에도 지금까지 우리에게 하나도 알려지지 않은 동식물들이 있었다. 따라서 화석 발견으로 널리 알려진 장소가 아닌 다른 곳에서 휴가를 보내는 것도 가치가 있다. 약간의 행운이 따른다면 그곳에서 매우 흥미로운 발굴을 하게 될지도 모른다.

어쨌든 공간만 물색하지 말고 시간대도 잘 찾아내야 한다. 공룡의 왕국을 돌아다니기 적절한 시간대를 찾는 일은 건초 더미에서 바늘 하나 찾기처럼 쉽지 않다. 대다수의 공룡들이 바늘보다는 크다 하더라도 말이다. 화석이 발견된 유리한 장소들조차 어마어마하게 폭넓은 시간대에 걸쳐 있다. 말하자면 수백만 년 이전에 유라시아청딱따구리 한 마리가 한 번 목격되었다는 이유로, 바로 그곳에 지금 새모이집을 설치하고 마냥 기다리는 것과 다름없다.

위에서 언급한 비교적 확실한 전망지의 경우 현존하는 가파른 암벽들은 아직 없으며, 더불어 당시의 지형도 오늘날 더 이상 존재하지 않는다. 그러니 다른 시간 여행자들의 경험을 참고하여 공룡을 만나기 유리한 시간과 장소를 신중히 모색해 보자.

준비물과 식량

공룡 시대로 떠나는 여행은 명백한 장점이 하나 있다. 즉 언어나 통용 화폐 또는 서류나 의복 관련 규정으로 골머리를 앓을 일이 전연 없는 시간 여행이라 할 수 있다. 전 중생대에 걸쳐 당신은 현재 휴가지에서 입을 만한 여행 복장 그대로 다녀도 된다. 다른 인간이 없다는 사실은 물론 단점이 되기도 한다. 어디에서도 음식을 사 먹을 수 없으므로 휴가 기간 동안 먹을 식량은 집에서 직접 가져가야 한다. 마실 물도 여기에 해당된다. 원칙적으로는 오늘날 식수를 정수하는 방식과 똑같이 걸러 마셔도 되기는 한다. 단 우연히도 몇 년 간 비가 내리지 않은 지역을 당신이 다시 발견하지 않으리라는 전제가 있다면 말이다.

만일 예기치 않은 상황으로 여행용 비축 식량이 없어져 버린다면 돌아올 때까지 금식을 하는 것이 최선이다. 도저히 굶을 수 없다면 되도록 잘 알려진 종을 잡아먹도록 하자. 낚시를 할 수 있다면 철갑상어처럼 보이는 어류를 잡아 보자. 아마 먹어도 괜찮을 것이다. (전통적으로 내려오는 철갑상어 요리법을 활용하면 된다.) 철갑상어는 살아 있는 화석으로, 지난 1억 년 동안 모습이 거의 변하지 않았다. 열대 바다의 얕은 모래 해변에서는 경우에 따라 투구게를 잡을 수도 있다. 철갑상어처럼 투구게도 크게 달라지지 않았다. 투구게를 즐겨 먹는 지역 출신이 아니라면, 조리와 섭취에 적응 시간이 필요할 것이다. 특히 미적인 부분에서 익숙해지기가 쉽지 않다. 투구게는 전체적으로 혐오스러운 느낌마저 드는데, 외견만큼이나 투구게의 내부도 절대 식욕을 돋우지는 않는다. 미리 관련 동영상들을 살펴보거나 태국으로 여행을 다녀오며, 제때 훈련을 충분히 해 두자. 동물이든 식물이든 어떤 종인지 확실히 식별되지 않으면 오직 극도의 위급 상황에서만 먹기로 하자. 온갖 주의를 기울여 조심스레 먹어 보더라도 위험이 도사리고 있다. 상당수의 물질들이 섭취 후 한참 뒤에, 건강에 해롭거나 치명적인 효과를 발휘하기 때문이다.

당신이 발견할 수도 있는 것들

이 여행은 완전히 새로운 종을 발견할 수 있는 좋은 기회이기도 하다. 최신 학술 지식에 의하면 공룡의 종류는 수천여 속에 달하며, 그 가운데 지금까지 학문적으로 자세히 기록된 종류는 몇 백에 불과하다. 다수의 공룡 종은 화석조차 남아 있지 않다.

아니면 잘 알려진 종이지만 아직 밝혀지지 않은 습성이나 활동을 당신이 직접 관찰할 수도 있다. 예를 들어 공룡 연구에서는 대략 1억 5000만 년 전, 새들이 나는 법을 배우기 시작할 무렵 대체 무슨 일이 일어났는지에 대해 관심이 무척 높다. 사전 지식이 전혀 없더라도 그저 이 시점으로만 가도 당신은 과학 지식의 발전에 이바지할 수 있다. 이 시기에 당신은 바닥에서 깡충거리며 뛰어다니고, 그러면서 앞다리를 저어 심지어 잠시 동안 공중에 뜰 수 있는 동물들을 볼지 모른다. 아니면 나무 위에서 뛰어내리며, 충격을 완화시키고 행동반경을 확장하는 방법을 학습하는 동물들을 보게 될 것이다. 새의 진화에 관한 두 가지 주요 이론인 주행 이류설과 수상 이류설에 따르면 적어도 그렇다. 이해하기 쉽게 말하면 '땅에서 뛰어오르며Ground up' 그리고 '나무에서 뛰어내리며Trees down' 날게 된다는 이론이라 할 수 있다.

　'시조새'로 잘 알려진 아르카이옵테릭스Archaeopteryx는 당신이 이 문제를 명쾌하게 해결하길 고대하는 동물이기도 하다. 이 동물은 오늘날 독일 남부 지역에 산다. 물론 당시 유럽은 지금보다 적도에 훨씬 가까우며, 얕고 따뜻한 바닷가에 위치한 일종의 열대 섬이다. 우리 유명한 시조새는 엄청나게 크지 않으며 까치보다 조금 큰 정도다. 만약 당신이 이런 동물을 관찰하게 된다면 그리고 혹시나 사진까지 찍게 된다면, 학계를 매우 행복하게 만드는 장본인이 될 것이다. 결정적인 것은 아르카이옵테릭스가 대체로 날아다닐 준비를 하고 있는지, 또는 그의 몸에 (틀림없이) 달린 깃털이 그저 추위를 막기 위함인지 아니면 장식용인지 여부다. 만일 당신이 그가 날아가는 모습을 본다면, 바닥에서 도약하는지 혹은 높은 위치에서 출발하는지 주의를 기울이자. (이런 기후에는 아마도 나무들이 거의 없을 테지만 그래도 당신이 눈으로 직접 확인해 보자.)

　당신이 찍어 온 사진들이 나중에 구체적인 위치가 더해져 분류된다면, 학술적으로 재인용되고 재이용되는 한층 유용한 자료가 될 것이다. 하지만 이는 오늘날처럼 그리 간단하지만은 않다. 더욱 자세한 내용은 3부를 읽어 보자. 누군가 막대한 노력을 들여 과거의 대륙들을 아주 전통적인 방식으로 측량하며 적당한 지도 자료를 발간하기 전까지는 여행사가 알려주는 불확실한 위치 정보에 만족해야 한다.

10장

크고 작은 천재지변의 순간들

이번 장에서는 과거에 일어난 천재지변으로 떠나는 여행을 다룰 예정이다. 역사적 대재앙을 경험하는 관광은 오늘날 체르노빌Cher-nobyl 시찰이나 화산 트레킹을 마다하지 않는 사람들을 막을 수 없듯이, 원하는 여행자가 있으면 늘 제공되는 편이다. 따라서 우리는 시간 여행 관광의 이면을 숨기지 않기로 결정했다. 우리는 결코 누구도 부추기고 싶지 않다. 하지만 관심 있는 이들에게 조언과 정보를 내주지 않을 마음도 없다. 물론 보험이 있기는 하지만 대부분의 보험은(예컨대 생명 보험, 상해 보험, 시간 여행 보험 그리고 재해 장해 보험 등) 이런 종류의 시도를 감행하여 발생한 문제들을 보장에서 제외한다. 그러니 이를 염두에 두고 살펴보자.

운석 충돌

가장 스펙터클한 여행지는 누가 뭐래도 칙술루브 충돌이다. 약 6600만 년 전, 현재 멕시코에 속한 유카탄반도의 칙술루브 지역에 거대하고 둥근 바위 덩어리 하나가 하늘에서 떨어진다. 실제로는 바위라기보다 산 하나에 가깝다. 오늘날의 과학 지식에 의하면 이 충돌로 인해 당시 살던 모든 동물 종의 4분의 3이 절멸된다고 한다. 이른바 백악기-팔레오기Cretaceous-Paleogene 대멸종이 일어나는 것이다. 시간 여행지로 이 재앙은 문제가 없지 않은데, 처음부터 이미 '약 6600만 년 전'이라고 언급하면서 시작한다. 지금까지 밝혀진 이 소행성 충돌의 발생 연대는 플러스마이너스 3만 2000년으로 추정되고 있다. 따라서 보다 정확한 일정은 시행착오를 더 겪으면서 산출될 것이다. 이 책이 출판되는 시점까지도 충돌 날짜는 아직 확인되지 않고 있다. 그러니 일단은 6600만 년 전 3만 2000년이라고 알아 두자. 어쩌면 이 사건은 가을날에 벌어질지 모른다. 적어도 고생물학자 로버트 드팔마Robert DePalma는 그리 믿는다. 충돌 당일 쌓인 퇴적층의 동식물 잔재를 분석한 그의 말이니 신빙성이 있다.

천천히 그리고 신중하게 연대를 더듬어 가며 충돌 예정일을 면밀히 조사하도록 하자. 그리고 돌아오는 길도 마찬가지다. 그래도 충돌 이후에는 잇따른 가시적인 결과들 덕분에(어디에도 없는 공룡, 타 버린 들과 숲, 멕시코 땅에 생긴 커다란 구덩이, 아마도 거의 전 세계를 뒤덮은 어둠) 당신이 충돌 시점과 얼마나 가까이에 있는지 쉽게 파악할 수 있다. 반면 충돌 이전에는 일주일 전인지 아니면 1000년가량 일찍 와 있는지 알 수 없다. 잘못된 시간에 도착하면 그저 번거롭고 부담스럽기만 하다. 사건이 벌어지는 시점과 거의 근접한 시간대에 도착해 버리면 크게 문제가 될 수 있다. 무엇보다 충돌 이후 처음 몇 시간 동안에는 전 지구가 극심한 불안과 불편을 겪기 때문이다. 물론 그 후에는 더 많은 문제들이 이어진다.

일단 우리는 당신이 다른 시간 여행자들의 도움으로 이미 충돌 예정일을 어느 정도 국한시키고, 재앙 직전에 적당한 관측소에 자리를 잡으리라 전제하고 여행 이야기를 마저 이어 가려 한다. 먼저 기후는 근본적인 문제가 되지는 않는다. 대기는 숨을 쉴 만하다. 그럼에도 너무 이른 시기에 등장하지는 말자. 백악기 육식 동물의 사냥 습성에 대해서는 아직 알려진 바가 지극히 적기 때문이다. (자세한 내용은 9장 '공룡의 왕국에서 보내는 색다른 휴가'를 참고하자.)

칙술루브 충돌에서 당신이 기대하고 궁금해하는 거대한 바위 덩어리는 지름이 최소 10킬로미터로, 150킬로미터 지름의 분화구 같은 구덩이를 남긴다. 충돌구의 가장자리는 비교적 연구가 잘되어 있다. 어떤 과정을 거쳐 가장자리가 피크 링Peak ring이라는 둥근 산맥을 형성하게 되는지 구체적인 연구 결과가 상당하다. 하지만 그럼에도 바로 그곳에 직접 올라서지는 말자. 안전 거리 확보는 필수다. 충돌하는 순간에는 대략 1000킬로미터 거리를 유지하더라도 즉시 죽을 수 있으며, 아니면 충돌 시 발생한 열로 몇 초 내에 죽을 수도 있다. 이와 같은 충돌에선 어마어마한 고온의 에너지가 대량으로 방출되며, 이 열은 곧바로 자연에 가해진다. 300미터 높이에 달하는 해일이 주변 해안을 파괴할 즈음이면 당신은 이미 잿더미에 파묻혀 있을 것이다. 1500킬로미터 거리도 충분하지 않다. 이 정도 떨어져 있어도 얼마 뒤에 강한 충격파가 몰려와, 마찬가지로 당신은 살아남을 수 없다. 이어서 몇 분 뒤에는 분화구에서 공중으로 뿜어져 나온 돌덩어리들이 하늘에서 떨어진다. 당신이 엄수해야 하는 최소한의 안전 거리는 약 5000킬로미터라 여겨진다. 지구의 정반대 끝에 있는 인도도 특별히 더 안전하지는 않으며, 오히려 특별히 더 위험한 위치에 있다. 분화구의 물질들이 대기 중으로 너무 높이 뿜어져 충돌지 맞은편에 위치한 사방에 파편이 쌓일 정도다. 차라리 유럽의 동쪽 끄트머리 어딘가에 자리를 잡는 편이 나을 것이다.

'그렇지만 거기에선 아무것도 보이지 않을 텐데!' 어쩌면 당신은 이런 반론을 제기할지 모른다. 하지만 당신이 자리 잡은 관측소에서도 무려 진도 10에서 11인 지진을 경험하게 될 것이다. 이는 지진을 리히터Richter 규모로 기록한 이후 지구에서 관측된 가장 강력한 지진보다 최소 열 배 이상 강한 수준이다. 그러니 당신의 머리 위로 쓰러질 수도 있는 나무나 암벽 인근은 피하도록 하자.

만약 당신이 여기까지 살아남았다면 마지막 문제 하나가 당신에게 다가올 것이다. 앞서 이미 언급했듯이 충돌로 발생한 고온의 열은 어디론가 향해야 한다. 충돌 이후 몇 시간 동안 전 세계의 하늘은 샐러맨더Salamander처럼 강렬한 열을 발하며 환히 빛난다. 단어의 원래 뜻처럼 기분 좋게 차가운 도롱뇽이 아니라, 위에서 말한 샐러맨더는 요식업소에서 요리의 표면을 구울 때 사용하는 일종의 그릴을 의미한다. 북극이나 남극 근처로 물러나 관측을 시도하더라도 소용은 없다. 마침 간빙기에 있기 때문에 우리가 아는 북극은 아직 존재하지 않으며 남극은 빙결되지 않은 아주 평범한 대륙이다. 공기는 호흡이 가능한 수준이고 기온은 높아야 10도가량 올라간다. 문제는 적외선인데, 적외선으로부터 스스로를 보호하는 방법은 의외로 간단하다. 10센티미터 두께의 지층이면 충분하다. 물속이나 굴에 사는 몇몇 동물 종들이 이 대재앙에서 살아남은 이유가 아마도 여기에 있을 것이다. 약간 일찍 도착한다면 깊은 굴을 파거나 우묵한 구덩이 위를 나뭇가지와 흙으로 덮어 두자. 그것만으로도 족하다. 은신처를 지을 때에는 지진을 대비한 내진 설계에 신경을 쓰도록 하자. 이에 더해 산불 위험이 있는 지역은 피하자.

당신을 단념시키려고 겁을 주며 찬물을 끼얹는 소리처럼 들릴 수도 있다. 그러나 이론적으로 당신은 이 여행에서 틀림없이 살아

남을 수 있다. 몇몇 종의 동물들도 어떻게든 해낸다. 비록 25킬로그램 이상 나가는 포유동물들은 그렇지 못하지만 말이다. 하지만 적어도 이럴 가능성은 있다. 즉 살아남은 여러 대형 종들이 다음 몇 달, 몇 년 혹은 몇 세기가 흐르면서 멸절할 수도 있다. 또한 이 충돌은 인류만 한 크기의 포유동물에게 반드시 치명적이지는 않은 사건일지 모른다. 구체적인 사항은 당신이 현장에 가서 알아내도록 하자.

파티용 대화 주제로 써먹기에 가치가 높은 여행이긴 하지만 위험 부담 또한 만만치 않게 높다. 안전을 중요시한다면 이 충돌을 차라리 우주 정거장에서 내다보는 편이 낫다. (13장 '처음이자 마지막으로 보는 빅뱅'을 참고하자.) 물론 칙술루브 충돌로 인해 약 7000만 톤의 암석들이 의외로 멀리 떨어진 인근 천체로까지 흩어져 날아가기는 한다. 안전 의식이 철저한 사람이라면 지구가 아닌 다른 행성의 궤도를 택해야 한다. 그것도 다른 태양계에 속한 행성으로 말이다.

화산 폭발

어쩌면 당신은 현장에서 실제로 경험하느니 차라리 시뮬레이션 영상으로 칙술루브 충돌을 가까이에서 들여다보고 싶을지 모른다. 그리고 휴가는 이보다 규모가 작은 자연 재해, 이를테면 화산 폭발 같은 현상을 관람하며 보내고 싶을 수도 있다.

화산 폭발지 관광은 심지어 현재보다 시간 여행을 통해 구경하는 편이 더욱 안전한 경우도 있다. 적어도 멀지 않은 과거에 일어난 분출은 날짜가 확정되어 있어서, 언제 어디에 머물지 말아야 하는지가 분명하기 때문이다.

화산 분출 여행의 문제는 날짜가 잘못 기록되어 있거나, 아니면 수많은 인간의 목숨을 앗아 간다는 데 있다. 인도네시아 숨바와Sumbawa섬의 탐보라Tambora 화산 폭발은 어마어마한 규모를 자랑하면서 동시에 발생 날짜가 확실히 남아 있다. 탐보라 분출은 1815년 4월 5일에 시작되며 4월 10일 저녁 7시 무렵 절정에 다다른다. 칙술루브 충돌과 달리 여기에서 당신은 윤리적인 문제에 직면하게 된다. 당신이 스펙터클한 경험을 기대하는 여행지는 십여만 명이 목숨을 잃는 현장이기도 하다. 당신은 이 폭발을 저지할 수도 없고 마땅히 도울 수 있는 방법도 없다. 1883년의 크라카타우 화산 폭발은 다르다. 그곳에서는 대부분의 사람들이 지진 해일인 쓰나미Tsunami로 죽기 때문이다. 이런 경우 시간 여행자인 당신은 최소한 해안가 주민들에게 미리 경고를 할 수 있다. 그러면 주민들은 높은 지대를 찾아 이동할지 모른다. 탐보라 폭발에서는 그럴 수가 없다. 숨바와 및 이웃 섬 롬복Lombok 주민의 상당수는 화산 분출 이후 몇 주 그리고 몇 달에 걸쳐 굶주림과 갈증으로 목숨을 잃는다. 이 같은 사건들이 벌어지는 현장을 휴가지로 선택한다는 건 학살과 처형을 구경하는 행위만큼이나 냉소적이고 비속하다. (다음에 이어지는 11장 '전쟁터에서 벌어지는 일들'을 읽어 보자.)

만일 당신이 그리스 섬 산토리니Santorini의 화산 분출에 대해 보다 많은 정보를 알아내게 된다면, 현재를 사는 여러 사람들에게 커다란 기쁨을 선사할지 모른다. 이른바 미노아Minoan 화산 분화라 일컫는 이 대규모 폭발은 기원전 1600년과 기원전 1525년 사이 언젠가 발생하며, 고고학적 연구에 커다란 의미를 지닌다. 지중해 분지 동쪽에 화산으로 인해 형성된 퇴적층에서, 시기적으로 한데 엮인 매우 다양한 지역의 유물들이 발굴되면서 산토리니를 중심으로 한 문명에 대한 궁금증이 증폭된다. 이 화산이 언제 분출하는지 보다 정확히 알게 되면 수많은 연대 문제들이 단번에 해결된다. 폭발 시점에 대한 의문은 어쩌면 당신이 이 책을 읽고 있을 무렵이면 이미 답이 나왔을 수도 있다. 만약 그렇다면 다른 시간 여행자들에게 본이 될 겸, 화산 폭발이 일어나되 가능한 한 사람이 없는 시기나 지역으로 날을 잡아 윤리적으로 우려되지 않는 여행길에 발을 들여 보자. 도덕적으로 문제도 없고 여행자들에게 인기도 높은 화산 관광지는 2장 '잊을 수 없는 주말을 위한 원 포인트 여행지'와 8장 '아웃도어 마니아를 위한 단 한 번의 기회'에서 한층 풍부하게 접할 수 있다.

물

오늘날에는 나이아가라Niagara 폭포나 앙헬 폭포Salto Ángel처럼 그림 같이 아름답고 조그마한 폭포들이 관광객들에게 가장 있기 있는 여행지에 속한다. 하지만 과거는 굉장히 긴 데다 무언가가 일어나고 만들어지기까지 충분한 시간을 들이기 때문에, 거의 모든 자연현상에서 물이 빚어내는 거대하고 위엄 있는 볼거리를 관람할 수 있다. 상대적으로 위험이 없고 시원한 장관을 지켜보고 싶다면 화산 분출처럼 불편하고 뜨거운 현장 대신에, 533만 년 전의 과거로 가면 된다. 그곳에서 약간의 행운이 따른다면 대서양이 지브롤터Gibraltar 해협을 따라 지중해로 흘러 들어가는 모습을 구경할 수 있다. 이 무렵 지중해는 아직 바다가 아니라 3~5킬로미터 깊이의 골짜기이다.

엄밀히 말하자면 약간이 아니라 상당히 큰 행운이 따라야 한다. 왜냐하면 이 책이 출간되는 시점까지도 여행 일정을 확정할 수 없기 때문이다. 대략 533만 년 전이라는 사실 외에 보다 정확한 연대는 아직까지도 알려지지 않고 있다. 만약 너무 일찍 도착한다면 당신은 마치 지금의 사해처럼, 작고 소금기 가득한 몇몇 웅덩이로 이루어진 지중해를 보게 될 것이다. 나머지 세상의 수면은 오늘날보다 약 12미터 정도 높다. 시간을 잘못 택했다고 실망하며 곧바로 다시 돌아오지는 말자. 이 시기에도 아름다운 볼거리들이 있다.

예를 들어 유럽과 아프리카는 시칠리아Sicilia라는 넓은 육교를 통해 서로 연결되어 있다. 나일Nile과 론Rhône강이 만나는 하구가 패이면서 생기는 깊은 협곡 또한 압도적인 광경을 선사할 것이다. 이런 여행지에서는 현재 그랜드 캐니언Grand Canyon을 방문할 때 참고하는 주의 사항이 그대로 통용된다. 무엇보다 대량의 식수를 가져가는 것이 중요하다. 그랜드 캐니언과 마찬가지로, 보통 이 같은 협곡의 아랫부분은 물이 시원하게 쏟아지는 모습과 달리 실제로는 뜨겁고 건조하다.

혹시나 당신이 제 시간에 맞춰 도착하더라도 물이 만들어 내는 엄청난 장관을 눈에 담지 못할 수도 있다. 예컨대 지중해 웅덩이가 한두 해 사이에 매우 신속히 채워지는지, 아니면 수천에서 1만 년에 걸쳐 물이 들어차는지, 여전히 이론이 분분하기 때문이다. 관광객의 입장에서 후자는 별로 흥미진진하지 않은 진부한 과정에 불과하다.

만일 물줄기가 실로 아주 빠르게 돌파하여 나아간다면, 당신은 몇 달 내내 머무르며 그 장관을 실컷 감상할 수도 있다. 오늘날의 지브롤터 해협 근처에서 전망 좋은 지점을 찾아, 접이의자를 놓고 등을 기대어 보자. 그곳에서 당신은 대서양에서 흘러온 수 킬로미터 폭의 막대한 양의 물이, 깊이 밀려드는 과정을 눈으로 따라가며 지켜볼 수 있다. 급격히 흐르는 물줄기는 수직 폭포를 형성하지는 않으며 산비탈을 따라 아래로 흐른다. 하지만 폭포에 결코 뒤지지 않는 장관이 펼쳐진다. 물이 떨어지는 아래쪽을 보고 싶다면 의자의 위치를 거듭 조정해 가며 시각을 달리해 보자. 그리고 한 가지, 바닷가 인근에서 밤을 지내서는 안 된다. 하루 중 해수면이 최고조에 달하는 만조 때에는 수면이 10미터 이상 오르기 때문이다.

지중해가 차오르는 장면을 다 관람하고 나서, 혹여 이전의 경관이 훨씬 더 마음에 든다는 결론에 이르게 된다면 약간의 인내심이 요구된다. (더불어 미래에 대해 잘 아는 여행 가이드도 하나 필요하다.) 물이 대거 밀려들어 온 이후 지브롤터의 수심은 다시금 얕아진다. 아마도 200만~300만 년 안에 지브롤터 해협은 닫힐 것이다. 그런 다음 지중해가 다시 완전히 증발하기까지는 대략 1000년밖에 걸리지 않는다.

11장

전쟁터에서 벌어지는 일들

전쟁은 놀라우리만큼 인기가 많다. 과거에 일어난 전투 및 전쟁 현장에 어떻게 찾아가야 하는지, 그리고 시간 여행자로서 본인이 그곳에서 무엇을 도맡을 수 있는지 진지하게 고민하며 여행을 계획하는 사람들이 무척 많다. 전쟁을 향한 이런 열광이 어디에서 비롯되었는지는 불분명하다. 어쩌면 비단 불행한 어린 시절 때문만이 아니라 제복 페티시Fetish 같은 성향의 문제일지도 모른다. 전장이 대중적으로 인기 있는 이유는, 역사에서 모든 것이 완전히 다르게 일어날 수도 있는 극적인 순간으로 그려지기 때문이다. 이를테면 토이토부르크Teutoburg 숲의 싸움에서, 게르만족의 장수 아르미니우스Arminius가 아니라 로마군 사령관인 바루스Varus가 이긴다면 무슨 일이 벌어질까? 나폴레옹이 군대를 끌고 모스크바로 출정을 떠나지 않기로 결심한다면? 하지만 역사는 극적인 순간들로 가득하며, 또한 모든 극적인 순간은 광범위한 영향력을 지닌다. 예컨대 적절하지 않은 시간대에 비가 내리고, 어느 병원균이 돌연변이를 일으키며, 한 대륙이 남쪽이 아닌 북쪽으로 떠내려가고, 수공업 길드Guild가 규정을 하나 결의하는 순간처럼 말이다.

전쟁과 전투가 역사에서 특별히 결정적이라 여기는 이들은 소동과 불화처럼 눈에 잘 들어오고 강하게 이목을 끄는 무언가에 쉽게 현혹되는 사람들이다. 인류의 역사가 군사 중심의 무력 충돌과 특정 개인의 행위에 기초하여 기록된다는 믿음은 마치 지질이 폭파로 이루어졌다는 전제와 같다. 지금 막 전쟁이 벌어지는 과거의 현장에 당신이 체류하지 말아야 하는 이유는 이 외에도 상당히 많다. 이들 중 대부분은 반론의 여지없이 아주 명백하다. 그럼에도 우리는 신중을 기하는 의미에서 전쟁지로 떠나는 여행에 대해 언급하려 한다.

아마 당신의 여행사는 제멋대로 위험 지역에 접근하지 않겠다는 항목에 서명을 요구할 것이다. 일반적인 시간 여행 업체는 전쟁지 관광에 앞서 여러 안전 사항을 상기시킨다. 하지만 일단 우리는 당신이 계약서에 적힌 깨알 같은 문구를 별로 신경 쓰지 않거나, 전쟁에 열광하는 고객층을 전문으로 하는 어딘가 의심스러운 업체에 예약을 했다고 가정하고 이야기를 이어 가려 한다. 그럼 당신은 먼저 전쟁 관광이 지닌 몇 가지 실질적인 어려움에 직면할 것이다. 프랑스 작가 스탕달Stendhal이 소설《파르마의 수도원La Chartreuse de Parme》에서 묘사하듯이 말이다. 이 소설은 나폴레옹 전쟁이 벌어지는 19세기 초반을 배경으로 펼쳐진다. 소설의 중심인물은 파브리치오Fabrizzio라는 이름의 젊은 이탈리아 남성으로, 나폴레옹에 동조하며 자원해서 프랑스 군대에 들어가 전투에 가담한다. 그가 맞닥뜨리는 수많은 문제들은 시간 여행자들에게도 매우 비슷한 형태로 존재한다. 즉 그는 프랑스어를 제대로 구사하지 못하고, 총기를 다루지 못하며, 간첩으로 몰려 감옥에 들어간다. 그리고 마침내 전장에 들어간 그는 이상과 현실의 괴리 앞에서 당황하고 만다. 그는 사방에서 '처참한 울부짖음'을 들으며 자욱한 연기를 보지만, 통치자가 어디에서 온 누구인지는 전혀 모른다. 나중에 그는 스스로에게 묻는다. '내가 겪은 것이 전투였던가? 그리고 그 전장은 워털루Waterloo였던가?'

시간 여행자들은 한눈에 들어오는 넓은 전장에서 이루어지는 전투를 그리 선호하지 않는다. 이런 전투는 비교적 안전한 전망지를 갖추고 있어 널리 조망하기는 좋으나 경우에 따라 아무것도 보지 못할 수 있다. 화약이 등장한 이후에는(중국은 11세기, 유럽은 14세기) 아무리 전망이 좋아도 파브리치오처럼 연기 외에 다른 건 거의 보지 못한다. 한 해의 마지막 날 베를린에서 불꽃 축제를 보려고 시도해 본 사람이라면, 연기가 자욱한 전장이 얼마나 식별하기 어려운지 짐작이 갈 것이다. 전투 장면을 담은 전쟁화들을 보면 언덕 위에서 망원경을 들고, 밑에서 벌어지는 일을 주의 깊게 내려다보는 장군의 모습이 자주 등장한다. 하지만 이런 그림들은 한편으로 현실성이 크게 떨어지며, 다른 한편으로 총지휘관의 언덕은 전장을 '그저 바라보길' 원하는 당신 같은 의심스러운 외부인을 위한 장소가 아니다. 해전은 상황이 더욱 열악하다.

시야가 별로라는 점은 그나마 무해한 문제들 중 하나다. 전쟁이 한창이고 포위 상태에 놓인 환경은 전염병이 특히 창궐한다. (3부 '시간 여행자를 위한 필수 여행 정보'를 참고하자.) 당신이 전투에 참여하든 아니면 단지 구경만 할 생각이든 병원균은 전혀 상관하지 않는다. 경우에 따라선 늑대 문제로 곤란에 처할 수도 있다. 1660년 추드노프Cudnów 전투를 마치고 돌아온 홀스텐Holsten의 기병대위가 기록하듯이 말이다. '이 거대한 전투가 벌어진 지역에 이후 수백여 마리의 늑대들이 한데 모였다. 근처에 6만이 넘는 사체가 널려 있었기 때문에 늑대들은 떠나지 않고 주변을 어슬렁거렸고, 그로 인해 누구도 이 지역을 안전하게 여행할 수 없었다.'

늑대와 까마귀에게는 유익할지 몰라도 전쟁 기간 동안 인간이 먹을 식량은 부족할 것이다. 19세기에 들어설 때까지 군대는 현지에서 군인들이 조달한 것으로 연명한다. 다시 말하면 대부분의 경우 약탈과 도둑질로 먹고 산다는 뜻이다. 이런 이유로 수확철은 전쟁을 치르기 가장 좋은 시기로 꼽는다.

싸움을 벌이는 양측은 당신이 그저 관광객이라는 걸 모른다.

그러므로 당신은 이들의 적군과 똑같이 죽임을 당할 수도 있다. 군부대를 통해 끔찍한 경험을 한 전투지 주변의 주민들은 의심을 풀지 않으며, 어쩌면 만일을 대비해 당신을 때려죽일지도 모른다. 여성들은 겁탈의 위험이 어느 때보다 높다. 남성들은 군대에 강제로 끌려갈 수 있으며, 이에 더해 덩치가 크고 건강해 보인다면 현지 주민보다 훨씬 위태로울지 모른다. 또한 좋은 치아는 병사를 모으는 징병관이 탐낼 만하다. 여기에서 치아의 외관은 중요하지 않다. 17세기 후반부터는 화약 가루와 탄환을 보관하는 종이 껍데기를 이로 물어뜯는 능력이 중요해지므로 전쟁터에선 튼튼한 치아를 선호한다. 물론 치아가 나쁘더라도 다른 능력으로 차출될 수 있다.

더불어 강제 징집은 전쟁 인접 지역만의 문제가 아니다. 남성이라면 군국주의 국가에서는 군의 일원이나 군 관계자들은 기본적으로 멀리해야 한다. 즉 말을 섞지도 말고 술을 마시자 유인해도 넘어가지 말자. 특히 1713년 이후의 프로이센Preußen은 이 점에 있어선 170센티미터가 넘는 남성들에게 아주 위험한 여행지다. 영국의 왕립 해군도 17세기부터 19기 초까지는 강제로 징집하기 때문에 그리 안전하지 않다. 물론 주로 해안 지역에서 병사를 모집하기는 한다. 만약 당신이 바다 항해에 대해 아무것도 모르는 듯한 인상을 지니고 있다면 그나마 조금 더 안전할 것이다.

강제로 군대의 일원이 되면 가장 자주 하는 활동은 당연히 탈영이 된다. 무슨 뜻인가 하면 부대를 살짝 벗어나거나 사소한 행동만으로 당신은 탈영 혐의를 받을 수 있으며, 아예 탈영병으로 간주되어 군법에 따라 즉결로 총살될 수도 있다는 말이다. 전쟁 시기에는 신분증, 통행증, 서류 그리고 정체성 등에 걸쳐 여러 문제들이 배가된다.

이 모든 것에도 불구하고 전쟁의 현장을 얼핏이나마 반드시 보고 싶다면, 1813년 8월 24일 베를린에 머무르길 권한다. 바로 전날 이 도시 남쪽에 위치한 그로스베렌Großbeeren에서, 프랑스인과 작센Sachsen 출신으로 구성된 나폴레옹의 군대가 프로이센과 스웨덴 그리고 러시아 연합군과 전투를 벌이고는 패전한다. 포성은 베를린에서도 잘 들린다. 베를린의 은행가 요한 다비드 뮐러Johann David Müller가 남긴 일상 기록에 따르면, 전투 다음 날인 24일에 '호기심에 이끌려 나온 끝없는 인파'가 시내 중심의 할레셰스 토어Hallesches Tor에서 떼로 밀려나와 그로스베렌으로 향한다고 한다. 그곳에 가면 '시체, 포탄, 군사 장비 그리고 죽은 말들'이 널려 있는 모습을 볼 수 있다고 말이다. 뮐러는 장교들에게 '진한 커피와 설탕 그리고 럼주'를 나누어 주고, 대가로 전장의 생생한 이야기를 전해 듣는다. 오후가 되면 그로스베렌의 주택들에서 뜯겨 나간 울타리와 기둥 그리고 파편들이 산더미처럼 쌓이며, 베를린 사람들은 식사 준비를 위해 불을 피운다. '사방이 송장으로 둘러싸이는 오후 5시 무렵, 수천의 베를리너Berliner들은 태연히 점심 식사를 나눈다.' 당신에게는 별다른 일이 벌어지지 않을 것이다. 그러나 모두 약속이라도 한 듯, 이상하리만큼 냉소적인 분위기가 유지된다. 오늘날 전쟁 지역을 기꺼이 여행하지 못하는 사람이라면 과거에서도 그다지 즐기지 못할 것이다.

설령 당신이 여행을 목적으로 전쟁터를 적극 찾는 사람이 아니더라도, 전쟁이 맹위를 떨치거나 전쟁이 임박한 시기와 장소는 피하도록 하자. 무엇보다 전쟁으로 무너져 버리거나 더 이상 제대로 된 통치가 이루어지지 않는 나라들이 여기에 해당된다. 대신에 안정과 평화 그리고 공동의 번영을 추구하는 곳을 찾아보자. 그렇다고 전쟁으로 기록된 해를 전적으로 단념하라는 말은 아니다. 30년 전쟁은 30년 동안 지속되지 않으며, 오히려 이 전쟁은 전 유럽에 휘몰아치는 세속적이고 불쾌한 기상 현상에 가깝다. 그럼에도 안정적인 지역과 시기를 찾기는 꽤나 어렵다. 반면 인간들은 의심으로 가득하고 여유가 없으며 기반 시설이 망가진 곳은 널려 있다. 그러니 이 유명한 전쟁으로부터 완전히 멀리 떨어지는 편이 훨씬 안락하다고 할 수 있다. 전쟁이 아니더라도 과거로 떠나는 여행은 어디든 늘 충분한 위험이 도사리고 있다.

12장

정착을 고려하는 사람들을 위한 조언

마이클 크라이튼Michael Crichton의 소설 《타임라인Timeline》에서 역사학자인 안드레 마렉André Marek은 중세 프랑스로 시간 여행을 떠났다가, 다른 동료들과 달리 현재로 돌아오지 않기로 결심한다. 타임머신의 존재도 모르던 시절부터 그는 평생 동안 이런 상황을 대비한다. 그는 중세 영어, 고대 프랑스어, 라틴어 그리고 옥시탄어Occitan를 구사하며 중세 시대의 의복과 관습을 비롯한 거의 모든 것을 안다. 또한 그는 궁술, 칼싸움 그리고 마상창 등을 오랫동안 훈련하여 상당한 기술을 갖춘다. 안드레 마렉 같은 사람은 시간 여행 소설 밖에서도 극히 드물다.

대부분의 사람들에게 과거는 이국적인 휴가지 이상은 아니다. 현재의 어딘가로 휴가를 떠나 '여기 참 아름답다' 말하더라도, 여행 온 지역과 시대에 영원히 머물고 싶은 바람이 담겨 있지는 않은 것처럼 말이다. 과거에 대한 환상이 깨진 지는 제법 오래되었으나 그럼에도 현재의 세상에 대한 불평불만은 여전히 놀랍도록 많다. 자연은 더 이상 예전처럼 아름답지 않고, 모든 것이 건강에 해롭고 위험한 물질들로 이루어져 있으며, 정치는 유치원과 다름없고, 부자는 너무 부유하며 빈자는 너무나 가난하다. 세상은 극도로 복잡하고, 젊은이들은 특이한 취향을 즐기며, 모든 것은 심히 빠르게 변한다는 것이다. 어쩌면 예전에는 모든 게 지금보다 더 낫지 않았을 수 있다. 그럼에도 옛날에는 적어도 사람들끼리 더 많은 대화를 나누고, 더욱 많이 움직이며, 무언가를 잘 믿었을 것이다. 건축물들은 눈 안에 편안히 들어오고, 탄소 발자국Carbon footprint(인간의 활동 과정에서 발생하는 온실 기체의 총량)은 모범적으로 낮은 수준일 것이다.

전 세계 모든 인간의 3분의 1 이상이, 오늘날보다 50년 전이 더 나았다고 확신한다. 이는 퓨 리서치 센터Pew Research Center가 2017년에 실시한 대표적인 여론 조사 중 하나의 결과다. 물론 1960년대를 향한 이 같은 열광은 응답자가 어디에 사느냐에 따라 크게 좌우된다. 중앙아메리카와 남아메리카 그리고 아프리카에서 가장 높게 나오며, 과거를 향한 동경이 제일 적은 지역은 동아시아와 유럽이다. 본인이 속한 나라의 경제 상황이 좋을수록 과거보다 현재를 선호하는 사람들의 비율이 높아진다.

여론 조사 결과를 자세히 들여다보면 이런 동경이 주로 오랜 과거가 아니라 젊은 시절을 향한다는 걸 금방 알아챌 수 있다. 응답자의 단 몇 퍼센트만 1900년대 또는 심지어 1700년대의 사람들이 현재보다 더욱 잘 살았을 거라 생각한다. 과거로 가서 정착할 생각을 품고 있다면, 그 전에 당신이 과거에서 구체적으로 무엇을 돌려받고 싶은지 스스로에게 물어야 한다. 다들 알다시피 시간 여행을 통해 고유의 젊음이 다시 돌아오지는 않는다. (보다 많은 이야기는 14장 '시간 여행에 관한 아홉 가지 신화'에 담겨 있다.)

과거로 돌아가고 싶다고 응답한 사람들을 합하면 상당히 많으나, 이들 중 대다수는 본인의 경험과 직관을 통해 잘 아는 과거를 그리워한다. 그러면서도 실제 과거로 이주하여 정착하길 원하는 이들은 소수에 불과하다. 어쩌면 과거에 대한 찬양은 진정한 확신이라기보다 일종의 사회적 의례일지 모른다. 그리고 어쩌면 대부분은 이사를 현실적인 관점으로 보며 지레 겁을 먹고 물러설 수도 있다. 공간 이주와 달리, 현재의 모든 친구 및 친척들이 완전히 사라진 다른 시간으로의 이주는 마치 죽은 것과 같을 테니 말이다.

그럼에도 소수의 사람들은 과거로 옮겨가 정착하는 일에 진심으로 관심이 있으며, 동시에 구체적이고 실질적인 정보를 얻고 싶어 한다. 만약 당신이 이들 소수에 속한다면 이번 장은 당신을 위한 장이기도 하다.

다른 공간으로 이주를 한다면 그 전에 당신은 장단점을 따져 볼 것이다. 이를테면 뉴질랜드에서 양치기 목동으로서의 삶이 가진 장점이 단점을 넘어서는지 여부를 명백히 파악하려 들 것이다. 다른 시간으로 옮겨가는 이주 또한 크게 다르지 않다. 다만 가능성의 영역이 조금 더 광범위하여 조사에 들어가는 에너지 소모도 그만큼 크다. 단점이 없는 완벽한 과거는 존재하지 않는다. 현재가 주는 즐거움과 만족을 모두 누릴 수는 없다. 대신 과거만의 특전이 따로 있다. 과거로 이주할 마음이 있는 사람들은 본인이 무엇을 포기할 준비가 되어 있는지 신중히 생각해 보아야 한다.

내려놓을 수 있는 부분은 사람마다 각기 다르다. 만일 당신이 핵무기의 위협 없이 평화로운 인생을 보내고 싶다면, 이에 따라 항생제도 없는 시기를 감수해야 할지 모른다. (페니실린Penicillin보다 앞서 등장하는 술폰아미드Sulfonamide도 계산에 넣도록 하자. 그러면 핵무기가 없으면서 항생제는 있는, 약 15년이라는 짧은 시간이 나온다. 영구적으로 체류하기에는 충분하지 않다.) 몇몇 식료품은 과거에 맛이 더 좋지만, 대신 당신은 그 외에 다른 식품은 영원히 포기해야 한다.

현 기술 수준에서 과거로 옮겨가는 영구 이주는 위급 상황에서는 현재의 병원으로 찾아갈 수 없다는 뜻이다. 따라서 미래도 생각해야 한다. 즉 당신이 머무는 과거에서 맞이할 미래 말이다. 치의학의 존재 여부나 치과 진료 시 마취가 당신에게 대체로 얼마나 중요한지 생각해 보자. 과거로의 이주가 지닌 장점은 얼마나 큰가? 상대적으로 평범한 문제로 출산 과정에서 생명이 위독한 지경에 이르더라도, 이를 감수할 만큼 장점이 크다고 할 수 있는가?

오늘날에도 아프리카의 일부 지역에서는 여성 여섯 가운데 한 명이 산욕기에 숨을 거둔다. 과거 대부분의 시기에 이와 비슷한 비율을 보이니, 이 또한 염두에 두어야 한다. 산고로 누워 있는데 누군가 제왕 절개를 제안하는 소리가 들린다면, 일단 당신의 아이라도 구하겠다는 의미다. 이는 1500년대 이전의 모든 시대 및 지역에 해당된다. 정작 당신은 수술에서 살아남지 못한다. 19세기 말엽에 가도 당신이 제왕 절개로 살아남을 가능성은 20퍼센트밖에 되지 않는다. 효과적인 피임약이 부족한 실정에서 이런 위험 부담을 오늘날보다 훨씬 자주 떠안아야 할지도 모른다는 사실을 반드시 고려하자.

아마도 당신의 자녀들은 알레르기에 시달리지 않을 것이다. 아니면 적어도 현재보다는 알레르기로 고생할 가능성이 낮다. 1970년대부터 알레르기가 맹렬히 증가하는 이유에 대해선 당시만 해도 논쟁의 여지가 있었다. 하나의 가설에 따르면 그 원인은 위생적인 생활 환경으로 거슬러 올라간다. 즉 높아진 위생 수준으로 아이들의 면역 체계가 감염에 강하게 저항하지 못하면서 알레르기 질환이 급증한다는 것이다. 만약 이 어리석은 생각이 옳다면 당신의 아이는 알레르기에 시달릴 위험은 낮은 대신 다른 전염병에 걸리는 대가를 치러야 한다. 그리고 이는 항생제가 없는 시대에선 문제가 된다. 언젠가 이 가설이 잘못된 것이라 증명되더라도 기본적인 문제는 전혀 달라지지 않는다. 다시 말해 과거에 머무는 당신은 최소한 하나 또는 여러 명의 자녀가, 오늘날 비교적 쉽게 치료되는 전염병으로 죽어가는 모습을 보아야 할 것이다. 이러한 상황에서도 당신의 결정을 계속해서 믿고 고수할 자신이 있는가? 당신은 남은 자녀들이 어떤 직업에 종사하기를 바라는가? 당신의 새로운 주거지는 딸아이에게도 교육의 기회가 주어지는가? 혹여 당신에게 육아나 교육이 그리 중요한 주제가 아니라면 다른 문제가 기다리고 있다. 새 주거지에서 당신이 예상하는 노후 건강 관리와 의료 서비스는 만족할 만한 수준인가?

건강 문제 외에 당신이 과거에서 최소한의 법적 안정성을 기대할 수 있는지 궁금하다면 역시나 이주하기 전에 꼼꼼히 따져 보아야 한다. 이주자로서 해당 지역에 혈연관계로 맺어진 집단이 없다면 다른 사람들보다 법적인 보호에 더 크게 의존하게 된다. 이는 일터를 비롯해 타인과의 관계 그리고 특히나 중요한 가족 내 갈등에 이르기까지, 실질적인 모든 생활 영역에 해당된다. 많은 시대 및 지역에서 구타가 흔히 행해지며 남성이 여성을, 부모가 자녀를, 교사가 학생을 때리는 일은 비일비재하다. 그리고 이들 모두는 완전히 합법이다. 부디 경솔하게 이런 말을 하지는 말자. '그건 나와 아무 상관없는 일이야. 어차피 나는 아주 자상하고 다정한 내 배우자와 함께 과거로 갈 거니까.' 성적·물리적 폭력 관계는, 그런 일은 다른 사람들에게만 일어날 거라는 믿음에서부터 종종 시작된다. 또한 폭력을 당하더라도, 과거 대다수의 시대에서 당신이 나라로부터 받을 수 있는 도움은 현재보다 훨씬 적다. 어느 날 문득 그저 평화롭게 혼사를 의논하고 싶은 경우에도 시기와 거주지를 세심히 물색해야 한다.

여성으로서 당신이 재산을 소유하고 상속할 수 있는지, 사업체를 운영할 수 있는지, 아니면 원칙적으로 남성의 대리가 필요한지, 그리고 증인으로서 여성인 당신의 진술이 법정에서 유효한지 등을 늦기 전에 제때 알아보자. 여기에서 말하는 제때란 이주하기전, 문제가 생기기 전을 뜻한다. 형법을 한번 들여다보는 것도 도움이 된다. 여러 시대 및 지역에서 특히 간통죄와 관련된 위법 행위는 남성보다 여성에게 엄중한 처벌이 내려진다. 이를 달리 해석하면 성폭력의 경우 당신은 최소한 공범으로 간주될 것이다. 그나마 모든 책임을 당신에게 지우지 않는다면 말이다.

그러므로 고대 그리스, 로마 제국의 특히 초기, 비잔티움 제국, 소비에트Soviet 연방이 시작되기 전까지의 러시아(그 이후의 러시아 역시 다른 이유에서 권하지 않는다), 중국, 일본, 인도 그리고 모든 그리스도교 유럽은 피하도록 하자. 고대 이집트, 수메르Sumer, 아카드Akkad는 경우에 따라 여성인 당신도 그럭저럭 견딜 만할지 모른다. 여성 통치자와 여신의 존재를 익히 아는 문명에서는 상황이 더 유리할 수도 있다. 물론 너무 기대하지는 말자. 7세기에서 19세기까지는 여성으로서 이슬람 국가에 정착해도 괜찮다. 그리스도교가 소개되기 전의 북유럽도 하나의 선택지가 될 수 있다. (5장 '중세, 씻지 않는 사람들을 위한 낙원'을 참고하자.) 5000년 넘게 떨어진 과거도 이 점에 있어선 긍정적이다. 농사를 짓고 가축을 기르는 사회에서 도시의 삶으로 옮겨갈수록, 여성들의 기회와 가능성은 점점 내리막길을 치닫는 듯 보인다. 이러한 변천 과정은 아주 오랜 과거사에 속하므로 관련 사료가 극히 드물다. 본격적으로 이주하기 전에 미리 둘러볼 겸, 시간 여행을 두루 다니며 이와 관련된 구체적인 자료들을 당신이 직접 찾아내길 바란다.

만약 당신이 완전히 닫혀 있지 않으며 전적인 이성애자가 아니라면, 아브라함Abraham 계통의 종교(그리스도교, 이슬람교, 유대교)가 우세한 지역 및 시대에는 정주하지 않는 편이 낫다. 이 경고를 부디 진지하게 받아들이자. 특히나 이들 종교는 남성과 성관계를 맺는 남성에게 때때로 사형을 내린다. 이 외에 다른 문화들은 오늘날 성 역할과 성 정체성 그리고 성적 지향에서 선택지 부족으로 불만족스러운 모든 이들에게 보다 나은 선택권을 제공한다. 유럽 이외의 많은 지역에는(유럽에 정복되기 전 북아메리카의 상당 부분도 여기에 포함된다) 적어도 제3의 성 역할이 존재한다. 때에 따라 차이가 있으나 이 역할은 대체로 매력적인 형상으로 그려지고 받아들여진다. 이 점과 관련하여 어느 문화가 어떤 자유를 제공하고 또 그렇지 않은지는, 최근의 시대 및 지역의 경우 상당수가 기록으로 잘 정리되어 있다. 그러나 인류의 전 역사에 비하면 지극히 일부에 지나지 않는다. 대부분은 오직 현장에서만 경험하고 알아낼 수 있다.

과거로 이주를 원하는 많은 이들에게 오염이 덜 된 환경과 그로 인한 건강한 삶은 손에 꼽힐 만큼 중요하다. 바라는 조건에 들어맞는 엄선된 과거에는 기지국도 전기도 핵무기도 또는 원자력 발전소도 없어야 한다. 그리고 가소제 덕분에 유연해진 플라스틱이 일상과 식품 속으로 파고 들어서도 안 된다. 더불어 여러 독성 화학 약품이 아직 발견되지 않은 시기여야 한다.

만일 당신에게 깨끗한 환경이 매우 중요하다면 인간이 정착생활을 하기 전의 시대를 선택하거나, 인간이 살지 않는 지대에 자리잡기를 권한다. 모든 시대에 걸쳐 깨끗한 식수는 기껏해야 당신 소유의 땅에 샘물이나 우물이 있을 경우에만 간신히 보장받을 수 있다. 그곳 또한 광산, 염색 공장, 제혁소 등의 잔류물 걱정이 없는 물이어야 한다. 여기에 더해 인간이나 동물의 배설물에서 나온 병원균을 함유하고 있을지도 모른다. 중세 시대부터 유럽의 하천들은 산업 폐수로 오염되기 시작한다. 19세기 유럽의 대도시는 식수 상태가 최악이다. 20세기 후반에 들어서야 점진적으로 폐수 처리장을 설치하면서 차츰 상태가 나아진다. 지역 주민들의 정보를 너무 믿지는 말자. 19세기 초입까지는 전문가들조차 냄새와 맛이 나는 물을 식수로 마셔도 된다고 주저 없이 믿기 때문이다.

대기질은 석탄을 태워 난방을 하는 지역에서부터 더러운 바람이 불기 시작하며, 무엇보다 18세기 이후부터 급격히 나빠진다. 이 시기의 유럽에 정착하고 싶다면 도시의 서쪽 변두리에 위치한 주거지는 주의하자. 외부의 대기 오염보다 내부의 공기 오염이 훨씬 심각한 가정도 많다. 즉 난방과 조리를 모닥불 하나로 해결하고 지붕에 구멍 하나만 있는 집들이 여기에 해당된다. 이런 구조는 12세기에 이르기까지 북유럽 전역에 널리 퍼져 있으며, 이후 하나둘씩 아주 천천히 사라진다. 아프리카와 인도의 시골 지역에는 오늘날에도 이런 조리용 모닥불이 여전히 존재한다. 연기를 지속적으로 들이마시면 만성 호흡기 질환과 안구 감염에 이를 수 있으며 기대 수명은 짧아진다. 벽난로가 들어온 다음에도 유럽의 주거 공간은 오랜 기간 충분한 난방이 이루어지지 않는다. 이런 이유에서 동절기로 떠나는 여행은 권하지 않는 편이다. 하지만 여행객이 아닌 이주 예정자인 당신은 과거의 난방 문제를 감수하고 적응하는 길 외에는 다른 방법이 없다.

12세기부터 벽난로를 벽에 붙박이로 설치하기 시작하지만, 안타깝게도 이 구조는 공간의 난방에 큰 몫을 하지 못한다. 벽돌로 된 수직의 커다란 굴뚝은 집안 난방에 도움을 주기는 하나, 불 앞에 가까이 있는 공간만 따뜻하고 그 외에는 얼음장처럼 춥다. 앞쪽은 땀이 나고 등쪽은 추워서 시릴 정도다. 여기에서 부와 재력은 별로 소용이 없다. 루이 14세의 제수인 리젤로테 폰 데어 팔츠Liselotte von der Pfalz가 1695년 2월 3일 베르사유 궁전에서 보낸 어느 편지에 의하면, 왕실의 식탁에 오른 물과 와인도 잔에 담긴 채 얼어붙는다고 한다.

18세기 초반이 되면 마침내 유럽에도 보다 나은 구조의 벽난로가 설치된다. 벽난로를 마련할 여력이 없는 빈곤한 사람들은, 18세기 초입까지도 파리에선 타다 만 석탄을 화로에 쌓아 집안을 따뜻하게 데운다. 이런 방식의 난방은 일산화탄소 중독으로 이어질 만큼 위험하다. 시대와 계절에 상관없이 언제든 따뜻하길 원한다면 한국에 정착하는 걸 고려해 보자. 이 나라에는 '온돌'이라는 바닥 난방이 대략 7000년 동안 자리한다. 고대 로마에서도 이와 유사한 바닥 난방을 도입하기는 하나 주로 공중목욕탕에 설치된다. 중국 북부의 경우 침상 구역을 따로 데우는 '캉炕'이라는 난방 시설이 9000여 년 동안 이어진다. 처음에는 잠자리 쪽에 따로 불을 피워 따뜻하게 하다가, 나중에는 방향을 뒤집어서 약 2000년 전부터는 침상 밑에 공간을 만들어 난방을 한다.

아니면 당신 손으로 문제를 직접 해결해 보자. 난로나 벽난로 제작은 로켓 과학처럼 복잡하지 않기 때문에 얼마든지 가능하다. 그러니 이주하기 전에 기본 지식을 습득해 두자. 하지만 당신이 지은 난로가 이점이 많다 해서 새로운 이웃을 금방 설득할 거라는 환상을 품지는 말자. 빈곤한 가정의 실내 공간에서 모닥불이나 화로를 몰아내는 프로젝트는 오늘날에도 종종 실패로 돌아가곤 한다.

여러 단점에도 불구하고 오래된 난방 방식이 정감 있는 전통으로 그려지는 데다, 새로운 난로를 마련하는 비용이 너무 비싸거나 기존의 난방보다 관리 및 정비에 손이 더 많이 가기 때문이다.

　과거의 음식은 많은 사람들이 보통 생각하듯 유해 물질로부터 그리 자유롭지는 않다. 유황은 고대 메소포타미아 때부터 벌레를 막는 용도로 들어가며, 15세기부터는 비소와 수은 그리고 납이 추가된다. 산업 시설로 인한 대기 오염은 식량 재배에 악영향을 미치며 오늘날보다 심각한 경우도 곳곳에 있다. 사람이나 동물의 배설물로 거름을 주는 논밭이 도처에 있으며, 이런 땅에서 자란 식품은 기생충에 감염되거나 아니면 적어도 배탈이 날 가능성이 상당히 높다. 과거의 음식에 들어 있는 화학 비료, 제초제, 살균제 그리고 농약 성분은 아무리 다 합해도 오늘날보다 적다. 그렇다고 자연히 더 건강한 음식이라는 뜻은 아니다. 안타깝게도 과거에는 식료품이 부족한 시기가 적지 않으며, 그로 인해 다들 눈에 보이는 곰팡이만 잘라 내고 먹는 경향이 있다. 도려낸다 해도 식품의 나머지 부분에는 삶거나 구워도 파괴되지 않는 발암 물질인 곰팡이 독소가 함유되어 있다. 이를 섭취하면 간암 및 담낭암에 걸릴 위험이 높아진다. 현재와 마찬가지로 무엇보다 식품을 잘못 보관해서 생긴 곰팡이는 섭취 시 건강을 크게 위협한다. 되도록 갓 수확한 신선한 것들로 영양을 보충하려 노력한다면 당신은 이 문제에 별로 해당되지 않을 것이다. 하지만 겨울이 유독 긴 지역에서는 선택의 여지가 없다.

땅콩 알레르기로 고생하는 사람이라면 과거에서는 식료품 포장지에 적힌 깨알만 한 글씨에 그리 신경을 쓰지 않아도 된다. 식품 포장도 작디작은 문구도 없기 때문만은 아니다. 과거의 많은 시대 및 지역에는 아직 땅콩 자체가 없다. 이에 반해 남아메리카에서는 주의를 기울여야 한다. 그곳에선 대략 8000년 동안 땅콩을 두루 섭취한다. 15세기부터 땅콩은 노예 무역과 식민지 무역의 흐름을 타고 아프리카와 아시아 땅에 도달한다. 유럽과 북아메리카에서도 음식에서 소량의 땅콩이 발견될 위험이 있기는 하나, 1930년대 이전까지는 미미한 수준이다.

어쩌면 당신은 그다지 멀지 않은 과거로 떠나 그저 몇 해만 머물다가, 그곳에서 확실한 주식을 사서 다시 현재로 돌아와 원래대로 삶을 이어가되 한층 부유하게 살아가기를 원할지도 모르겠다. 그중에서도 인기 있는 아이디어는 2010년으로 되돌아가, 비트코인Bitcoin 억만장자가 되는 것이다. 디지털 화폐인 비트코인은 2009년에 처음 만들어진다. 초창기 비트코인은 코인 당 몇 센트에 거래되며, 약간의 노력을 들여 직접 생산할 수도 있다. 불과 몇 년 사이에 비트코인의 가치는 엄청나게 상승하면서 최고의 투자 대상이 된다. 여기에 더해 2010년은 적응하느라 오랜 시간을 들일 일이 딱히 없다. 항생제, 마취, 인터넷 그리고 심지어 스마트폰에 이르기까지 거의 모든 것이 다 있다. 물론 당분간은 마인크래프트

Minecraft와 포켓몬 고Pokémon Go 없이 살아야 하며, 전기 자동차와 휴대전화 요금제는 아직 많이 비싸다. 넷플릭스Netflix는 미국에만 있고 타임머신은 아직 어디에도 없다. 그러나 이들 모두는 결코 오래 걸리지 않으며 그저 조금만 기다리면 된다.

그리고 당신은 기다려야만 한다. 비트코인으로 억만장자가 되는 계획은 당신이 코인을 획득한 바로 그 과거의 시간에 영원히 머물러야 제대로 작동하기 때문이다. 수십만 비트코인 가격으로 새 바지 하나를 사서 다시 돌아오는 식의 짧은 여행으로는 뜻을 이룰 수 없다. 암호 화폐는 실로 가벼우며 전송도 쉽고 편하다. 필요하다면 심지어 머릿속에 옮겨 넣을 수도 있다. 그럼에도 불구하고 시간 여행에 적합한 지불 수단은 아니다. 비트코인 거래는 블록 단위의 데이터를 체인처럼 연결하여 저장하는, 블록체인Blockchain 방식으로 이루어진다. 쉽게 말해 모든 거래가 빈틈없이 연결되어 기록되며, 블록체인은 일종의 끝없는 거래 전표라 보면 된다. 우리가 살고 있는 현재의 블록체인은 당신이 다른 과거에서 구매한 거래 내역에 대해 전혀 모른다. 당신의 구매 기록이 담긴 블록은 우리의 현재에 존재하지 않으며 나중에 추가로 끼워 넣을 수도 없다. 각각의 대체 과거는 (만약 있다면) 하나의 대체 블록체인을 지닌다. 그러므로 이 과정에서 생산된 화폐는 미래에선 무효가 된다. 당연히 거꾸로도 마찬가지다. 이러한 실상은 많은 시간 여행자들에게 번번이 실망을 안긴다. 본인이 과거에 가서 저렴하게 획득한 비트코인이 현재에선 무가치하다는 사실이 입증되는 순간 아쉬움을 감추기는 어렵다.

이론적으로는 2013년 여름 웨일스Wales의 뉴포트Newport로 떠나, 제임스 하웰스James Howells의 사무실 앞에서 그가 낡은 하드디스크Hard disk를 쓰레기장에 버릴 때까지 어슬렁거리는 것도 하나의 방법일 수 있다. 그가 버린 하드디스크에는 7500비트코인이 들어 있다. 이 책이 출간되는 시점까지도 그의 하드디스크는 근처 쓰레기 집하장 어딘가에 묻혀 있다. 당신이 평행 과거에서 직접 생산하거나 획득하는 비트코인과 달리, 이 하드디스크 안의 비트코인은 우리가 살고 있는 현재의 블록체인에 기록되어 있다. 하지만 이런 생각은 이미 많은 사람들이 떠올렸을 테고, 이 화폐는 현재 단 한 번만 발행될 수 있다. 하웰스의 비트코인은 마치 보물 지도와 같다. 보물이 있는 곳의 주소를 지니고 있더라도, 이 보물은 누가 발굴하기 전까지만 그곳에 머문다. 그 다음에 이 주소지를 찾아간 모두는 텅 빈 구멍 하나만 발견하게 된다.

비트코인이나 주식 또는 다른 약빠른 아이디어를 통해 부유해지기 위한 이주를 계획하고 있다면, 그 전에 부디 한 번만 더 신중하고 철저하게 고민하기를 바란다. 오직 시간 여행의 모든 이론적인 문제들을 차치하더라도, 이런 식으로 부를 쌓으려면 일단 당신은 신원과 은행 계좌가 필요하다. 그리고 과거로 옮겨간 초반 당신에게는 이들 둘이 없다. 다시 말해 당신은 신분 증명 같은 서류가

방구석 시간 여행자를 위한 종횡무진 역사 가이드

없는 이주민이다. 이로 인한 모든 불이익은 스스로 감당해야 한다. 뿐만 아니라 바로 그 과거에는 당신 자신이 이미 태어나 있으므로, 그곳에서 당신은 영원히 이중으로 존재하게 된다. 당신 자신이기도 한, 이 다른 인간은 당신의 시간 여행에 대해 전혀 모른다. 왜냐하면 당신보다 몇 년 정도 어리기 때문이다. 이 부분 또한 고려해 두자. 가급적 그와 거리를 두어, 혼란을 주거나 신원 도용으로 고발되는 사태를 미연에 방지하자. 가족과 친구들을 당황스럽게 만들지 않으려면 당신이 알고 지내는 그 누구와도 절대 다시 접촉하지 말자.

시간 여행을 하다가 실수로 되돌아오지 못하여 영원히 거기에 머물게 되는 특별한 경우도 있다. 이는 네팔 트레킹이나 세계 일주 항해를 떠났다가 다시 돌아오지 않고 흔적도 없이 사라지는 사람들과 같은 경우라 보면 된다. 이 정도 위험 부담은 시간 여행을 떠나려는 이들의 발걸음을 크게 막아서지는 못한다. 인간은 적응의 동물이라 모든 것에 차츰 익숙해진다고 행복학자들은 말한다. 그리고 뜻밖의 사고나 의도치 않은 이주로 이전과 완전히 다른 삶을 꾸리게 된 사람들 또한 같은 말을 한다. 그래도 걱정이 된다면 만일의 경우 여생을 보내야 할지도 모른다고 생각하면서 여행지를 택하도록 하자. 영구 체류는 상상조차 하기 힘든 시대와 지역은 애초에 고르지 않는 것이 최선이다.

13장

처음이자 마지막으로 보는 빅뱅

우주 관광은 점점 비용 부담은 낮아지고 인기는 날로 높아지고 있다. 타임머신에 우주 정거장이 생기거나 아니면 우주 정거장에 타임머신이 세워지거나, 누군가 이 단초 하나만 풀어내면 우주로의 시간 여행도 시간문제. 지구로 떠나는 시간 여행에는 당연히 한계가 있다. 3억 년 이상의 과거로는 떠나기가 어렵다. 그 이전에는 숨을 쉴 충분한 산소가 없기 때문이다. 뿐만 아니라 앞선 여러 장들에서 명백히 드러나듯이 오래전의 지구는 변화무쌍한 기후 조건, 알려지지 않은 질병들, 미지의 동물들, 화산 폭발 그리고 운석 충돌 같은 문제가 있기 때문에 멀리 떨어진 과거에 머물면 이 모든 요소들이 여행자들을 힘들게 한다. 반면 우주로의 여행은 다르다. 에어컨이 완비된 우주 정거장에서 안정적인 분위기와 잔잔한 경

음악을 즐기며, 어떤 요소의 방해도 받지 않고 그저 위에서 편안히 내려다보면 된다.

지구로 떨어지는 커다란 바위 덩어리는 우주 관광객들에겐 땅 위에서보다 훨씬 작은 문제에 속한다. 예컨대 칙술루브 소행성과 비슷한, 지름 10킬로미터 크기의 운석 조각이 떨어진다고 생각해 보자. 이는 지구에 치명타를 가하기 충분하다. (부디 10장 '크고 작은 천재지변의 순간들'을 다시 읽어 보자.) 반면 운석 조각이 지구 궤도에 있는 우주 정거장과 대기 밖에서 부딪힐 가능성은 매우 낮다. 우주 정거장은 행성 하나에 비해 아주 작은 목표물이다. 대형 충돌의 경우 운석이 다시 우주로 내동댕이쳐지곤 하지만, 대개 다량의 조각으로 흩어지며 그리 어마어마한 크기는 아니다. 게다가 이런 사건들은 지극히 드물다. 인간이 만든 고철 덩어리가 우주에 떠돌기 시작한 건 지난 수십 년 사이의 일이므로, 그 전으로 가면 당신은 고요한 우주를 만끽할 수 있다.

우주 관광객들에게 닥칠 중요한 도전 과제는 전혀 다른 곳에 있다. 즉 지루함을 넘어서야 한다. 우주 여행에 대해 이미 잘 아는 사람은 우주로 가는 시간 여행에 크게 열광하지 않을 것이다. 그리고 우주 여행을 잘 모르는 사람은, 만약 처음으로 우주 공간에 머문다면 지루하든 말든 극도의 흥분을 느낄 것이다. 이런 경우에는 딱히 타임머신이 필요 없다. 저 위에서 지구를 바라본 우주 비행사들은 지구가 마치 살아 있는 존재처럼 보인다고 입을 모아 말한다.

213

무섭도록 빠르게 형성되고 움직이는 구름, 대양의 식물성 플랑크톤이 만들어 내는 청록색 소용돌이, 검은 배경에서 밝게 빛나는 태양, 윙윙거리며 지나가는 유성들, 유령처럼 북극과 남극 주위를 감도는 아름다운 오로라. 당신은 이들 모두를 현재에도 볼 수 있다. 광경이 하루하루 크게 달라지지는 않는다. 지구를 몇 바퀴 돌고 나면 모두 다 보게 된다. 무중력 상태가 계속되면 신경이 쉽게 곤두설 수 있다. 그럼에도 불구하고 우주의 과거를 향해 여행하기로 결정 내린 상황이라면, 다음에 이어지는 유용한 조언을 참고하여 지루함에 죽지 않도록 준비를 단단히 하자.

지구 위 항상 똑같은 자리에 세워져 있는 인공위성에서 휴가를 보내지는 말자. 이와 같은 소위 정지 궤도 위성은 지표 위 3만 5000킬로미터 상공에서 자기 궤도를 돈다. 이 정도 고도에서는 특별히 볼 만한 것이 별로 없다. 지구와 보다 가까운 거리를 유지하며 하루에 여러 차례 지구 둘레를 도는 위성에서의 여행은 확실히 더욱 흥미진진하다. 이를테면 유명한 역사적 정거장인 'ISS'(국제 우주 정거장)처럼 말이다. 여기에서 당신은 수 킬로미터 크기의 구조물과 빛을 발하는 지구의 모습을 망원경 없이 볼 수 있다. 오늘날의 상공에선 도시, 아우토반, 댐, 다리, 산업 지대 같은 인간 문명의 흔적을 피할 수 없다. 구름은 지구 위를 유유히 떠가며, 지구별의 밤 쪽은 흡사 크리스마스 무렵 번화가 거리처럼 반짝인다.

당신이 우주에서 반드시 구경해야 하는 역사적인 사건은 손에 꼽을 정도다. 특별히 추천하는 여행지는 1961년 10월 30일 오전, 북극해에 있는 러시아 군도 노바야제믈랴Novaya Zemlya의 상공이다. 바로 여기에서 전 시대를 통틀어 인류가 만든 가장 강력한 핵폭탄인 '차르 봄바Tsar Bomba' 실험이 이루어진다. 이는 굉장한 장관이면서 아무런 위험도 없다. 적어도 1000킬로미터 정도 떨어진 대기 밖에 머문다면 말이다. 차르 봄바 불덩이의 크기는 대략 10킬로미터이며, 버섯구름은 지름이 무려 100킬로미터에 달한다. 우주에서 이 장관을 간과하고 지나가기는 쉽지 않을 것이다.

1908년 6월 30일에는 시베리아 하늘 위에서 커다란 천체가 폭발하는데, 이른바 통구스카Tunguska 사건이 벌어진다. 인구 밀도가 낮은 지역이라 오직 소수의 사람들만이 폭발의 엄청난 위력을 감지하지만, 폭발 당시 방출되는 에너지는 차르 봄바와 비슷하거나 약간 적은 수준이다. 이 경우는 '폭탄'이 우주 공간에서 날아오기 때문에 특히 주의해야 한다. 당신이 여행을 떠나는 시점까지도, 운석의 비행경로가 이 책이 발행될 무렵보다 더욱 정확히 밝혀지지 않는다면 예방 차원에서 조금 더 기다리도록 하자.

500년 전으로만 가도 지구별의 표면은 지금과 전연 다르게 보일 것이다. 다시 말해 더욱 단조롭고 지루하다는 뜻이다. 지구 위로는 널리 구름이 흐른다. 인류의 흔적을 확인하려면 아주 자세히 들여다보아야 한다. 기자Giza의 대피라미드는 육안으로 식별이 가능하나, 무엇보다 태양이 사막 위로 또렷한 그림자를 드리울 때 잘 보인다. 라틴 아메리카의 작은 피라미드들은 어려울지 모른다. 유럽에서는 가령 런던의 세인트 폴Saint Paul 대성당이나 스트라스부르Strasbourg 대성당을 비롯한 몇몇 교회 건물들을 볼 수 있다. 여기에서도 그림자에 유의하기를 바란다. 교회 탑보다 그림자가 훨씬 길 수 있으니, 부감으로 보듯이 건물 바로 위쪽으로 가야 더욱 확실하게 알아볼 수 있다. 중국의 만리장성은 폭이 너무 좁아서 거의 보이지 않는다. 이스탄불Istanbul의 아야 소피아Aya Sofia는 작디작아 눈에 띄지 않는다. 밤에는 들불이나 산불을 제외하고는 아무것도 보이지 않을 것이다. 화산 분출이나 북극의 오로라 또는 별똥별처럼, 자연계의 대형 행사들 외에는 아무 일도 일어나지 않는다. 수백만 년이 넘도록 전적으로 아무런 일도 없다. 지구 위로 구름만 떠간다. 말하자면 비싸면서 따분하기 짝이 없는 휴가라고 할 수 있다. 그럼에도 원한다면 이 지루한 여행을 위해 본인 주머니를 털어야 한다.

아예 느긋하게 오랜 과거로 천천히 떠나기로 마음먹으면, 최소한 지구의 조금 다른 모습은 누차 감상할 수 있다. 1000만 년 전으로 가면 광활한 땅덩어리가 서서히 옮겨지는 모습이 들어올 것이다. 1억 년 전 과거의 세계 지도는 우리가 오늘날 아는 것과 닮은 구석이 하나도 없다. 대륙 이동설을 주창한 알프레드 베게너Alfred Wegener에게 이 광경은 꽤나 중요한 의미가 될 것이다. (17장 '시간 여행에서 만나 봐야 할 사람들'을 읽어 보자.) 지루함을 떨치기 위한 소일거리로 어떤 땅 조각이 나중에 유럽이 되는지 혹은 오스트레일리아Australia가 되는지, 알아맞히기 놀이를 하며 시간을 보내도 좋다. 더 이상은 할 수 있는 일이 별로 없다. 여전히 지구 위를 흐르는 수많은 구름을 바라보는 일 정도가 전부다.

3억 8000만 년 전에는 지구상에 처음으로 숲 같은 것이 등장한다. 최초로 숲을 이루는 식물은 아르케오프테리스Archaeopteris로 양치류 같은 나무이거나 아니면 나무 같은 양치류라 할 수 있다. 어쨌든 나무처럼 크고 고사리 같은 잎을 가진, 초록이 무성한 고식물이다. 이전에 갈색 또는 회색이던 지구별의 수많은 반점들은 덕분에 초록빛으로 물든다. 계속해서 과거로 거슬러 올라가다 보면, 때때로 당신은 광범위하게 확장된 하얀 빙하에 지구가 뒤덮이는 빙기에 걸리곤 할 것이다. 아마도 7억 2000만 년 전에 시작되어 거의 1억 년 동안 지속되는 빙기가 가장 인상적일 것이다. 많은 학자들이 이 마리노아Marinoan 빙기 동안 전 지구가 완전히 얼어붙었을 거라 믿는다. 휴가 기간 내내 단조로운 푸른빛을 희미하게 내비치는 얼음 표면을 상공에서 멍하니 바라보는 일은, 어쩌면 누군가에게는 긴장이 풀어지는 휴식일 수 있으며 다른 누군가에게는 우울한 여행일 수 있다. 아직도 지구 위에는 구름이 떠다닌다.

7억 년은 우리 행성의 역사에서 여전히 일부에 불과하다. 혹시 잊었을지 몰라 다시 상기하자면, 지구의 나이는 약 45억 년이다. 그 가운데 대부분은 멀리서 보기엔 아무 일도 일어나지 않은 듯하며, 아니면 적어도 안전하고 평온해 보인다. 비교적 움직임이 있으며 위험하기까지 한 시기도 있다. 대략 40억 년 전에 시작되어 5000만 년 동안 이어지는 '후기 대폭격'은 모든 시대를 통틀어 규모가 가장 큰 유성우 기간이며, 일종의 별들의 자연적 전쟁이라 보면 된다. 소행성 및 혜성들이 귓전을 스치며 날아간다. 집채만 한, 도시만 한, 작은 나라만 한 바위 덩어리들이 지구와 달로 날아와 부딪힌다. 수천여 개의 커다란 구덩이가 생기며 상당수는 독일 땅덩어리만큼 크다. 달은 뜨겁게 달아오르며 숱한 먼지를 일으킨다. 물론 오늘날 우리는 모든 걸 아주 정확히 알지는 못한다. 어쩌면 우리의 예상과 전혀 다르게, 대충돌이 5억 년에 걸쳐 분산되어 일어났을지 모른다. 그러면 후기 대폭격도 다른 때와 마찬가지로 몹시 지루한 시기가 될 것이다.

그러나 지구 역사의 처음 1억 년은 실로 소란스럽다. 여기에 대해선 이론이 없다. 지금으로부터 45억~46억 년 전 지구는 마그마로 이루어진 작열하는 불덩어리이다. 상상 가능한 모든 크기의 돌덩어리들이 마그마 바다에서 소용돌이치며 지구를 둘러싼다. 지구 생성 초기 언제인가 달이 만들어진다. 지구보다 앞서 생성된, 화성 크기의 다른 천체와 지구가 충돌한 결과 그 파편으로 달이 형성된다. 이는 달의 기원에 관한 가장 유력한 가설로, 오늘날 대다수가 이 거대 충돌설을 믿는다. 재앙 같은 이 사건이 언제 발생하는지 정확히 안다면 실제 시간 여행을 할 때 미리 피할 수 있을 것이다. (아니면 최소한 우주 정거장을 사전에 몇 백만 킬로미터 멀리 떨어져 세워 둘 수 있다.) 하지만 안타깝게도 정확한 충돌 날짜는 알려진 바가 없다. 그래도 우리가 아는 한, 태양이 생성된 이후 처음 5000만 년 동안은 아니다. 그럼에도 경우에 따라 달의 형성에 대해 보다 많은 걸 경험할지도 모르니, 정말 원한다면 이를 감수하고 떠나야 한다.

태양계의 기원에 더욱 가까워지면 당신은 달 없이 여행을 꾸려 나가야 한다. 뿐만 아니라 옷을 따뜻하게 챙겨 입어야 한다. 오늘날 우리가 지구라고 부르는 행성은 원래 하나의 물질 덩어리다. 우주를 떠돌던 미행성과 성간 물질들이 부딪히다가 언젠가 덩어리를 형성하면서 원시 지구가 생겨난다. 초반 몇 백만 년 사이에는 이 어린 원시 지구 위로 무언가가 하염없이 쏟아져 내린다. 지구의 이 성장 과정은 시간 여행자에게 해당되는 두 가지 문제를 품고 있다. 하나는 계속해서 떨어지는 바윗덩이에 치이고 으스러져, 이와 함께 지구로 떨어질 수 있다. (너무 걱정하지는 말자. 머나먼 미래의 지질학자들이 작성한 연구 보고서에, 45억 년 전 초기 지구의 마그마에 녹아 죽은 불행한 여행객에 대한 기록은 찾아보기 힘들다.) 태양계 형성 초기 단계에는 우주 정거장에만 머물러야 한다는 사실을 재차 지적할 필요는 없으리라 본다. 아무리 모험심이 넘친다 해도 제발 자제하자. 그러다 결국 무슨 일이 날지 모른다.

두 번째 문제는 당신이 더욱더 먼 과거로 향할수록 지구가 점점 더 작아진다는 것이다. 언젠가 지구는 더 이상 거기에 없을 것이다. 대신 기체와 먼지로 이루어진 성운이 자리한다. 원반 모양의 성운은 태양 주변에까지 이른다. 원시 행성계 원반이라 불리는 이 성운은 아주 묽은 죽처럼, 1세제곱미터 당 0.001그램의 밀도를 지닌다. (비교하자면 상온에서 공기의 밀도는 1세제곱미터 당 약 1.2킬로그램이다.) 그럼에도 많은 것들이 담겨 있다. 원반의 한가운데에서는 태양이 더 이상 보이지 않는다. 우주 정거장이 이 원반 성운 안으로 들어간다면 아마 당신은 태양이 있는지 없는지조차 알아차리지 못할 것이다. 태양의 나이는 지구보다 불과 몇 백만 년 정도 많다. 그러므로 시간 여행을 하다가 시간을 조금이라도 잘못 추정하면 태양이 아예 없는 시대에 내려앉게 된다.

그러면 당신은 지루함의 절정에 도달하게 될 것이다. 45억 년보다 약간 더 과거로 떠나 버리면 캄캄한 우주 공간에 착륙하게 된다. 내려다볼 지구도 없고, 태양 전지를 통해 우주 정거장에 필요한 에너지를 공급할 태양도 없다. 고성능의 배터리가 없으면 계속해서 나아가지 못한다. 우주 정거장은 그저 우주의 어딘가, 우리은하의 중심부를 따라 아득히 먼 길을 떠돌게 된다. 보이는 것은 별 뿐이다. 대략적인 시간표를 말하자면, 태양계 형성 전 50억 년간의 우주는 시각적으로 언제나 똑같아 보인다. 만약 당신에게 마땅한 측정 도구가 있다면 별들의 화학 조성이 점진적으로 달라지는 걸 확인할 수도 있을 것이다. 시간이 과거로 더욱 흐를수록 별들이 발생시키는 산소와 탄소 그리고 질소는 점점 더 많아지며, 이들은 우주로 방출된다. 경우에 따라선 은하 안의 거대한 구조가 어떻게 변화하는지 파악할 수도 있다. 은하의 나선팔, 별들의 흐름, 그리고 성단과 성운 등의 변화를 말이다. 하지만 이를 알아보려면 집중해서 자세히 들여다보아야 한다. 이를 제외하면 특별한 사건이 없으므로 당신은 편안하게 책 한 권을 읽을 수도 있다. 그것도 처음부터 끝까지 고요하게. 물론 우주 정거장의 배터리가 여유로울 때의 이야기이고, 만일 다 바닥나면 먼저 조명이 꺼지고 그 다음에는 산소가 떨어진다.

그러나 은하계와 별들이 우주에 항상 있는 건 아니다. 우리은하는 형성 이후 초기 몇 십억 년 동안 존재가 차차 커지며, 은하의 별들은 하나의 평면에 점점 더 조밀하게 보다 많이 모여든다. 백억 년 전 이상의 과거로 거슬러 간다면 우주 정거장 창문 밖을 아무리 내다보아도, 우리은하가 만들어 내는 밝은 선을 더 이상 하늘에서 볼 수 없다. 그 대신 별들은 단조로운 모습으로 온 하늘 위에 흩어져 있다. 그리고 이들은 오늘날보다 한결 적다. 최초의 별이 탄생하는 현장을 직접 경험하고 싶다면 최소한 130억 년 전의 과거로 가야 한다. 조금 더 뒤로 가서 대략 137억 년 전으로 향하면, 별조차 없는 시간이자 지루함의 최고봉에 다다르게 된다. 앞서 그 누구도 이 어두운 시기를 바라본 적이 없다. '바라본다'는 말이 성립된다면 말이다. 아무것도 보이지 않기에 보아도 보는 게 아니다.

창밖을 내다보아도 휴가 내내 암흑만 눈에 들어올 테니, 아마 당신은 적어도 별이라도 있는 시기로 돌아가고 싶어질 것이다. 아니면 구름이라도! 왕국을 줄 테니 구름을 다오! (왠지 셰익스피어William Shakespeare가 떠오르는 순간이다.)

빅뱅Big Bang이라 불리는 우주 대폭발은 여기에서 1억 년가량 더 떨어져 있다. 즉 모퉁이만 돌면 바로 나온다. 빅뱅으로부터 100만 년 즈음 떨어진 시기에 이르면 승객들의 관심이 슬슬 창밖으로 향할 것이다. 하늘은 더 이상 완전히 깜깜하지 않으며, 언제 도착하느냐에 따라 검붉은 색이나 주황색으로 물든다. 우주 정거장에서 온도계로 먼 바깥을 자유자재로 측정할 수 있다면 우주의 온도가 상승하고 있음을 깨닫게 될 것이다. 우주는 휘황하게 빛난다. 약간 더 이른 과거로, 이를테면 우주 대폭발에서 약 40만 년 떨어진 시기로 가면 객실 안은 견딜 수 없을 만큼 더워진다. 도착지의 바깥 온도는 3000~4000도를 가리킨다. 열 차폐는 제 기능을 하지 못한다. 초기 우주의 강렬한 방사선장 안에서 모든 원자는 분열된다. 우주선은 녹아 버리고 이와 함께 시간 여행자들도 녹아 없어진다.

2부

과거로 돌아가 더 나은 세상 만들기

14장

시간 여행에 관한 아홉 가지 신화

과거에는 시간 여행에 대한 공포 소설 같은 이야기들이 다수 전해진다. 그 가운데 여럿은 나중에 오류로 밝혀지긴 하지만 진지하고도 과학적인 사고에 근거한다. 또 다른 이야기들은 처음부터 말도 안 되는 어리석은 소리이면서 여전히 남아 회자되기도 한다. 이번 장에서 우리는 시간 여행에 관해 가장 자주 오르내리는 아홉 가지 신화를 모아 보았다. 잘못된 길을 헤매는 역사적 방황에 대한 보다 자세한 내용은 '시간 여행에 관한 짧은 역사' 장에 담겨 있으니 읽어 보도록 하자.

1. 시간 여행은 타임머신이 이미 있는 시대로만 갈 수 있다.

이는 모든 신화들의 어머니이자 제일 오래 명맥을 유지하는 주장이기도 하다. 21세기로 들어갈 무렵까지도 물리학자들은 시간 여행이 아직 발명되지 않은 과거로 떠나는 일은 불가능하다고 생각했다. 시간 여행에 많은 공을 들인 물리학자 데이비드 도이치는 적어도 과거의 외계 생명체가 지은 타임머신은 사용할 수 있을 거라는 추론을 내렸다. 하지만 그는 누군가에 의해 시간 여행이 실행에 옮겨질 수 있으리라 생각하면서도, 여행이 아무 때나 자주 이루어지지 않는 세계 쪽을 선호했다.

이런 회의론자들의 말은 어느 정도 옳다. 시간 여행의 종점에는 도착한 이들을 위해 특별히 준비된 공간도 없고, 착륙의 충격을 막아 주는 기계도 없다. 정거장이나 공항도 없다. 이 같은 신화는 한 가지 오해에 기인한다. 인간은 실로 오랫동안 모든 시간 여행에 시공간이라는 한 묶음이 필요하다고 생각했다. 그러려면 일단 4차원인 시공 연속체가 먼저 형성되어야 한다. 실제로 초창기 타임머신들은 이러한 시공간의 묶음을 통해서만 작동된다. 나중에서야 인간은 타임 루프Time loop처럼 미리 마련된 시간의 고리 없이도, 과거로 가는 길을 찾아냈다. 쉽게 말해 축구장의 한쪽에서 다른 한쪽으로 옮겨지는 공을 상상하면 된다. 축구공은 초록 잔디에서 떼어진다. 잔디는 우리가 말하는 보통의 시공간에 해당된다. 공은 이 잔디 위에 있는 공간(이를테면 공중)을 날아가, 이어서 다시 경기장 위에 내려앉는다. 공이 도착한 저쪽 편에는 붙잡아 줄 누군가가 반드시 서 있을 필요는 없다. 다만 비행경로를 미리 계산할 능력만 있으면 된다. 다른 말로 표현하면 목표를 조준하는 법을 배워야 한다는 뜻이다.

오늘날 당신은 어디로든 여행을 떠날 수 있다. 어느 해든 얼마나 멀리 떨어져 있든 상관없이 말이다. 단지 문제는 이 구간이 사전에 얼마나 철저하게 테스트를 거쳤는지 정도다. 당신이 원하는 목적지에 검증된 노선이 하나도 없더라도, 가고자 하는 그곳에 당신을 정확히 내려 주겠다고 확언하는 누군가를 분명 찾을 수 있을 것이다. 항공 개척자들은 활주로가 전혀 없음에도 불구하고, 오스트레일리아로 그리고 북극으로 날아갔다. 활주로 대신 전답과 빙하 그리고 모래 언덕 위에 착륙했다. 비상시에는 낙하산으로 뛰어내려야 했다. 시험을 거치지 않은 노선으로 시간 여행을 떠날 때에도 이와 비슷하게 행동하면 된다. 모험이 주는 이 모든 즐거움은 르네상스로 가는 전형적인 패키지여행보다 비용이 더 든다. 뿐만 아니라 살짝 더 덜컹거리며, 만일 추락을 하거나 제2차 세계 대전 한가운데에서 기계가 부서지며 불시착하면 모든 책임을 당신에게 물을 것이다.

이렇듯 과거에 타임머신이 없어도 우리는 무난히 시간 여행을 할 수 있다. 과거 타임머신의 부재가 지닌 단점은 단 하나다. 즉 다른 여러 시대로 일주 여행을 떠날 수 없다는 것이다. 중세 시대로 들어갔다가 거기에서 바로 고대로 향할 수는 없다. 대신 우선 현재로 돌아온 다음에 현재에서 갈아타야 한다. 시간 여행은 마치 영국에서 하는 기차 여행과 같다. 다시 말해 항상 런던을 지나가야 한다.

2. 과거로 여행을 가면 어려진다.

10년 전의 과거로 여행을 떠나면 그곳에서는 10년 더 어려진다고, 진지하게 주장하는 사람들이 상당하다. 더 극단적인 경우에는 본인의 생년월일보다 뒤로 가면 자기도 모르는 사이에 소멸된다고 믿는다. 혹은 반대로 생각하기도 한다. 폴란드 작가 스타니스와프 렘Stanisław Lem의 《항성 일기Dzienniki gwiazdowe》에 나오는 물리학자 몰테리스Molteris처럼 말이다. 소설에서 그는 누가 자신의 연구를 지원하는지 알아내기 위해, 직접 발명한 타임머신을 타고 미래로 떠난다. 그러나 미래로 질주하는 동안 그는 매우 빠르게 늙다가 죽고 만다. 타임머신이 죽음의 덫이 된 것이다.

시간 여행 기술이 개발되기 전에 나온 이야기이긴 하지만 기술과는 크게 상관이 없다는 걸 알 수 있다. 예컨대 미국의 물리학자 션 캐럴은 2009년에 다음과 같이 쓴다. '개인의 경험적 시간은 우리의 두뇌와 신체에 있는 시계에 의해 결정된다. 즉 우리 몸에서 예측 가능한, 화학적·생물학적 작용의 리듬에 의해 각 개인이 겪는 시간이 좌우된다.' 인간의 생체 시계는 그저 과거로 가는 티켓을 샀다고, 비행 물체에 앉아 얼마 뒤 중세에 도착한다고 해서 갑자기 단번에 빨라지거나 역으로 흐르지 않는다. 생체 시계는 가차 없이 계속 째깍거리며 돌아간다. 다시 말해 만약 과거에서 일주일을 보내면, 얼마나 멀리 떨어진 과거이든 관계없이 우리는 정확히 일주일 늙는다. 영원한 삶은 매력적인 목표일 수 있으나 시간 여행은 그리로 향하지 않는다.

3. 과거로 가는 길은 단 하나만 있으며, 우리가 지나온 바로 그 길뿐이다.

이 어이없는 이야기는 두 번째 신화와 직접적으로 연결된다. 우리가 오랫동안 힘겹게 하루하루 천천히 내딛으며, 현재까지 다다른 바로 그 길을 통해서만 시간을 여행할 수 있다는 주장은 한동안 매우 진지하게 받아들여졌다. 예전에는 베를린에서 뮌헨으로 가려면, 실지로 베를린에서 뮌헨으로 이어지는 구간을 걷거나 무언가를 타고 가야 한다고 생각했다. 시간 여행에서 이처럼 하나의 길로만 가는 여행 모드는 터무니없는 결과를 낳을 수 있다. 종착역으로 가는 도중에 실현 가능한 모든 과거의 사건들이 '스쳐 지나갈'지 모른다. 실제 시간 여행에서 우리는 당연히 시공간에 예속되지 않는

길로 간다. 게다가 이 하나의 길은 시간 여행에서 극도의 불편을 초
래한다. 우리는 우연히 살아가는 지금 이 하나의 시간 차원에 국한
되지 않는다. 시간 여행이 발명된 오늘날 우리는 편안하게 통과 구
역으로 미끄러져 들어가, 두 발을 높이 뻗은 채 우리가 지나온 수많
은 나날들을 일일이 스치지 않고도 목적지에 다다를 수 있다.

4. 과거로 여행을 하면 텅 빈 공간에 내려앉게 된다. 당시의 지구는 지금과 다른 위치에 있기 때문이다.

지구는 초당 30킬로미터 속도로 자신의 궤도를 따라 태양 주위를
빠르게 돈다. 한편 태양은 더욱 빠른 속도로 우리은하의 중심을 공
전한다. 다시금 이 중심은 다른 은하들에 따라 은하단의 중심을 움
직인다. 그 무엇도 가만히 있지 않는다. 모두가 회전하는 이 3차원
의 소용돌이 속에서 위치를 바꾸지 않고 시간을 통과해 역으로 이
동하려 한다면, 행성과 항성 그리고 은하들 사이 어딘가 아무것도
없는 공간에 착륙할 확률은 매우 높다. 질식하거나 얼어 죽거나 아
니면 다른 고통스러운 죽음으로 생을 마감할 게 분명하다. 과거의
사람들은 이렇게 이야기한다.

이는 물론 허튼소리다. 우리는 언제나 다른 곳들과 관계된 상
대적 공간으로 항해하지, 어차피 존재하지도 않는 절대적 공간으
로는 향하지 않는다. 어떻게 한 장소가 항상 같은 곳에 머물 수 있

겠는가? 모든 것이 움직이는 우주에서, 변형이 가능할뿐더러 고무 줄처럼 늘어나고 팽창하는 공간을 지닌 이 우주에서 불변의 위치 란 하나의 환상이다. 우주 대폭발은 어디에나 있었다. 모든 건 어디에나 있을 수 있다.

상대적 위치에 해답이 있다. 지표상 위치의 좌표는 모두 임의로 정해진 점과 선, 즉 적도와 본초 자오선 그리고 극과 관계하여 정의된다. 버스를 타고 마그데부르크Magdeburg에서 라이프치히로 가려는 사람은 버스 기사에게, 우리은하 중심의 블랙홀 주변을 도는 태양의 운동을 계산에 넣어 주의해 달라고 말하지 않는다. 어떤 위치에 대해 이야기할 때 우리는 잘 정의된 기준 체계 안에서 뜻이 통하는 위치를 말한다. 유동적이며 팽창하는 우주의 공간에서 확고한 위치를 정하려 한다면 라이프치히는 존재하지 않는다.

시간 여행의 통과 구역에서도 이와 똑같은 방식으로 운항한다. 여행 중 우리는 지금 막 우리가 우주의 어디에 있는지 신경 쓸 필요가 없다. 시간 여행은 당신이 출발한 바로 그 지점에서 끝난다. 즉 지구 중심에서, 적도에서, 극으로부터, 여행의 출발점과 아주 똑같이 떨어져 있는 지표상의 위치에서 끝을 맺는다. 그렇다고 모든 것이 자동으로 동일하게 머문다는 뜻은 아니다. 시간의 흐름에 따라 각각의 장소는 점차 다른 모습을 한다. 도시들이 생겨나고 사라진다. 산맥이 자라고 바람과 물의 힘으로 다시 먼지가 된다. 호수들은 마른다. 대륙들은 이리저리 움직인다. 그러므로 시간 여행자인 당신은 은하의 중심이나 아니면 수천 광년 떨어진 다른 어딘가를 염려할 필요가 없다. 시간 여행은 보통 생각하는 것보다 훨씬 덜 기묘하다.

5. 과거로 떠나면 현재의 존재는
연기구름으로 변해 사라진다.

예전에는 시간 여행이 순간 이동 같은 거라 생각하는 사람들이 많았다. 특히나 공상 과학 영화를 만드는 이들이 그랬다. 누군가 공중전화 박스처럼 좁은 공간에 들어가 스위치를 누른다. 그러면 연기로 변한다. 그런 다음 수리수리마수리 짠! 다른 시간에서 물질화되어 나타난다. 예를 들면 한 시간 이전으로 옮겨간다. 그리고 번쩍이는 문을 통과해 걸어간다. 대부분은 이 과정에서 심장이 급속도로 뛰고 극도의 흥분을 경험하면서 크게 놀란다. 뒤이어 극심한 갈증을 느끼는 경우도 이따금 있다. 혹은 더 심한 경우에는 시간 여행을 하면서 현재의 몸이 아예 사라져 없어지고 과거에서 새로 생겨나기도 한다. 두뇌와 사지 그리고 담낭을 비롯한 장기들이 모두 연기가 되어 사라지고, 과거에서 다시 원자 하나하나를 빛으로 쏘아 힘겹게 재조립한다. 하지만 과거로 가서 얻은 새로운 몸은 복제 오류가 있어 금방 망가지고 만다. 이 신화에 따르면 시간 여행은 그저 찰나의 순간 동안 지속되며 매우 혼란스럽다.

실제 시간 여행은 한순간에 일어나고 끝나 버리는 과정이 아니다. 시간 여행은 시간이 걸린다. 물론 (세 번째 신화처럼) 우리가 지나온 만큼 많은 시간이 걸리지는 않지만, 어느 정도의 시간은 든다. 이를테면 이런 식이다. 극장에서 영화를 보다가 멍하니 앞자리의 등받이를 응시하다 문득 잠을 청하려는데, 누군가 매점에 가겠다는 바람에 잠에서 깨고 만다. 결국 당신은 짜증을 내며 계속해서 영화를 본다. 하나밖에 없는 팔걸이를 두고 옆자리에 앉은 사람과 다툼을 벌인다. 팔걸이가 하나 더 있는 여유로운 자리에 앉으려면 당연히 추가로 돈을 지불해야 한다. 다른 말로 해서 시간 여행은 흡사 영화관처럼, 때때로 흥미롭고 대부분은 지루하다. 블록 조립이나 퍼즐 같은 인내심 게임처럼, 늘 우리 생각보다 더 오래 걸린다.

번개도 없고, 연기구름도 없으며, 빛을 쏘는 스트로보스코프 Stroboscope도 없고, 공중전화 박스도 없다. 현재 당신이 지니고 있는 오래된 몸은 모든 장단점을 고스란히 유지한다. 물론 목은 마를 것이다. 과거로 간 처음에는 이 모든 것들로 실망할 수 있다. 그러나 새로운 기술은 마술이 아니다. 그리고 새로운 기계의 뒷면을 나사로 열어 보면, 여전히 면발 같은 케이블 더미가 한데 엉켜 나올 것이다.

6. 과거에서 나비 하나를 죽이면 전체 역사의 흐름이 달라진다.

레이 브래드버리Ray Bradbury의 단편 〈천둥소리A Sound of Thunder〉에는 공룡을 사냥하려고 과거로 여행을 떠나는 한 무리의 남성들이 나온다. 이 공룡 사냥 프로그램에 참가하는 관광객들은 역사를 교란시키지 않도록 꼼꼼하게 주의를 기울여야 한다. 가령 이들은 얼마 뒤에 어차피 죽을 운명인 공룡들만 쏘아 죽일 수 있다. 사냥꾼 중 하나인 에켈스Eckels는 티라노사우루스 렉스를 보고 죽을 듯이 놀라, 줄행랑을 치다가 그만 길을 벗어나 나비 한 마리를 밟아 죽인다. 이후 관광객들은 완전히 달라진 현재로 돌아온다. 언어의 철자법이 다르고 색감도 다르다. 그리고 전체주의 독재자가 대통령 선거에서 이겨 나라를 다스린다.

다른 작품들에서도 이와 비슷한 일이 벌어진다. 나비 대신 지렁이나 딱정벌레 또는 생쥐 등의 죽음으로 세상이 뒤집어져 뒤죽박죽된다. 〈심슨 가족The Simpsons〉 시리즈의 '시간과 벌'이라는 에피소드에서, 호머 심슨Homer Simpson은 토스터기를 고치다가 실수로 타임머신을 만들어 낸다. 백악기에서 모기 한 마리를 때려죽이자, 자신을 복종하게 만들려고 독재자가 부하들 뇌의 일부를 끄집어내는 무시무시한 버전의 현재가 생겨난다. 호머는 새로운 버전의 역사를 하나하나 시험해 본다. 그는 그저 다른 동물과 식물을 끊임없이 죽이며, 그로 인해 새롭고 기괴한 버전의 현재가 계속해서 발생한다. 마지막에 가서 그는 모든 것이 이전과 같은 세계에 만족하기로 한다. 지나치게 기다란 혓바닥으로 접시의 음식을 핥아먹는 아내와 아이들의 모습은 빼고 말이다.

역사가 도미노Domino 놀이처럼 움직인다는 생각은 어느 정도 일리가 있다. 처음에 돌 하나를 넘어뜨리면 뒤를 이어 무수한 다른 돌들이 넘어진다는 것이다. 생쥐 하나가 주어진 운명보다 일찍 죽으면 동시에 그의 모든 후손들이 멸절된다. 즉 수백만의 잠재적 쥐들이 죽는 셈이다. 쥐를 먹고 사는 포식 동물들은 먹이가 없어진다. 전 생태계는 흔들리며 위기에 놓인다. 선사 시대 인간은 먹을 걸 하나도 찾지 못하게 된다.

현실은 다르다. 실제로 우리의 행동은 예전에 상상했던 것과 달리, 역사의 흐름에 그리 많은 영향을 미치지 않는다. 당신이 시간 여행을 시작한, 옛 버전의 세계는 온전히 유지된다. 이 세계의 그 무엇도 바꿀 수 없다. 시간 여행이라는 행위는 이전에 없던 하나의 새로운 버전의 세계로 당신을 데려간다. 당신이 과거에 가서 행하는 모든 행위는 당신이 도착한 버전으로부터 점점 먼 곳으로 이끈다. 하지만 이 최초의 가닥에서 아주 멀리 떨어질 수는 없다. 이미 여행 이전에 끝이 난 시간 가닥이기 때문이다.

그 동안 수차례의 경험을 통해, 시간 여행에서 하는 행위로 생겨나는 평행 세계의 대부분이 서로 대단히 닮아 있다는 사실이 입증되었다. 당신에게 책임이 있는 그 과거는 우리 역사책에 적힌 과거와 구분하기 어려울 정도로 거의 늘 비슷하다. 역사의 다른 버전에서 소비에트 연방의 국기는 빨강이 아니라 주황일 수 있으며, 비틀스는 1969년과 1970년 사이의 겨울이 아니라 몇 달 뒤에 해체될지 모른다. 혹은 찰스 다윈Charles Darwin의 배는 비글Beagle호가 아니라 테리어Terrier호일 수도 있다. 로또 당첨 번호도 달라질 수 있다. 그러나 그 이상은 변하지 않는다. 사건들의 경과, 역사의 흐름은 놀랍도록 탄탄하다.

이는 판 구조론, 진화, 기후 변화, 과학적 진보 또는 가부장제의 종말처럼 장기간에 걸친 과정들에도 해당된다. 당신이 백악기에서 돌멩이 몇 개를 밀어 옮기든 말든 모든 전개와 발전에 아무런 영향을 미치지 않는다. 세상이 정말 지속적으로 변화하는 것이 불가능하지는 않지만 그러려면 많은 에너지와 시간이 필요하다. 우리 대다수가 시간 여행에서 보내는 시간보다 훨씬 많이 말이다. (15장 '세상을 개선하기 어려운 이유'를 추가로 살펴보자.) 당신이 시간 여행을 하는 동안 초래되는 대부분의 변화는 고의든 실수든 극단적이든 미세하든, 거의 모든 평행 세계에서 실질적인 결과 없이 머물 것이다.

7. 과거에서 조심성 없이 자기 자신과 만나면
두 버전의 자아는 논리의 연기로 사라진다.

상상만으로는 제법 아름다운 순간이다. 두 자아가 동시에 갑자기 놀라고, 재차 서로를 알아보며, '저게 나구나!' 생각한다. 같은 인간이 같은 두뇌로, 다만 나이만 다른 두뇌로 같은 생각을 한다. 그런 다음 똑같은 두 두뇌 안에서 새로운 생각이 생겨난다. 곧이어 모든 것이 끝날 거라는 현실 자각을 한다. 낭떠러지에 매달려 있다고 알아채는 순간 곧바로 아래로 떨어지는, 애니메이션 〈로드 러너와 코요테Wile E. Coyote and the Road Runner〉에 나오는 코요테처럼. 그러고 나서 '펑!' 하고는, 두 버전의 동일한 인간에게 고통 없이 단순한 죽음이 찾아온다. 이는 주변 사람들이 보기에도 불편함이 없다. 유혈이 낭자하지도 않고 비명이나 소란도 없으며 비장함에 젖은 마지막 유언도 없으니까.

하지만 안타깝게도 현실과는 거리가 먼 이야기다. 물론 당신은 자기 자신을 마주칠 수 있다. 과거에서 하루하루를 견디며 살아가는 그 인간은 자기와 같은 인간이 미래에서 무엇을 하든 상관없이 앞으로도 계속 존재한다. 단지 당신이 과거로 여행을 간다 해서 어린 버전의 당신이 연기처럼 사라지지는 않는다. 오히려 반대로 일관성이라는 이유에서 살아남아야 한다. 당신이 여행 중인 평행 세계는 당신이 떠나온 세계와 일단 처음에는 동일하다. 시간 여행자라는 당신의 존재만 빼고 말이다. 사건이나 사람들은 그렇게 간단히 사라지지 않는다. 역설은 없다.

당신은 어린 자신과 상호 작용을 하며 일말의 영향을 주고받을 수도 있다. 단 연기구름은 기대하지 말자. 상호 작용을 통해 당신은 그 세계의 흐름을 바꾸기도 한다. 하지만 당신이 떠나온 세계는 달라지지 않는다. 당신이 타임머신에 올라탄 그리고 다시 돌아갈 세계는 여전히 존재하며 앞으로도 마찬가지다. 다른 세계는 다른 전기를 기록한다. 세계가 오류를 수정할 때 생겨나는 연기구름 같은 건 없다. 연기구름은 문제를 위한 결코 좋은 해결책이 아니며, 그저 값싼 속임수일 뿐이다.

이러한 맥락에서 우리는 다음과 같은 오해를 명료히 풀어낼 수 있다. 즉 하루나 일주일 또는 1년 전으로 돌아가, 그때부터 인생을 다시 시작해 이미 저지른 모든 실수를 피할 수 있다고 생각하지 말자. 지금 당신은 겉모습만 나이 들어 보일 뿐 아니라 다시 열네 살 때처럼 행동할 수도 없기 때문이다. 그리고 과거의 당신 자신인 그 인간 역시, 줄곧 잘못된 결정을 내리며 아마 앞으로도 같은 실수를 할 것이다. 과거의 자신에게 아무리 좋은 충고를 건네도 마음에 크게 새기지 않을 것이다. 당시 당신이 다른 사람들의 훌륭한 충고를 들었을 때처럼 말이다. 물론 당신은 옛 자아가 어리석은 일을 하지 못하도록 어딘가에 가두거나 아예 제거하여 실수를 막을 수도 있다. 하지만 도덕적으로 그리고 법적으로 이는 불법 감금 또는 살인에 해당된다. 옛날 버전의 나 자신에게 친절을 베풀자. 아니면 제발 그냥 가만히 내버려 두자. 조용히 평온하게 살도록 놔두는 편이 서로에게 더 낫다.

8. 과거로 가서는 원하는 대로 행동해도 된다.

어차피 다중 우주에는 모든 가능한 버전의 우주가 존재하며, 마치 도자기 가게에 들어간 코끼리처럼 내가 서툴게 행동하며 살아가는 버전도 포함되므로, 과거의 나에게는 상상할 수 있는 모든 자유가 주어진다. 내가 무엇을 행하든 아무런 결과로 이어지지 않으니까. 그리고 내가 떠나온 현재는 어쨌든 그대로 유지되니까. 그러므로 나는 그저 다시 돌아오면 되고 모든 것은 예전과 같을 것이다.

이런 생각은 언뜻 환상적으로 들린다. 무엇이든 다 들어주는 어린아이의 생일처럼 말이다. 뭐든 뜻대로 해도 되고 잇따르는 결과도 없다면 세계 최고의 생일이 아닐까. 하지만 그 다음 단계에서, 존재론적 의미의 위기에 이르게 된다. 즉 다음과 같은 의문이 생긴다. 그곳에서 내가 내리는 고유의 결정은 전혀 중요하지 않은 걸까? 다중 우주에서의 삶은 의미가 있는 걸까?

두 질문에 대한 답은 모두 '그렇다'고 할 수 있다. 온갖 평행 세계를 지닌 다중 우주는 당신에게 책임이 있는, 당신의 행동으로 빚어진 결과로 인해 결코 달라지지 않는다. 모든 시간 여행, 모든 결정, 모든 행위, 수정을 거친 모든 어리석은 계획으로 당신은 매번 새로운 버전의 세계에 내려앉게 된다. 당신이 행하는 모든 것은 비록 그 영향력이 종종 매우 미미하더라도 나름의 효과를 지닌다. 모든 관습적인 행동 규칙은 어디에서든 여전히 유효하다. 그러니 사람을 (또는 동물을) 대할 때에는 친절하고 호의적인 태도를 취하자. 의도적으로 무언가를 훼손하는 일은 피하도록 하자. 아무것도 집으로 가져오지 말자. 오직 기억만 고이 간직하여 돌아오자. 아무것도 두고 오지 말자. 쓰레기도, 타파웨어Tupperware도, 휴대전화도 남겨서는 안 된다. (더욱 자세한 이야기는 3부에 있다.)

9. 시간 여행자들은 세상을 구할 의무가 있다.

한동안 시간 여행자들은 세상을 해악으로부터 구해야 한다는 권고를 들었다. 이를테면 과거로 여행을 가서 아돌프 히틀러가 아직 아이일 때 죽여, 제2차 세계 대전과 홀로코스트를 저지하라는 식이다. 하지만 이게 과연 가능할까? 그리고 당신은 이를 해야만 할까? 한편으로는 아니며, 다른 한편으론 어쩌면 그럴지도 모른다는 답이 나온다.

'아니'라고 답하는 이유는, 당신이 떠나온 버전의 역사는 손상되지 않은 채 그대로 보존되기 때문이다. 시간 여행을 통해 당신이 경험하는 과거는 당신이 떠나온 현재의 과거가 아니다. 이 과거에는 시간 여행자가 하나도 없기 때문이다. 당신은 하나의 다른 과거를 겪게 된다. 즉 시간 여행자로서 당신이 도착한, 시간 여행자가 있는 과거를 경험하는 것이다. 당신이 정말 없애고 싶은, 모든 해악이 벌어진 그 다른 시간은 동요하지 않고 계속 째깍거리며 흘러간다. 히틀러는 정권을 차지하고 수백만이 죽는다. 과거에 가서 저지른 자신의 범행으로, 가령 아이를 죽인 행위로, 여행을 시작한 현재가 어떤 식으로든 더 나아졌을 거라 정당화할 수는 없다. 당신이 떠나온 현재는 변함없이 그대로 머문다. 다만 누군가가 아이를 죽인, 다른 버전의 역사에서 현재로 돌아올 수는 있다.

　'어쩌면 그럴지도 모른다'고 답하는 까닭은, 당신의 범행 이후 당신이 체류하는 평행 세계에는 더 이상 히틀러가 없기 때문이다. 이는 당신이 의도한 일이다. 히틀러가 없는 그 평행 세계는 특별한 역사의 흐름을 밟으며, 어쩌면 제2차 세계 대전도 일어나지 않고 홀로코스트도 절대 벌어지지 않을지 모른다. 그러나 결코 보장할 수는 없다. 다른 누군가가 히틀러 역을 떠맡아, 개인보다 집단이 더 중요한 제3제국 같은 사회적 환경으로 이끌 수도 있다. 혹은 무언가 훨씬 더 심각한 일이 발생할지도 모른다. 군이 예를 들자면 히틀러가 아닌 다른 누군가가 이끄는 나치가, 미국보다 먼저 원자 폭탄 개발에 성공할지도 모를 일이다. 설령 모든 일이 순조롭게 흘러가 좋은 결과를 낳으며 제2차 세계 대전을 막아 내더라도, 당신은 결국 당신이 나고 자라며 여행을 시작한 예전 세계로 되돌아오게 된다. 전몰자의 묘지가 가득한 현재의 유럽으로 말이다.

이에 덧붙여 당신이 과거로 여행을 떠나 거기에서 히틀러를 죽이지 않는다 하더라도 스스로에게 일말의 책임을 지울 필요는 있다. 당신의 시간 여행으로, 당신이 떠나온 세계와 거의 똑같이 끔찍한 사건이 벌어질 하나의 평행 세계가 생겨나기 때문이다. 희생자 수는 배로 늘어난다. 물론 이는 제3제국이나 나치 독일 직전의 시대로 가는 시간 여행뿐 아니라, 모든 다른 과거에도 해당된다.

구속력이 없는 개인적인 조언을 하나 하자면, 과거에서 아동 살해를 저지르는 대신 차라리 제1차 세계 대전 이전 무렵의 젊은 화가 히틀러에게서 그림 몇 점을 사들이자. 그러면서 당신이 얼마나 쓸모없는 물건을 사는지 굳이 계산하려 들지는 말자. 값어치는 신경 쓰지 말고 주머니 사정이 괜찮다면 인색하지 않게 값을 치르자. 이 거래가 미래에 어떤 효과로 나타날지는 불분명하다. 하지만 적어도 성공적인 화가 아돌프 히틀러가, 훗날 유럽의 절반을 폐허로 만들 생각을 떠올리지 않을 가능성은 있다.

15장

세상을 개선하기 어려운 이유

역사의 흐름은 마라톤처럼 일률적인 선형이 아니다. 즉 모두가 같은 목표를 가지고 같은 거리를 주파하며, 앞서거니 뒤서거니 조금 더 빠르게 혹은 덜 빠르게 달려 나가는 과정이 아니다. 또한 역사는 확고한 철칙을 따라가다 마침내 유토피아에서 끝이 나는 원대한 계획이 아니다. 그렇다고 또 역사가 주사위 게임 '짜증 내지 마 Mensch-ärgere-dich-nicht'처럼, 누군가가 내쫓을 때까지 앞으로 계속 나아가고 밖으로 내몰리면 다시 처음부터 시작해야 하는 과정도 아니다. 역사는 우리의 바람보다 훨씬 더 많이, 우연에 의해 특징지어진다. 역사는 계획도 없고 일관성도 없고 목표도 없는, 볼품없는 무질서 그 자체다.

그러므로 역사에서 모든 걸 포괄하는 거대한 구조를 찾는 일은 별로 의미가 없다. 여러 시간 여행 주관사들이 이런 문구로 확약하더라도 말이다. '과학이 종교를 이기는 순간과 함께하세요!' '서양 문명 탄생의 모든 것을 탯줄부터 경험하세요!' '세계적인 행사: 스스로 책임져야 마땅한 미성년 상태에서 벗어나는 인간 해방, 계몽의 현장!' '생생한 컬러로 보는 게르만족의 대이동. 함께 이동해 보세요!'

여기에 더해 소위 역사의 흐름을 좌우했다고들 하는 소수의 특출한 인물 몇몇을 찾아보는 일 역시 크게 의미는 없다. 우리가 아는 모든 학자, 예술가, 작곡가 또는 발명가에게는 똑같이 협력하고 관여한 수많은 사람들이 있다. 단지 명성을 더 적게 얻거나 시간이 흐르면서 이름이 지워져 우리가 알지 못할 뿐이다. 무엇보다 여성 학자, 여성 예술가, 여성 작곡가, 그리고 여성 발명가들은 빈번히 2군으로 밀려난다. 아프리카나 오스트레일리아 또는 아메리카에서, 이들 직업군에 속하며 특히 유럽 출신이 아닌 이민자들 또한 동일하게 취급된다. 편파적인 보도에도 주의하자. 어느 역사적 인물이 후세에 오직 과장된 어조로 칭송만 받는다면 이는 실제 그의 본질과 거의 관련이 없을 가능성이 높다.

역사는 우연히 서로 공간과 시간을 통해 연결된 사건들로 이루어진 하나의 망, 즉 네트워크다. 우리 모두는 네트워크 안에 있는 매듭이다. 현명한 인간은 어느 시대에나 있으며 훌륭한 아이디어도 마찬가지다. 그러나 실제로 무언가가 달라지려면 아이디어

15장 ♥ 세상을 개선하기 어려운 이유

가 적당한 곳에서, 마땅한 때에, 그리고 적절한 머릿속에서 떠올라야 한다. 그렇지 않으면 아이디어는 사라지고 만다.

표면적으로 그리 중요해 보이지 않는 작은 사건들이 상호 작용을 통해 초래한 커다란 변화는 우연한 결합이 이룬 결과다. 대부분은 앞으로 나아가거나 뒤로 물러서는 꾸준한 걸음이 아닌, 작은 발걸음으로 이리저리 다니다가 우연히 무언가와 합쳐지면서 변화를 가져온다. 그리고 이 결합은 나중에 가서 의미를 부여받는다. 혹은 서로 쌍을 이루는 두 개의 퍼즐 조각이, 우연히 같은 장소에 나타날 때까지 각자 배회하다가 문득 만나기도 한다. 따라서 대부분의 시간은 허비에 불과하다는 걸 인정해야 한다. 역사라는 흐름에서 거대한 목표를 찾으려는 누군가에게는 적어도 낭비가 맞다.

역사에 기록되는 순간을 생생하게 경험하고자 굳이 특정 장소나 특정 시대를 여행할 필요는 없다. 역사는 그저 몇몇 장소 및 선택된 시점에서만 일어나는 것이 아니라, 어디에서나 항상 벌어진다. 역사의 발걸음은 끊임없는 진보도 아니며, 정해진 최종 목표를 향해 나아가지도 않는다. 역사에는 진보도 목표도 없다. 이들 둘은 인간이 디딜 발판을 위해 고안된 신화다.

사회는 유명한 역사적 실수로부터 아무것도 배우지 못한다. 그렇다고 상황이나 문제가 어떤 식으로든 더 나아지거나 편리해지는 것이 불가능하다는 뜻은 아니다. 즉 치명적인 질병이 더 적어지고, 공간의 난방이 더욱 좋아지고, 치과에서 마취제를 사용하는 등 일말의 개선은 가능하다. 과거로 더욱더 멀리 갈수록 시간 여행자들은 이를 빠르게 이해하게 된다. 하지만 현재가 과거보다 더 세련되고 개화되었다 보기는 어렵다. 사람들이 더 친절하지도 않다. 정치적 결정에 있어선 자연과학 분야와 다른 양상을 보인다. 500년 전과 똑같은 실수를 더 이상 저지르지 않는 자연과학과 달리, 정치에선 같은 실수를 반복하곤 한다. 오늘날 '프톨레마이오스 Ptolemaeus의 점성술이 옳았다'고 말하는 천문학자는 하나도 없다. 반면 역사적 실수는 거듭 일어나며 단지 다른 형태로, 다른 장소에서, 다른 결과와 함께 벌어질 뿐이다. 이에 시간 여행자들은 이따금 절망하며, 실수로 가득한 그 기나긴 모든 시대가 대체 무엇이 좋았다는 건지 의문이 들 것이다.

이런 의문은 모든 것이 늘 그렇게 오래 걸릴 필요가 있는지, 하는 생각에서 온다. 어쨌든 우리는 과거의 몇몇 문제들에 대한 해결책을 안다. 그래서 너무도 느리게 조금씩 나아지는 역사가 의아하고 답답하다. 시간 여행을 다루는 문학들은 역사를 어떻게 단축시킬 수 있는지에 대한 제안들로 가득하다. 리옹 스프레이그 드 캠프Lyon Sprague de Camp의 소설《암흑을 저지하라Lest Darkness Fall》속 주인공은 1939년에서 로마 제국으로 간다. 그곳에서 그는 인쇄기를 비롯해 다른 진보적인 것들을 발명하여, 인류 역사를 몇 백 년 즈음 절약하려 한다. 좋은 의도를 담은 이런 프로젝트들은 원하는 결과로 이어지지 않는다. 그럼에도 결국 과거의 사람들은 현재만큼 안락하게 살아가지 못한다. 수명은 현재보다 짧고, 오늘날의 관점에서 피할 수 있는 질병들로 아이들을 잃으며, 밤마다 침대에서 책을 읽어 줄 수도 없다. 조명도 없고 책도 없고 어쩌면 침대조차 없을 수 있기 때문이다. 하지만 이 같은 결함들은 생각처럼 그리 간단히 제거되지 않는다. 현실에선 많은 것들이 시간 여행 소설보다 훨씬 복잡하다.

뒤돌아보았을 때 새로운 발명들이 얼마나 유용해 보이든 상관없이, 일단 처음에는 기꺼이 환영받는 일이 극히 드물 것이다. 예를 들어 전깃불은 등장 당시 논쟁의 대상이 되며, 마찬가지로 책의 쓸모를 두고도 한동안 논쟁이 벌어진다. 19세기 마취제는 많은 의사들의 저항을 돌파해야만 한다. 병원에 새로 도입되는 위생 기준 또한 엄청난 저항에 부딪힌다. 오스트리아의 의사 이그나츠 제멜바이스Ignaz Semmelweis는 19세기 중반 산모들의 산욕열이 병원의 위생 결핍과 관련되어 있음을 밝히나, 온갖 비난과 야유를 받았고 오직 소수의 동료들만 그의 발견을 진지하게 받아들인다. 훗날 그는 정신병원에 들어가 의심스러운 정황 속에서 젊은 나이에 세상을 떠난다. 영국의 외과 의사 조지프 리스터Joseph Lister는 상처 소독과 수술 도구 살균을 통해 환자의 생존 가능성을 높인다. 하지만 그를 비판하는 이들은 살균과 생존율의 상관관계가 명백하지 않다고 반박한다. 리스터의 수술 방식이 널리 받아들여지기까지는 오랜 시간이 걸린다. 수많은 비난의 목소리는 어디에나 있으며, 그

엄청난 숫자는 건물 환기의 유용성 앞에서 마침내 줄어들지 모른다! (부록 '시간 여행자를 위한 추천 도서 목록'을 읽어 보자.)

전문가들의 말조차 아무도 귀담아듣지 않는 시대에서, 어디에선가 날아온 시간 여행자인 당신이 좋은 아이디어를 확립할 수 있는 가능성은 그다지 높지 않다. 당신 또한 지금 살고 있는 현재에서 건강 문제에 관한 한, 아는 이가 아무도 없는 어느 떠돌이 여행객보다는 전문가의 말을 더욱 신뢰하지 않겠는가. 물론 당신은 언제든 개별적으로 사람들을 도와줄 수는 있다. 집에서 가져온 진통제나 항생제를 나누어 주는 식으로 말이다. 이는 참으로 친절한 행위이지만, 그렇다고 당신이 전반적인 의료 수준을 개선할 수는 없다. 당신은 흑사병도 콜레라cholera도 막을 수 없다. 단 하나의 기적적인 치료로 혁신적인 진보가 이루어지지는 않는다.

전쟁은 여행하기 적절한 시기는 아니지만(11장 '전쟁터에서 벌어지는 일들' 참고), 그래도 개혁에 대한 반감은 때로 약할 수 있다. 이웃 마을이나 도시 혹은 나라와의 관계가 긴장 상태라면 해당 지역의 통치자에게 무언가를 팔기가 비교적 수월하다. 일례로 살인적인 초강력 무기는 확실히 팔릴 만한 물건 중 하나다. 그러나 무기 거래는 오늘날과 마찬가지로 과거에서도 윤리적으로 비난받아 마땅한 행위다. 아니면 당신이 전쟁 당사자 중 한쪽을 도와 대포 같은 무기를 개발하도록 만들어, 분쟁을 단축시킬 수도 있다. 하지만 그럴 경우 몇 년 뒤 양측 모두 당신이 도입한 초강력 무기를 보유하게 될 것이며, 역사에서 당신은 악마의 도구로 남을 것이다. 오랫동안 끌어 상당한 손실이 발생한 분쟁 시기에는 평화로울 때보다 의학적 개혁을 관철시키기가 훨씬 쉽다. 한편 모든 분야의 전문가들이 전쟁에 쏠리며 몰두하는 동안, 실험 정신으로 영역의 경계를 넘나드는 이들이나 여성들은 이제껏 전문가들이 걸어온 길을 뒤따라 밟을 기회가 생긴다. 그러나 전쟁 도중에 이룩한 모든 변화가 종전 이후에도 유지될 거라 기대하지는 말자.

만약 어떤 특별한 혁신에 관심 있는 사람들이 적어도 여럿인 상황을 찾아냈다 하더라도, 이를 통해 세상이 개선되기란 그리 간단하지 않다. 보통 새로운 변화와 혁신은 등장하자마자 다시 금지되는 경우가 빈번하다. 예를 들면 자전거(16장 '이 두 가지는 꼭 알고 계세요'을 살펴보자), 커피, 인디고Indigo 염료, 물레 그리고 향정신성 의약품인 LSD처럼 말이다. 나중에 가서 금지령이 종종 다시금 느슨해지거나 폐지되기는 하나, 새로운 무언가로 세상을 개선하거나 혹은 많은 돈을 벌길 원하는 이들에게 큰 위로가 되진 않는다. 어떤 새로움이 예컨대 천연두 백신처럼 '여기에서 나지 않은' 무언가라면 거부할 만한 이유가 충분하다. (보다 자세한 이야기는 3부에 있다.) 종이 또한 독일에 들어온 초반에는 어려움을 겪는다. 비그리스도교 국가에서 온 물건이기 때문이다.

그러므로 당신은 최소한 특정 집단의 주민들이 진작부터 고대하며, 도입 즉시 바로 금지시키지 않을 평화로운 혁신이 필요하다. 이런 발명에 해당되는 예로 19세기 초반에 등장하는 자카드 Jacquard 직조기가 있다. 당시에는 직조된 무늬가 있는 견직물에 대한 수요가 지배적으로 많은 반면 생산 과정은 감질나게 느리다. 게다가 베 짜는 사람 외에, 무늬의 각 씨줄마다 꼭 맞는 날줄을 손으로 들어 올려 교차시키는 사람 하나가 추가로 필요하다. 이런 방식으로는 하루에 고작 2~3센티미터 정도의 직물밖에 생산하지 못한다. 천공 카드를 이용해 직물에 무늬를 기계적으로 넣는, 조셉마리 자카드Joseph-Marie Jacquard의 새로운 직기가 1805년 세상에 소개되면서 생산 속도는 20배로 오른다.

하지만 이처럼 거의 이상적인 경우에도 새로운 도입이 아무런 논쟁과 불행 없이 진행되지는 않는다. 지금까지 지루하고 번거로운 방식으로 일을 해 온 누군가는 새로운 변화로 아무 이득을 얻지 못하며 그로 인해 반대 입장에 서게 된다. 새 직조기의 도입처럼 언뜻 무해해 보이는 혁신은 18세기와 19세기에 걸쳐 광범위한 사회적 변화로 이어진다. 사람들은 조상 대대로 물려 내려오는 직업을 잃으며, 집안은 빈곤해진다. 소요가 일고, 돌이 날아다니며, 직기와 공장이 파괴되기도 한다.

아니면 아예 아무런 일도 벌어지지 않을 수 있다. 당신이 모든 반발과 저항을 극복하고 가령 활판 인쇄술을 가지고 한층 멀리 떨어진 과거로 가더라도, 우리에게 잘 알려진 버전의 역사에서만큼 그곳에서 결코 동일한 효과를 내지 못한다는 사실만 확인하게 될 것이다. 한국과 중국에서는 이미 8세기에 목판 인쇄로 종교 서적들을 대량으로 찍어 낸다. 구텐베르크Johannes Gutenberg보다 700여 년 앞선 시기다. 이는 유럽에서와 달리 커다란 사회적 변혁으로 이어지지 않는다. 국가 기관에서 행정 문서와 법전 등을 인쇄할 뿐 더 이상은 없다. 대다수 사람들의 일상에서 인쇄술은 그리 중요한 비중을 차지하지 않는다.

세상 개선하기는 기운을 회복하고 충전하는 휴가와 전혀 어울리지 않는다. 오늘날의 시선에서 분명해 보이는 혁신적 아이디어의 대부분은 과거 사람들의 관심 밖에 있다. 일말의 관심이 존재하는 곳에서도 변화는 여전히 먼 일이다. 혹여 당신이 어떤 훌륭한 아이디어를 과거에 이식하는 데 실제로 성공한다 하더라도, 아마 적지 않은 사람들이 당신에게 비난을 퍼부을 것이다. 그리고 이는 사실 너무도 마땅하다. 누군가의 상황이 이전보다 더 나빠진다면 적어도 그에게는 개선이라 할 수 없다. 어쨌든 단기적인 관점에서는 그래 보일 테니 말이다. 보름 동안의 휴가라면 당신은 무엇보다 냉대와 무관심을 얻을 것이다. 시간을 조금 더 들인다면 새로운 변화로 이득을 얻지 못한 이들의 불만을 직접 보고 들으며 생생하게 경험하게 될 것이다. 끝내 사람들이 당신에게 고마워하며 악수를 청하길 바란다면, 최소한 20~50년 정도를 계획하고 떠나는 길이 최선이다. (12장 '정착을 고려하는 사람들을 위한 조언'을 다시 읽어 보자.)

16장

이 두 가지는 꼭 알고 계세요

타임머신 안에 거는 포스터나 티셔츠용으로 시중에서 가장 인기 있는 '시간 여행 커닝 페이퍼Time Travel Cheat Sheet'에는 이런 조언이 적혀 있다.

'최고의 항생제는 페니실린이다. 페니실리움 노타툼Penicillium notatum 곰팡이는 식료품에서 얻어진다. 페니실린은 다른 세균들의 새로운 세포벽 구성을 막고 증식을 저해하여, 감염에 대단히 효과적이다. 페니실린은 항생제의 새 시대를 연다. 최초의 발견자가 되어 기념하고 축하하자. 푸른곰팡이 페니실리움이 아직 알려지지 않은 상태라면, 현미경으로 식품의 곰팡이를 들여다보며 찾아보자. 빗자루처럼 기다란 자루에 이상한 손이 달려 있다면, 그게 바로 당신의 페니실린이다!'

251

일단 처음에는 아주 쉽고 간단해 보인다. 하지만 이상한 손이 달린 곰팡이를 발견하는 일과 성공적인 페니실린 치료 사이에는 수많은 작업 단계가 있다. 1928년 우연히 발견된 페니실린 효과가 상용화되어 대량으로 생산되기까지는 무려 12년이 걸린다. 푸른 곰팡이가 어떤 과정을 거쳐 항생제가 되는지 당신이 이미 알더라도 (혹은 안내서를 가지고 가더라도) 일을 진척시키는 데 크게 도움이 되지는 않을 것이다. 우선 당신은 실질적인 미생물학 연구 작업에 필요한 기초 실무 교육을 받아야 한다. 미생물의 배양 및 배지에 관한 기본 지식은 대학에서 한 학기 내지 두 학기면 충분하다. 물론 배우는 과정에서 사용하는 이런저런 도구와 물질들이 과거에는 없을 수도 있다는 사실을 전제해야 한다. 없을 경우 대안적인 방법은 당신이 스스로 고안해야 한다.

페니실린을 생산하는 푸른곰팡이와 누룩곰팡이속Aspergillus처럼 건강에 해로운 다른 곰팡이들을 구별하려면, 현미경과 곰팡이 분류학에 관한 지식은 필수다. 뿐만 아니라 페니실리움속, 즉 푸른 곰팡이속에는 현미경으로 모두 똑같아 보이나 각기 다른 여러 균들이 많다. 이들 중에 몇몇만 상당량의 페니실린을 생산한다. '이상한 손'이 달렸더라도 완전히 보장되지는 않는다. 따라서 당신이 발견한 곰팡이가 페니실린을 만들어 내는 곰팡이가 맞는지 알아내려면, 세균을 배양할 수 있는 배양소가 필요하다. 시험용 세균 덩어리는 핀셋으로 당신의 구강 점막을 살짝 긁어내기만 해도 된다. 혹시 특정 질병 하나를 치료할 생각이라면 병에 걸린 사람의 체액을 조달해야 한다.

미생물학에서는 19세기 말부터 해초에서 얻은 겔화제인 한천을 기초 배지로 만들어 쓰기 시작한다. 아시아로 가면 18세기 중반부터 운 좋게도 아예 완성된 한천을 구할 수도 있다. 19세기 미생물학자 로베르트 코흐Robert Koch는 얇은 감자 조각을 사용하며, 다른 학자들은 전분이나 고기 또는 응고된 달걀흰자를 배지로 쓴다. 페니실리움으로 추정되는 곰팡이를 발견한 당신 또한 이런 물질들을 먼저 소독한 다음 배지로 추가할 수 있다. 대량 배양에는 액체 배지가 적절하나, 미생물을 보존하고 분리하기에는 고형 배지가 유용하다. 지금 당신에게는 견고한 성질의 배지가 중요하다. 미생물학 초기에는 대부분 육즙을 사용하는데, 이런 액체 배지에서는 각기 다른 세균들이 모두 뒤죽박죽 섞여 떠다닌다. 그러면 서로 구별하기가 쉽지 않으며 계속해서 증식하는 세균 집단을 일일이 나누기 어렵다. 한천은 여러 기온에서 견고함을 유지하고 거의 투명하여 잘 보이며 살균도 가능한 실용적인 배지로, 파니 헤세 Fanny Angelina Hesse가 1880년대에 개발하여 세상에 내놓는다. 어느 시대로 가느냐에 따라 구할 수 있는 물건에 한계가 있을 테니, 만약 없다면 우선 현미경과 한천 그리고 페트리샬레Petrischale는 당신이 직접 고안하여 만들도록 하자.

모든 작업 단계는 성실하고 책임감 있게 그리고 무균 상태에서 이행되어야 한다. 배지에서 늘 동일한 양의 세균 배양을 하려면, 세균을 채취하는 고리 모양 도구의 끄트머리를 철저하게 살균할 필요가 있는데 19세기 전까지는 아주 뜨겁고 그을음이 나는 불로 지져야 한다. 19세기 초반 즈음부터 살균을 위해 가스버너를 사용한다. 이전에는 살균 작업 자체가 이론으로도 실제로도 존재하지 않으므로, 보통 실험실에서 살균에 쓰는 분젠 버너Bunsen burner가 아직 없는 시대로 간다면 당신 스스로 마땅한 해결책을 찾아야 한다. 경우에 따라 실험실에는 화학 초창기에 투입되는 커다란 집광 렌즈나, 많은 거울을 겹겹이 이어 붙여 태양 에너지로 물체를 녹이는 일종의 대형 화경이 있을지 모른다. 철로 된 고리를 가열할 때 산화물이 생겨서는 안 된다. 금속의 산화물이 미생물에 독작용을 일으키기 때문이다. 그래서 오늘날엔 철이 아닌 백금 합금으로 된 도구를 실험실에 둔다. 그리고 현재 이 고리 모양의 채취 도구는 '백금이'라고 불린다. 과거에서는 18세기 후반이나 되어야 어느 정도 순수한 백금을 살 수 있다.

무균 조건에 더해 당신은 정해진 시간 동안 일정한 기온에서 세균 배양을 진행해야 할지 모른다. 물론 기온의 변동은 미생물 번성에 그리 큰 문제는 아니다. 결국 자연에서도 기온은 수시로 바뀌니 말이다. 하지만 당신이 직접 만든 페니실린의 효과를 배양된 세균 조직으로 테스트하고 싶다면, 둘을 표준화된 절차와 방식으로 다룰 필요가 있다. 그렇지 않으면 나온 결과들을 가지고 의미 있는 비교·대조를 할 수 없다. 사람의 몸에서 일어나는 무언가를 알아내고 싶은 것이므로, 당신이 발견한 곰팡이와 함께 배양하는 세균도 똑같이 그리고 균일하게 37도에서 보관하는 것이 제일 좋다. 곰팡이가 효과가 있는지 여부는 육안으로 확인할 수 있다. 당신이 그곳에서 재배한 배양균이 당신의 곰팡이 주변을 둘러싸고 번성한다면, 그 곰팡이는 효과가 적거나 아예 말라 죽을 수 있다. 이런 현상은 크고 작은 동그라미 모양으로 나타난다.

가망 있는 곰팡이를 찾았다면 커다란 조직을 배양액과 함께 접시 안에 놓자. 접시의 깊이는 1.5~2센티미터를 넘지 않아야 한다. 배양액으로 적합한 물질은 여러 가지가 있는데, 단 무균 상태여야 한다. 여기에서 아주 중요한 요소가 하나 있으니 바로 설탕이다. (물 1리터에 40그램을 녹인 설탕 용액이 필요한데, 과거의 많은 시대에서 이를 조달하기는 그리 쉽지 않다.) 그러면 약 23도의 기온에서부터 액체의 표면에 곰팡이 층이 형성된다. 페니실린 함유량은 7~10일 째에 최고점에 달한다. 배양 결과물에서 페니실린 농도를 확인하는 기술 같은 세부적인 정보는 에드워드 에이브러햄Edward Penley Abraham과 그의 동료가 1941년에 발표한 논문 〈페니실린에 대한 추후 관찰 보고Further observations on penicillin〉에서 얻을 수 있다. 물론 나중에 나온 실험 결과들이 보다 생산적이기는 하나, 이는 고비용의 실험실 기술 및 장비를 전제로 한다. 배양액에서 페니실린을 추출하는 방법 또한 이 논문에 적혀 있다. pH의 값을 측정하는 실용적인 방법이 있는지 그리고 용매로 필요한 에테르Ether를 제조하는 수월한 방법이 있는지, 사전에 미리 생각해 두도록 하자.

만약 당신이 모든 걸 제대로 해낸다면, 이런 방식으로 당신은 100리터의 배양액에서 1그램의 페니실린을 얻게 된다. 치료를 하려면 3그램에서 5그램의 페니실린이 필요하다. 다시 말해 당신은 환자 하나 당 300리터에서 500리터의 페니실린 용액을 생산하고 또 가공해야 한다. 위에서 언급한 논문이 발행되기 몇 달 전인 1941년 2월, 이런 절차를 거쳐 생산된 페니실린으로 최초의 환자가 치료를 받는다. 임상 시험의 첫 번째 대상은 영국의 경찰로, 장미를 다듬다 입 근처에 난 작은 상처가 감염으로 이어져 생명이 위독한 지경에 이른 환자다. 5일 동안의 페니실린 치료 이후 그는 열이 떨어진다. 그에게 주어진 페니실린의 양은 4.4그램이 전부다. 이는 당시로서 조달 가능한 최대치다. 그리하여 페니실린은 환자가 배출한 소변에서 추출되어 재사용된다. 그럼에도 준비된 양은 완치까지는 역부족이다. 환자의 상태는 다시 더욱 악화되고 한 달 뒤에 그는 죽고 만다. 새로운 변화가 이런 식으로 시작되면 다들 당신에게 책임을 물을 수도 있다. 세상이 더 나아지지 않고 오히려 더욱 나빠졌다고 말이다.

영국 경찰이 사망한 지 불과 1년 반 뒤인 1942년 6월, 10명의 환자를 치료하기 충분한 양의 페니실린이 미국에서 만들어진다.

그러니 혹여 중세 전역에 페니실린을 공급하겠다는 원대한 계획이 있다면 잊어버려도 좋다. 그러는 대신 차라리 최초의 발견자 알렉산더 플레밍Alexander Fleming이 있는 1930년으로 찾아가, 그에게 용기를 북돋아 주자. 페니실린을 생산하기까지 심히 힘들고 고통스럽겠지만, 임상 시험 결과도 딱히 전도유망해 보이지 않겠지만, 부디 희망을 버리지 말라고 말해 주자. 거기에서 그는 세상에서 가장 중요한 일 중 하나를 해내려 분투하고 있다!

어쩌면 지극히 간단한 무언가를 발명하는 일이 더 유망할지 모른다. 예를 들면 자전거처럼 말이다. 우리의 과거에서 자전거가 처음 등장하는 시기는 19세기다. 하지만 다른 어떤 평행 세계에선 우리보다 훨씬 이른 시기에 자전거가 발명될 수 있다. 이 말에 반박하기는 어렵다. 자전거는 증기 기관보다 한결 덜 복잡하며, 손이 서툰 사람조차 수공업자에게 기본 원리를 그림으로 쉽게 표현할 수 있다.

오늘날의 자전거와 비슷한 모양을 생각해 낸 사람들은 이전에도 많았으나, 보통은 1817년 카를 폰 드라이스Karl Freiherr von Drais 남작이 세상에 내놓은 발명품을 최초의 자전거라 본다. 맨 처음 바퀴 네 개에 손잡이가 달린 '말 없는 마차'를 개발한 이후, 그는 스케이트를 타다 문득 바퀴가 두 개 달린 탈것을 떠올리게 된다. 초창기 그의 발명품은 '달리는 기계Laufmaschine' '승마 기계Reitmaschine' '말 없는 탈것Fahrmaschine ohne Pferd' 등으로 불리다가 나중에 가서

'드라이지네Draisine'라는 이름이 붙는다. 지금 우리가 타는 자전거의 전신인 드라이지네는 나무로 되어 있으며 페달이 없다. 무게는 대략 25킬로그램이고 두 발을 번갈아 땅을 차면서 앞으로 나아간다. 평균 속도는 시속 약 15킬로미터에 달한다. 이는 당시 역마차보다 네 배나 빠르고, 보행자보다 세 배 빠르며, 승용마보다는 두 배 정도 빠른 수준이다. 드라이스가 자신의 발명품을 처음으로 시승하는 장면을 관찰하고 싶다면 1817년 6월 12일, 만하임Mann-heim에 있는 그의 집과 슈베칭거 역마 중계소Schwetzinger Relaishaus 사이를 오가면 된다. 드라이스의 집은 당시 주소로 만하임 B6 구역 현재 M1 구역 8번지에 해당되며, 슈베칭거 역마 중계소는 지금의 렐라이스슈트라세Relaisstraße 56번지에 있다. 안타깝게도 정확한 시간은 전해지지 않는다.

대부분의 도시들이 오직 보행 도로만 달리는 기계를 타기에 충분히 깨끗하고 건조하며 평평하기 때문에, 21세기 초반 세그웨이Segway나 전기 스쿠터를 비롯한 전기로 가는 다른 작은 탈것들을 둘러싸고 벌어지듯 똑같은 갈등이 전개된다. 드라이스의 첫 공개 시승 이후 불과 몇 달 뒤에, 만하임에선 달리는 기계의 보도 운행이 금지된다. 그로부터 얼마 지나지 않아 밀라노, 런던 그리고 뉴욕에서도 마찬가지로 금지령이 내려진다. 그리하여 달리는 기계는 곳곳에서 멈춰 서며 정체기에 들어간다.

50년 동안 별다른 일이 벌어지지 않다가, 프랑스인 피에르 미쇼Pierre Michaux와 피에르 랄르망Pierre Lallement이 1861년 앞바퀴에 페달을 달면서 변화에 박차가 가해진다. 잇따라 다음 해에 탄력 있는 안장을 갖춘, 금속으로 된 자전거들이 시장에 나온다. 1867년에 열리는 파리 만국 박람회에 가면(1장 '만국 박람회에 오신 걸 환영합니다' 참고) 당대 자전거 기술의 수준을 한눈에 둘러볼 수 있다. 체인과 톱니바퀴 장치가 없기 때문에 앞바퀴는 페달이 한 번 돌 때마다 단 한 번만 회전한다. 그래서 오늘날 기어를 아주 낮은 단에 놓고 탈 때처럼 기우뚱거리게 된다. 그로 인해 앞바퀴가 커다란 '높은 바퀴 자전거'의 인기가 늘어나며, 높은 자전거의 앞바퀴는 점점 더 커진다. 너무 높은 나머지 따로 마련된 발판을 딛어야 오를 수 있을 정도이다. 드라이스의 달리는 기계처럼 이 높은 자전거도 등장 이후 바로 보행 도로에서 금지되며, 심지어 시내 진입 자체를 금지하는 도시들도 여럿 생겨난다. 쾰른에서는 1870년부터 1895년까지 도심 전체에 자전거 금지령이 지속된다.

1880년대 후반에 들어 공기 타이어가 발명된다. 대략 비슷한 시기에 자전거 체인이 시장에 나오면서 오늘날의 형태에 가까운 자전거가 가능해진다. 톱니바퀴 장치 덕분에 이제 더 이상 거대한 앞바퀴를 만들 필요가 없으며, 대신 앞바퀴와 뒷바퀴에 하나씩 달린 스프로킷Sprocket에 체인이 맞물리면서 움직이게 된다. 그럼에도 차체가 낮은 자전거는 한동안 활동성과 거리가 먼 것으로 여겨진다. 한 1895년부터는 현재에서 온 시간 여행자들도 큰 전환 없이 수월하게 사용할 수 있는 자전거들이 나온다. 지금 자전거의 이전 모델들을 타 보고 싶다면 자전거가 아직 자전거라는 이름으로 불리지 않는다는 점을 유의해야 한다. 독일어권에서 자전거는 초창기에 '달리는 기계' 또는 '드라이지네'라 지칭되며, 1860년대부터는 '벨로시페드Velociped'라 불리다, 1880년대에는 '높은 안전 바퀴Hohes Sicherheitszweirad' 또는 '낮은 안전 바퀴Niederes Sicherheitszwei-rad'라고 하다가, 1885년에 이르러 오늘날처럼 파라트Fahrrad(자전거)라는 이름이 붙여진다.

자전거가 대중적으로 널리 사용되기까지 걸리는 시간을 단축하고 싶은 사람은 자전거 발명가들보다 한 걸음 앞선다고 할 수 있다. 두 개의 바퀴로 이동하는 수단은 현재의 시선에선 너무도 빤한 아이디어이지만 당시에는 전혀 그렇지 않기 때문이다. 자전거 발명 시점을 조금 더 먼 과거로 옮기고 싶은 사람은, 자전거와 같은 개념이 이미 존재할 수도 있다는 사실 정도는 알고 시작해야 한다. 그럼에도 제대로 구현되지 않은 데에는 이유가 있을 것이다. 아마 만만치 않은 어려움에 직면할 것이다.

초기의 자전거는 나무와 연철로 이루어진다. 1880년에 들어서야 사용 가능한 강철이 시중에 충분히 주어진다. 오늘날에도 원목이나 대나무로 된 자전거 골격이 다시 나오고 있긴 하지만, 주요 구성 부품은 나무가 아니거나 아니면 편안한 탑승감은 내려놓고 제작되는 편이다. 베서머Bessemer 제강법이 개발되는 1855년 무렵까지 강철은 이국적이고 희귀한 원자재에 속한다. 베서머법 등장 이후에도 생산이 증가하고 가격이 떨어지기까지는 몇 년이 더 걸린다. 베서머의 발명을 보다 이른 시기로 옮기고 싶다면 철광석과 석탄을 쉽게 구할 수 있는 곳으로 가야 한다. 석탄과 철광석이 다량으로 비축된 지역은 전 세계적으로 그리 많지 않다. 그 가운데 하나로 영국의 콜브룩데일Coalbrookdale이 있으며, 이곳은 산업화의 출발점이기도 하다.

나무나 금속으로 된 바퀴가 달린 자전거는 뼈를 흔들리게 한다는 의미로 '본쉐이커Boneshaker', 즉 털털이라 불린다. 통 고무 타이어는 우선 생고무를 탄성 고무로 가공하는 기술이 개발되어야 나올 수 있다. 시간 여행자들은 이 과정을 가속시킬 수 있다. 1833년경부터 미국의 동부 해안을 따라 이리저리 주거지를 옮기는 찰스 굿이어Charles Goodyear를 찾아가서, 천연고무에 유황을 넣어 가열해 보라고 그에게 귀띔을 하면 된다. 그는 이 해답을 오롯이 홀로, 1839년에 우연히 발견한다. 기회가 된다면 굿이어에게 산화납은 멀리하라는 조언을 건네자. 산화납으로 그의 생은 길고 지난한 길을 가게 될지 모른다.

이 시기에 생고무는 저렴하게 얻을 수 있는데, 굿이어가 가황법을 발견하기 전까지 생고무는 열기에는 끈적거리고 냉기에는 부서지기 십상이라 그다지 유용하게 여겨지지 않는다. 고무의 역사에 끼어들고 싶다면 이와 결부되어 발생하는 여러 가지 문제들을 부디 깊이 생각하기를 바란다. 가황법의 발견은 고무 붐Boom을 불러일으키며, 이는 아마존 지대 고무 농장 전역에 광범위한 강제 노동으로 이어진다. 상당 지역에서 주민의 90퍼센트가 목숨을 잃는다. 브라질의 고무 독점은 수십 년 동안 이어지다, 영국인들이 고무나무 씨앗을 밀반출해 자기네 식민지 땅에 재배하면서 비로소 깨지게 된다. 다른 식민지 보유국들도 영국을 뒤따르는데, 특히 벨기에와 프랑스 지배하에 있는 아프리카에서는 고무 채취를 둘러싸고 잔인한 형국이 빚어져 콩고에서만 500만~1000만 명이 사망에 이른다. 역사가 다르게 흘러가는 어느 다른 세계에서도 상상하기 어려운 일은 아니지만, 시간 여행자 하나가 거기에서 무언가를 시도하여 이런 참담한 역사가 현실이 될 가능성은 상상을 능가할 만큼 크다.

자전거 체인, 스프로킷, 베어링Bearing, 나사 그리고 금속 살이 달린 바퀴 등은 하나하나의 부품을 일정하고 정밀하게 대량으로 제작할 수 있을 때가 되어야 쉽게 주어진다. 그러려면 산업 혁명이 필요하고, 산업 혁명의 시작은 자전거 한 대 발명과는 비교할 수 없을 만큼 방대한 과제를 낳는다.

사실 얼마나 대단한 자전거를 만들든 거의 상관은 없다. 최고의 자전거라 해도 혼자서는 제 기능을 다하지 못한다. 교통수단으로 매력적이려면 잘 닦인 도로처럼 특정한 주변 환경이 갖춰져야한다. 물론 오늘날의 산악자전거처럼, 울퉁불퉁한 홈이 있는 공기 타이어에 완충 장치인 서스펜션Suspension 그리고 고성능 브레이크를 갖춘 자전거로는 깊은 진창도 무사히 달릴 수 있다. 이 같은 라이딩에 흥미가 있는 사람들도 있지만 많은 이들은 단단하고 건조한 길을 선호한다. 다수의 유럽에서 이런 길은 오랫동안 비가 내리지 않은 경우에만 겨우 접할 수 있다. 여러 여행기들을 보면 19세기 초입까지도 도로 상태에 대한 불만으로 가득 차 있다.

카를 폰 드라이스는 첫 시승을 위해, 1750년부터 쇼세Chaussee 도로가 깔린 구간을 택한다. 지금은 사라진 포장 방식인 쇼세는 많은 비용과 시간을 들여 흙과 자갈로 기초 공사를 탄탄히 하기 때문에, 도로 표면이 평평하고 견고하며 배수도 잘 된다. 유럽의 순례길에 이런 길이 일부 남아 있다. 드라이스의 시대만 해도 이런 도로는 영국과 프랑스 그리고 독일 남서부 지역에선 흔한 편이다. 하지만 이 외에 다른 많은 유럽 지역에는 포장되지 않은 시골길이나 아니면 자갈로 포장된 길밖에 없다. 후자는 현재까지도 베를린 외곽 지역에 여전히 존재한다. 19세기의 자전거 승차감을 대략적으로나마 느끼고 싶다면, 되도록 기능이 적은 단순한 자전거로 이 동네의 자갈 포장길을 달려 보면 된다. 스프링 완충 장치와 빵빵한 공기 타이어를 갖춘 자전거로도 전혀 즐겁지 않을 것이다.

이론적으로는 튼튼한 도로가 건설되는 시기를 보다 먼 과거로 옮길 수 있으며, 견고한 로마의 도로와 유럽의 쇼세 도로 사이의 1500년이라는 기나긴 간극을 메워 볼 수도 있다. 하지만 이는 이론에 불과하며 실제로는 시간 여행자들이 실현할 수 있는 선을 넘어선다. 도로 건설은 중앙 집권적 통치 체제와 국가의 명확한 중심점(로마, 런던, 파리)이 있어야 제대로 진행된다. 뿐만 아니라 충분한 노동력은 필수다. 자신의 군주를 위해 무급으로 노동 시간을 채워야 하는 농부들은 기껏해야 일시적인 수리 작업 정도에나 동기부여가 되며, 그들에게 오래가는 견고한 도로 건설을 요구하고 기대하기는 어렵다. 특히 여러 작은 영역들로 조각조각 나누어진 독일에서는 합리적인 도로 건설 정책마저 수많은 장애물로 애를 먹는다.

자전거가 성공적으로 자리 잡기 위한 또 하나의 조건은 다시금 산업화와 연계된다. 자전거는 부유한 사람들의 장난감으로 적합하지 않다. 자전거는 연습을 필요로 하며, 수치를 당할 위험이 도사리고 있기 때문이다. 설령 사고 없이 타더라도 자전거를 사용하는 모습 자체가 주변 이웃들의 눈에는 바보처럼 보인다. 폰 드라이스 남작은 노래로 조롱을 받기도 한다. '미끄럼 남작은 마차도 안 타고 늙은 말도 안 타고 게으르게 걸어 다니며 미끄러진다네.' 작가 카를 구츠코우Karl Gutzkow는 드라이스가 처음으로 자전거에 오른 지 20년 뒤인 1837년에 달리는 기계에 대해 이렇게 쓴다. '이 기계는 온통 우스꽝스러움을 겨냥하여 만들어졌다. 이걸 타면 절로 나오는 우스운 손짓 발짓은 어린아이들이나 감당할 수 있기 때문이다. 이 기계 위에 앉으면 마치 노면 위에서 스케이트를 타는 사람처럼 보인다.' 자전거 타는 사람들은 등장 초반부터 신문 풍자화의 인기 모티브가 된다. 부자들은 어차피 마차나 최소한 말 한 마리는 소유하고 있으며, 둘은 열악한 도로도 별 문제없이 달리고 집으로 가는 길도 알아서 찾는다는 점에선 자전거를 능가한다.

그래서 자전거는 수십 년 동안 주로 유복한 젊은 남성들의 이동 수단으로 자리하며, 19세기 말 무렵에는 관습에서 벗어나려는 여성들이 늘어나면서 여성 사용자도 점점 증가한다. 요즘 식으로 말하면 힙스터Hipster의 상징이라 할 수 있다. 1900년 즈음 미국과 유럽의 많은 여권 운동가들은 자전거가 그 무엇보다 여성 해방에 크게 기여한다고 말한다. 자전거가 성공을 거두려면 자전거를 구입할 수도 있으면서 사용할 만한 이유가 충분한 계층이 있어야 한다. 산업화는 이런 계층들이 생겨나는 데 큰 역할을 하며, 동시에 자전거는 적당한 비용으로 구입이 가능해진다. 세기 전환기 이후 자전거 가격은 일반 노동자들의 한 달 치 월급 아래로 떨어진다. 이때부터 모두가 자전거를 사용할 수 있게 되며, 도심 외곽에서 공장으로 통근을 하거나 쉬는 날 친척을 방문하는 등 사용자의 행동 반경이 한층 넓어진다. 자전거는 대량 수송이 가능한 대중교통 수단이 되나 그러기까지 길고 울퉁불퉁한 길을 거친다.

그 어떤 비용도 노력도 마다하지 않는 시간 여행자가 고대 로마나 그리스 또는 중국의 수공업자를 찾아가 자전거와 비슷하게 생긴 탈것을 제작하더라도, 21세기에 발굴되는 몇몇 희한한 도구나 역사책에 남겨진 삽화들과 같은 수순을 밟을지 모른다. 이 평행 세계의 거주자들 또한 자전거가 일반적이고 보편적인 이동 수단이 되기까지는 오랜 시간을 기다려야 할 것이다.

당신이 발명하지 않아도 되는 것들

→ **시간 여행 안내서에서 자주 추천하는 발명으로 증기 기관이 있다.** 즉 아직 증기 기관이 없는 시대로 가서, 보다 일찍이 새로 소개하면 좋을 거라고들 말한다. 잘 생각해 보면 고대 이집트와 그리스에도 수증기의 팽창력을 이용한 기계가 이미 있다. (이 기계가 실제로 유용한지 아니면 그저 과시용 장난감인지는 이견이 갈린다. 만약 당신이 시간 여행을 하며 이에 대해 더욱 많은 정보를 찾아냈다면 부디 우리에게 알려 주길 바란다. 개정판에 당신의 지식을 참고하도록 하겠다.) 우리는 증기 기관을 주제로 한 시간 여행을 적극 권하지 않는다. 기본적으로 증기 기관은 제작이 어렵지는 않다. 하지만 비용이 굉장히 많이 들고 여러 모로 까다로워, 아무도 설치하려 하지 않는다. 말이나 사람의 노동력 문제가 증기 기관으로 해소되면서 여지가 생기기는 하나 그래도 녹록지는 않다. 영국의 산업화 초창기에는 석탄 광산의 배수 처리가 너무나 절실하여, 이 비실용적인 기계를 들이게 된다. 그러나 이런 제한적 요건이 갖춰지지 않으면, 과거에서 당신은 누군가에게 콤바인Combine을 회사 차량으

로 팔듯이 고전을 면치 못할 것이다. 뿐만 아니라 초기의 증기 솥은 종종 폭발하기도 한다.

→ **인공 질소 비료도 관심 받는 발명 중 하나다.** 질소질 비료는 전 세계 작물 수확량을 몇 배로 늘리며, 이로 인해 식량난이 감소하기에 이른다. 당신이 질소 비료를 가지고 세상을 조금 더 일찍 기쁘게 하고 싶다면, 이는 자명하고도 칭찬받아 마땅한 생각이다. 하지만 그러려면 하버-보슈Haber-Bosch 공정이 필요하다. 현재까지도 쓰이는 이 암모니아 합성법은 막대한 에너지가 들어가며, 새로운 원자재로 고압을 견디는 반응기를 제작하고 아주 희귀한 원료들로 촉매제를 개발해야 한다. 1910년 특허를 얻는 하버-보슈법은 당시의 기술적 실현 가능성의 경계에 있으며, 당신은 이 날짜를 결코 쉽게 옮기지 못할 것이다. 어쩌면 달 착륙 시점을 옮기는 일보다 어려울지 모른다.

감행해도 되는 것들

→ 뜨개질은 우리 고유의 과거에서, 300년과 900년 사이 언젠가 고안된다. 이에 대한 보다 구체적인 내용을 당신이 알아낸다면 직물 연구 분야에서 분명 반가워할 테지만, 당신이 아예 더욱 일찍이 뜨개질을 세상에 소개해 보아도 좋을 것이다. 뜨개질에는 나무나 뼈 또는 금속으로 된, 두 개의 바늘과 실 하나만 있으면 된다. 어쩌면

당신은 난관에 직면하게 될지 모른다. 많은 문화권에 널리 퍼져 있는 그리고 오래전부터 전해지는 대부분의 뜨개 기법은 굉장히 뛰어나며, 올이 풀리는 일도 없다. 즉 당신보다 능숙하게 해내는 사람이 어딘가 있을지도 모른다는 말이다. 물론 아닐 수도 있다.

→ **열기구는 기술적으로 큰 문제없이 만들 수 있으며 굳이 비단이 필요하지도 않다.** 최초의 열기구인 몽골피에Montgolfière는 내부에 세 겹의 종이를 바른 아마로 되어 있다. 시간 여행자인 당신은 이런 식의 비행으로 보통은 다 살아남으며, 땅에서 고작 몇 미터 떨어진 상공에선 숨이 막히지 않는다는 걸 이미 알기 때문에 한결 유리하다. 18세기만 해도 이는 여전히 논쟁거리로 남는다. 처음 열기구를 띄울 때 몽골피에 형제들이 일단 양과 닭 그리고 오리를 태워 시험하는 이유가 여기에 있다. 아마 당신은 몽골피에 형제들처럼 연기에 부력이 있다 생각하지 않고, 뜨거운 공기가 열기구를 공중으로 띄운다는 사실까지도 알고 있을 것이다. 의심하는 사람들은 작은 모형 열기구로 설득하면 된다.

→ **손수레는 어쩌면 고대 그리스에도 있을지 모른다.** 적어도 건축 자재 목록에는 이를 암시하는 문구가 있다. (만일 당신이 이미 그곳에 있다면 손수레가 실제로 사용되는지 주의 깊게 바라보기를 바란다.) 손수레 개발 시기를 당신이 조금 당겨도 되는 이유는 우선 바퀴의 발명과 손수레의 발명 사이에, 뚜렷한 이유 없이 4000년이라는 시간이 경과하기 때문이다. 중부 유럽은 여기에 1000년이 더

걸린다. 손수레는 평평한 도로가 필요하지 않으며 좁은 오솔길이면 충분하다. 또한 외발이므로 수레 당 하나에서 셋에 이르는 비싼 바퀴를 아끼게 된다. 손수레를 보다 일찍 등장시키되 애초부터 고대 중국식 모형을 소개하면 더 좋을 것이다. 중국식 손수레는 유럽형보다 훨씬 우월하기 때문이다. 유럽의 손수레는 무게를 둘로 나누어 하나는 바퀴에 다른 하나는 미는 사람에게 분산시킨다. 반면 중국의 손수레는 월등히 커다랗고 더욱 뒤쪽에 자리한 바퀴 하나가 화물의 전 중량을 부담한다. 인간은 균형을 유지하면서 밀고 나갈 수 있는 수레가 필요하다. 이런 이유로 중국식 모델은 사람과 물건을 먼 거리까지 운송하는 수단으로 발전한다. 반면 유럽식은 짧은 구간에만 적합하다. 중국식 손수레는 한 대에 여덟 명까지 태우고 이동하기에 이른다. 심지어 수레에 돛이 달리기도 한다. 한번 당신의 운을 시험해 보자! 유럽인들의 척추 디스크가 당신에게 고마워할 것이다.

이 모든 모험과 감행에 공통으로 해당되는 사항이 있다. 즉 당신이 과거에 가서 무엇을 보여 주고 싶든, 모든 걸 일단 현재에서 한번 연습해 보고 떠나도록 하자. 현재에서 페니실린을 제조해 본 적이 전혀 없는 사람은 과거에선 시도조차 할 필요가 없다. 과거는 각각의 단계가 훨씬 더 어려우며, 문제가 생기면 동영상이나 전문 서적을 뒤적여 조언을 얻을 수도 없다.

시간 여행자들이 누릴 수 있는 주요 장점은 혹여 연필 하나가 어떻게 만들어지는지조차 모르더라도, 당신에게는 특정한 사고의 장벽이 없다. 이를테면 당신은 1세기와 17세기 사이 유럽의 모든 전문가들이 그러하듯, 진공이 불가능하다 생각하지는 않는다. 다수의 발명들은 무언가가 가능할지도 모른다는 막연한 예감과 함께 시작된다. 무언가가 가능하다는 걸 확실히 알면 실제로 제작하는 데 상당한 동기 부여가 된다. 그러면 밤마다 뜬눈으로 지새우며, 가령 전신기가 제대로 작동하는 날이 언젠가 오기는 하는지 의심할 필요가 없다.

물론 (현재를 포함한) 모든 시대마다, 새로운 변화를 두고 불가능하다거나 아니면 가능하지만 완전히 쓸모없다 운운하며 자기주장을 펼치는 영향력 있는 사람들과 엮이게 마련이다. 누군가의 주장이 옳지 않음을 스스로 확고히 알수록 분노와 좌절 그리고 번아웃Burnout의 잠재성은 커진다.

개혁을 적극적으로 방해하는 이가 전혀 없더라도, 무언가를 이끌어 낼 저력이 있는 새로운 지식이더라도, 끝내 성공적인 변화로 이어지지 않을 수 있다. 고대 로마에는 튼튼한 도로와 고품질의 콘크리트 그리고 우수한 급수 시설이 있다. 로마 제국 멸망 이후 1000년이 넘어서도, 이들 모두가 어떻게 이룩되는지에 관한 지식은 완전히 잊히지 않고 남아 있다. 단지 돈과 노동 그리고 적절한 정치 체제가 부족할 뿐이다. 일정한 요건이 맞지 않으면 사소한 지식으로 여겨져 사장되기 십상이다. 이를 직접 확인하고자 굳이 과거로 떠날 필요도 없다. 현재의 독일만 보아도 알 수 있으니 말이다. 2019년에도 독일에는 이동 통신 품질이 나쁜 지역이 여전히 많으며 수신이 아예 되지 않는 곳도 있다. 이는 지식 부족의 문제가 아니다. 그리고 혹여 미래에서 2019년의 독일로 여행을 와, 관련 책임자에게 무선 통신의 놀라운 비밀을 아무리 설파해도 의미가 없을 것이다.

17장

시간 여행에서 만나 봐야 할 사람들

지난 장에서 살펴보았듯이 세계사의 흐름에서 거대한 변화 또는 기술적 발전의 가속화는 아주 어렵거나 아니면 끝까지 해내기가 거의 불가능하다. 역사에서 아쉬운 부분을 살짝 고치는 작업은 시간과 에너지가 많이 들지 않으며, 특히 짧은 휴가 안에서 무난하게 해결할 수 있다. 위인전기 속 유명한 사람들은 발명을 실행으로 옮기거나 계획을 완수하거나 혹은 자기 아이디어에 관한 결정적 증거를 내세우는 과정에서, 단 하나의 작은 요소가 모자라 종종 불필요한 어려움을 겪곤 한다. 이들에게 약간의 손을 보탠다면 세계 역사를 새로 쓰지는 않겠지만, 그래도 조금이나마 유익한 일을 하게 될지 모른다.

이어지는 장에는 이와 관련된 몇몇 추천 인물들이 등장한다.

방구석 시간 여행자를 위한 종횡무진 역사 가이드

안타까움을 공감하며 읽을 만한 전기들은 그 밖에도 더 있으나 여기에는 일부만 담았다. 그리고 첫 번째로 소개하는 인물은 당신이 결코 도움을 줄 수 없는 경우이다. 우리가 그를 끼워 넣은 이유는 이런 종류의 여행에서 겪는 전형적인 어려움을 깨달을 필요가 있기 때문이다.

탐구에 박차를 가하기: 알프레드 베게너

천문학자, 기상학자 그리고 지구물리학자인 알프레드 베게너는 자신의 대륙 이동설을 생전에 완성시키지 못한다. 오늘날 다들 알듯이, 남아메리카의 동쪽 해안선과 아프리카의 서쪽 해안선이 거의 정확히 일치함에도 말이다. 시간 여행자라면 베게너를 위로하고 싶은 마음이 누차 들게 마련이다. 당신 말이 옳다고 후세에선 당신의 이론이 받아들여진다고, 직접 전하고 싶을 것이다. 따뜻한 생각이긴 하지만, 안타깝게도 이런 정보는 베게너가 문제를 해결하는 데 크게 도움이 되지 않는다. 현재 우리가 대륙 이동에 대해 알고 있는 것은 새로운 기술들을 통해 발견해 낸 지식이다. 다시 말해 먼저 1950년대에 해저 바닥을 철저히 측량하여 지도를 작성한 다음, 이후 GPS 데이터가 더해지면서 지금의 지식이 자리 잡은 것이다. 그러나 베게너는 해양 조사선도 GPS 위성도 이용할 수가 없다.

똑똑한 베게너는 지극히 편협하고 아무것도 모르는 동시대인들과의 논쟁에서 결코 맞서 싸우지 못한다. 반대론자들의 상당수는 확립된 이론에 실제로 문제가 있거나 새로운 유익이 있어서가 아니라, 그가 물리학적 소양이 부족하다는 이유로 반대한다. 하지만 베게너의 학설을 향한 비판은 근거 없이 떠오른 것은 아니다. 전문적인 학술 논쟁에서, 무엇보다 그는 판의 이동을 일으키는 힘의 근원을 명확히 규명하지 못한다. 이 메커니즘은 오늘날까지도 완전하게 해명되지 않는다.

그러므로 베게너를 실질적으로 도와줄 수 있는 아이디어가 있는 경우에만 그를 찾아가도록 하자. 그가 일생 동안 지낸 곳들의 모든 주소를 비롯해 그가 벌인 학술 논쟁의 세부적인 내용 등 많은 유용한 정보들은 모트 T. 그린Mott T. Greene의 전기 《알프레드 바그너: 과학, 탐험 그리고 대륙 이동설Alfred Wegener: Science, Exploration, and the Theory of Continental Drift》에서 찾아볼 수 있다.

시대를 너무 앞서가거나 또는 난관을 돌파하는 데 단 하나의 요소가 부족한, 학자나 발명가를 돕고 싶은 시간 여행자들은 매번 동일한 문제에 직면하게 된다. 그저 누군가를 불쑥 찾아가 '어찌 되었든 당신이 옳아요!' 라거나 '이것과 저것을 한번 시험해 보세요!'라고 전해 봐야 아무 소용이 없다. '당신 말이 맞아요. 저는 미래에서 왔기 때문에 이를 분명히 알아요.' 이런 말도 별 차이는 없다. '얼마 전에 미지의 누군가가 저에게 다가와 전한 바에 따르면……' 이런 문구로 시작되는 논거로, 해당 이론에 맞선 동시대의 반대론자들에게 깊은 인상을 남기기는 어렵다. 어느 학설이 어떤 과정을 거쳐 입증되는지 혹은 어떤 방법으로 결정적 증거가 발견되는지 당신이 안다 하더라도, 전체적인 계획이 해당 학자가 사는 각 시대 안에서 실제로 실행에 옮겨져야만이 그에게 도움이 된다. 안타깝게도 이런 경우는 지극히 드물다.

당신이 정말 실질적이고 유용한 증거를 누군가에게 직접 전달한다고 한번 가정해 보자. 이는 상상만으로도 솔깃하다. 수년 동안 찾아 헤맨 어려운 문제의 해답을 들고, 현관 앞에서 초인종을 누른다. 기쁨에 젖은 그는 당신의 목을 끌어안으며, 노벨상 상금의 절반을 주겠다고 약속한다. 그러나 현실은 종종 다르다. 해당 인물은 집에 없거나 마침 너무 분주할지 모른다. 아니면 자신이 도대체 왜, 어딘가 어눌하게 모국어를 구사하는 미지의 낯선 여행객과 문 앞에서 자기 연구에 대해 토론을 벌여야 하는지 도통 이해하지 못할 것이다.

'당사자의 필적을 모방하여 마치 그가 잠결에 끄적거린 것처럼, 침대 맡 탁자에 소식을 남겨두는' 식의 속임수 또한 생각만큼 실행하기가 쉽지 않다. 당신은 유령처럼 스르륵 나타났다가 다시 사라질 수 없으며, 말 그대로 주거 침입을 해야 한다는 사실을 염두에 두자. 대부분의 과거에서 주거 침입 행위는 현재와 마찬가지로 불법이다.

당신이 여행을 떠난 시대가 단순히 한두 해 전의 과거가 아니거나, 당신과 마주한 상대방의 언어를 완벽하게 구사하지 못한다면, 그나마 성공 가망이 있는 길은 문장력과 필체가 좋은 사람을 고용하는 것이다. 당신이 전하고픈 소식을 유려하고 세련된 문장으로 구성하고, 품위 있는 필체로 적어 우체국으로 가져가자. 원칙적으로 이런 편지는 현재에서도 의뢰할 수 있으나, 각 시대의 문필가에게 작업을 맡기는 편이 더욱 저렴한 경우가 많으며 문체의 정교함을 추구한다면 역시나 후자가 유리하다.

알프레드 베게너에게는 이 모두가 아무 소용이 없다. 하지만 그렇다고 방문을 포기할 필요까지는 없다. 만약 당신이 우연히 1900년 7월 2일에서 3일 사이의 밤 하이델베르크Heidelberg에 머문다면, 베게너를 마주칠 수 있는 기회를 놓치지 말자. 새벽 3시즈음 그는 하얀 숄을 걸친 채, 시내 중심가인 하우프트슈트라세Hauptstraße를 따라 시장 광장인 마르크트플라츠Marktplatz 방향으로 걸으며 '지나치게 큰 소리로 치안을 해치는 부적절한 소음'을 만들어 낸다. 훗날 아이어만Eiermann이라는 순경이 기록한 조서처럼 말이다. 이 시기에 베게너는 열아홉이며 대륙 이동설에는 아직 관심도 없다. 그러니 괜히 그를 귀찮게 하지 말고 가만히 내버려 두자. 당신이 아무리 좋은 조언을 건네도 어차피 다음 날 아침이면 그는 아무것도 기억하지 못할 것이다.

시간 절약하기: 몇몇 발명가들

화가이자 발명가인 새뮤얼 모스Samuel Morse는 1830년대에 모스 부호와 전신기를 개발한 인물로 알려져 있다. 처음에 그는 전기에 대해 아무것도 모른다. 전류가 짧은 철사를 통해서는 매우 잘 전달되나, 긴 철사로는 전류를 전달하기가 아주 힘들다는 사실조차 알지 못한다. 동일한 시대에 전신기 발명에 몰두한 윌리엄 포더길 쿡 William Fothergill Cooke과 모스는 이 문제를 붙들고 골머리를 앓는다. 하지만 미국의 물리학자 조지프 헨리Joseph Henry는 몇 해 앞서 이에 대한 해법을 찾는다. 당신은 역사를 어그러뜨릴 필요가 전혀 없으며, 대신 두 사람에게 결과만 알려 주면 된다. 즉 문제를 해결하려면 적절한 전지가 필요하다고만 말해 주자. 커다란 전지 하나 대신 여러 개의 작은 전지를 사용하면, 전기 신호를 멀리 있는 구간에도 전달할 수 있다. 쿡은 물리적 문제를 풀기 위해 다양한 사람들에게 조언을 구하는데, 그중에서도 영국의 과학자 마이클 패러데이Michael Faraday의 말에 귀를 기울인다. 만일 당신이 쿡을 도와주고 싶다면, 패러데이와의 만남에서 제발 영구 동력 기관에 대해서는 언급하지 말라고 간절히 충고하자. 쿡은 에너지 공급 없이 무한히 작동하는 영구 기관을 실제로 만들어 보려고 고민하는데, 이 대화 이후 패러데이는 쿡의 말을 더 이상 진지하게 받아들이지 않는다. (일단 우리가 알고 있는 버전에서는 그렇다.)

한편 모스의 주된 문제는 전선의 길이가 아니라, 복잡한 구조의 전신기를 개발하느라 수년 동안 파묻혀 살다가 결국 포기한다는 것이다. 모스를 찾아간다면 누름단추가 달린 단순한 구조를 만들라고 조언해 주자. 그러면서 숫자 코드로만 전문을 전하려 하지 말고, 점과 선으로 된 부호를 조합해 보라고 권해 보자. 그럼 그의 시간과 함께 신경도 아끼게 된다. 모스는 앞으로도 이들 둘이 필요하다. 역사에서 늘 드러나듯이 혁신의 상용화는 복잡하고 어려운 과정을 거치기 때문이다. 그러나 한 가지는 명심하자. 당신이 찾아간 과거는 우리가 알고 있는 버전의 과거와 모든 세세한 부분들까지 일치하지는 않을 수 있다. 어쩌면 모스나 쿡은 당신의 도움 없이도, 전혀 다른 그리고 더 나은 해법을 찾을지 모른다. 그 밖에 다른 사례들도 마찬가지다. 영구 동력에 대한 조언처럼 당신이 발명가들과 나누는 모든 대화는 당사자에게 도움을 줄 수도 혹은 별다른 영향을 미치지 않을 수도 있다.

실패를 피하도록 도와주기: 호레이스 웰스

치과 의사인 호레이스 웰스Horace Wells는 1844년 12월 아내와 함께 보스턴을 방문해, 유랑 극단에서 웃음 가스의 효과를 공개적으로 선보이는 공연을 보게 된다. 단지 관객들에게 재미를 선사하기 위한 오락거리였으나, 여기에서 웰스는 무대 위의 피실험자가 나무 의자에 무릎을 부딪히고도 아무런 통증을 느끼지 않는 모습에 주목한다. 그는 이 가스가 자신의 병원 치료에 유용할지도 모른다고 생각하며, 바로 다음 날 웃음 가스인 아산화질소를 마취제로 사용하여 예상대로 통증 없이 이를 뽑게 된다. 자신의 환자들을 대상으로 한 실험도 성공적으로 진행된다. 1845년 1월 20일, 그는 이 새로운 방법을 매사추세츠 종합 병원의 의대생들 앞에서 시연하기에 이른다. 하지만 너무 적은 양의 가스를 사용하여 환자가 마지막 순간 비명을 지르는 바람에, 웰스는 관중들에게 심한 조롱을 받는다. 그로 인해 그는 병에 들고 이후 병원 문을 닫게 된다. 그리고 4년 뒤 그는 스스로 목숨을 끊는다. 연습을 조금만 더 했더라면 (아니면 시간 여행자들의 조언이 있었더라면) 웰스는 전 의학 분야는 아니더라도 적어도 치의학에서는 마취제의 창시자로 이름을 날렸을지 모른다.

목숨 구하기: 앱슬리 체리개러드

스물여섯의 앱슬리 체리개러드Apsley Cherry-Garrard는 로버트 팰컨 스콧Robert Falcon Scott의 남극 탐험대에서 가장 어린 대원에 속했다. 1912년 2월 말 그는 러시아 출신의 썰매견 전문가 디미트리 게로프Dimitri Gerov와 함께, 탐험대의 주요 베이스캠프인 원톤 저장소One Ton Depot를 향해 출발하여 3월 3일에 도착한다. 그곳에서 그는 영하 38도까지 떨어지는 추위와 눈보라 속에서, 일주일 동안 스콧의 남극 탐험대를 기다린다. 그의 임무는 탐험대의 귀환 길 마지막 단계를 보조하는 것이기 때문이다. 기다림 끝에 그는 3월 10일 발걸음을 돌린다. 무엇보다 개들의 먹이가 바닥을 보여 더 이상 버틸 수가 없다. 체리개러드가 귀환하는 시점에, 스콧과 그의 두 동행인은 원톤 캠프에서 110킬로미터가량 떨어져 있다. 스콧 일행이 3월 19일에 도달하여 자리를 펴는 마지막 야영지는 베이스캠프로부터 불과 18킬로미터 거리에 있다. 그로부터 약 열흘 뒤에 이들은 모두 죽는다. 스콧의 동행인인 에드워드 윌슨Edward Wilson과 헨리 '버디' 바워스Henry 'Birdie' Bowers는 체리개러드의 절친한 친구이기도 하다. 그는 남은 평생 동안 자신을 책망하며 보낸다.

이 문제에 대한 해법은 그리 단순하지 않다. 원래대로라면 누군가 제때 원톤 저장소에 여분의 개 사료를 더 가져다 놓기만 해도 문제가 풀릴 듯하나, 스콧은 탐험 내내 계획을 수차례 변경하기 때문에 개 사료 공급 임무가 완수되기는 어렵다. 물론 식량이 없더라도 체리개러드는 탐험대를 향해 나아갈 수 있다. 개들을 차례로 잡아 남은 개들에게 먹이로 줄 만큼 그가 충분히 단호하다면 말이다. 사람이 먹을 식량의 하루 할당량은 넉넉한 편이다. 아니면 겉봉에 '1911년 2월에 개봉하기'라고 적힌 절박한 편지를 그에게 미리 보낼 수도 있다. 하지만 그는 어리고 경험이 없으며 굉장히 근시안적이다. 게다가 썰매견을 담당하는 게로프는 원톤 캠프에 도착한 직후 병에 걸린다. 안 그래도 상황이 열악한 체리개러드에게 더욱 강한 압박을 가하는 건 옳은 방법이 아닌 듯하다.

그러는 대신 차라리 스콧에게 영향을 가하는 쪽이 낫다. 이를 테면 기회가 생길 때마다 재차 변동될 일이 없는, 명료한 계획이 세워지도록 돕는 것이다. 그러면 심지어 귀환하는 길에 식량과 연료가 극도로 부족해지는 상황으로도 이어지지 않을지 모른다. 다른 한편으로 스콧은 영향을 미치기 쉬운 인물이 아니다. 그럼에도 혹여 그가 탐험을 준비하는 동안, 베이스캠프의 파라핀Paraffin유가 통 안에서 증발한다는 조언이 담긴 편지를 지속적으로 받는다면 도움이 될 수도 있다. 거의 동일한 시기에 남극점을 향해 길을 떠난, 노르웨이의 로알 아문센Roald Amundsen은 선발대들의 경험을 통해 이를 확실히 알고 있어 모든 연료통을 납땜으로 단단히 밀봉한다. 마침내 그는 네 명의 동행인과 함께, 인류 최초로 지리적 남극점에 도달한 인물이 된다. 그리고 스콧과 달리 그는 살아서 돌아온다. 만약 당신이 그 어떤 비용도 노력도 마다하지 않겠다면, 또한 극지에 통달한 사람이라면, 스콧의 마지막 체류지 좌표를 찾아 추가로 저장고를 만들어 두자. 해안에서 그곳까지는 대략 200킬로미터에 불과하다.

문제 발생 저지하기

: 청설모, 고양이, 오리, 아리스토텔레스

우리는 거의 날마다 맨홀 뚜껑에서 빠져나온 청설모나 나무에서 건져진 고양이, 또는 모종의 곤경에서 구출된 새끼 오리들에 관한 언론 보도를 접한다. 하지만 아무리 성공적인 구조 작업이라 해도 해당 동물들에게는 스트레스를 의미한다. 시간 여행으로 누군가를 돕는 행위에는, 동물이 위험한 상황에 처하기 전에 제때 현장에 머물며 미리 동물을 몰아내듯 눈에 띄지 않으면서 능란하게 도와주는 길도 있다.

맨홀 뚜껑에 끼인 청설모와 같은 유형의 문제는 비슷한 방식으로 접근하면 된다. 다시 말해 맨홀에 빠지지 않도록 주변을 어슬렁거리며 미연에 방지하면 된다. 자연과학에서 지난하게 오래 끄는 다수의 문제들은, 아리스토텔레스Aristoteles가 도처에 실재한다 지적하며 자신의 저서에 담은 '논리적 오류'에 연원을 둔다. 유럽의 학자들은 수백 년 뒤에 가서 그의 견해에 영향을 받거나, 혹은 주변 동료들이 오류에서 멀어지게 하기까지 많은 시간이 걸린다. 극지 탐험에서 발생하는 수많은 참사는 열린 극해에 대한 잘못된 믿음에서 비롯된다. 어떤 생각이 머릿속에 한번 뿌리를 내리면 거기에서 다시 몰아내기는 매우 어렵다. 대부분의 경우 나중에 문제를 제거하기보다 조기에 문제 발생을 저지하기가 훨씬 쉽다. 그러나 시간 여행자의 관점에서 이는 그다지 만족스럽지 않다. 극지 연구가나 청설모를 손수 구하는 대신, 아무 사건 없이 전략적으로 그저 길목에 우두커니 서 있기만 하면 재미도 의미도 없으니 말이다.

18장

알면서도 모르는 척해야 한다

누군가는 과거의 여행지에서, 자신이 현재의 지적 성과에 대해 얼마나 미미하게 알고 있는지를 새삼 깨닫게 된다. 다른 누군가는 무언가 유용한 지식을 자신이 과거에 전달할 수 있다는 생각을 집에서부터 아예 접고 출발한다. 여기에는 우리가 스스로 아는지도 모른 채 알고 있는 많은 지식들이 포함된다. 이런 지식들은 너무나 당연해져서 대부분은 생각으로 떠오르지도 않는다. 하지만 무지에서 시작해 초등학교 교과서에 실리는 내용에 이르기까지는 기나긴 길이 있었다.

이어지는 장에서는 당신이 인지하지도 못한 채 오랫동안 알고 있을 몇몇 선별된 지식들이 나온다. 시간 여행에서 과거를 개선할 마음이 전혀 없더라도, 당신은 그곳 사람들과 대화를 나누다 가령 박쥐의 항법이나 달의 형태에 관한 주제에 휩쓸릴 수 있다. 이런 대화에서 당신은 적어도 상대의 혼란을 가중시켜서는 안 된다. 그러면서 당신은 증거를 제시할 필요도 정확한 가르침을 줄 필요도 없다. 오늘날 보통의 공손한 대화에서 하듯이 다음과 같이 말하기만 해도 충분하다. '어디에서 들었는데, 그게 아니라 오히려 이런 상황이라고 하더라고요. 하지만 더 이상은 저도 잘 몰라요.'

남극

남극점은 대륙에 있다. 이런 추측은 이미 오래전부터 있었다. 그러나 실지로 이 땅은 1820년이 되어서야 처음으로 발견된다. 곧이어 몇 주 사이에 여러 탐험대들이 남극 대륙을 연달아 발견한다.

북극

극해는 열려 있지 않다. 19세기의 많은 전문가들이 확신하듯, 북극해는 새로운 무역 항로를 개척하기 위해 밀고 들어갈 수 있는 열린 바다가 아니다. (적어도 이 시기에) 북극점은 그저 단순한 얼음 덩어리이다. 그럼에도 수백여 탐험대들이 열린 극해를 찾아 나서며 끝내 처참한 죽음을 맞이한다. 만약 당신이 19세기 중반 프랭클린Franklin 북극 탐험대에서 유일하게 몸을 움직일 수 있는 대원이 된다면, 차라리 집에 가만히 머무는 사람이 승자라 생각할 것이다.

지구

미국으로 여행을 간 당신에게 누군가 다가와, 묻지도 않았는데 냉장고가 무엇인지 또는 에스컬레이터가 무엇인지 설명해 준다고 상상해 보자. 만약 당신이 과거에 가서 지구가 원반형이 아닌 구형이라 전한다면, 상당수 과거 시대의 사람들은 이와 비슷한 기분을 느낄 것이다. 교양을 갖춘 사람들 사이에서 구형의 지구는 이미 오랫동안 잘 알려진 사실이다. 당신이 2500년 이상 떨어진 과거로 떠나지 않는다면, 그리고 이에 대해 직접적으로 질문을 받지 않는다면 지구의 모양에 대해서는 입을 다무는 편이 낫다.

혹여 당신이 우연히도 지구의 나이를 안다면, 이 정보가 20세기 초입까지도 미지의 영역에 속한다는 걸 명심하자. 현대식 연대 측정은 방사능이 발견된 이후에야 비로소 가능해지므로, 대화를 나눈 상대방은 당신이 언급한 지구 나이가 옳은지 여부를 점검할 기회조차 없다. 그럼에도 최신의 지식을 전하고 싶다면 방사능이 무엇인지부터 설명에 들어가야 한다. 부디 재미있는 과학 시간이 되기를 바란다.

지구 핵

지핵은 뜨거운 금속으로 이루어져 있다. 당신이 학교 수업에서 또는 영화 〈코어The Core〉를 통해 알고 있듯이 말이다. 지구의 핵이 금속으로 되어 있다는 사실은 18세기 후반부터 알려진다. 스코틀랜드에서 지구 무게를 구하기 위해 시할리온Schiehallion이라는 산을 철저히 측량하다가, 지구 표면의 암석보다 지구 전체의 밀도가 명백히 높다는 결과에 이르면서 지핵의 금속성이 밝혀진다. 지구 내부의 이 금속이 유체이며 따라서 뜨거울 수밖에 없다는 사실은 20세기 초반이 되어 드러난다. 지구 핵의 가장 안쪽 부분, 즉 내핵은 다시금 고체로 되어 있다. 이 마지막 정보는 1930년만 해도 뉴스 가치가 있는 최신 소식으로 여겨지며, 1970년대까지 논쟁의 대상이 된다.

표석

지역 곳곳에 왜 커다란 돌들이 놓여 있는 걸까? 그것도 해당 지역에서 나온 돌이 아니라, 멀리 떨어진 지역의 것과 비슷한 돌덩이들이 널려 있는 이유는 무엇일까? 18세기 중반부터 지질학자들은 이 질문에 전념한다. 화산에서 내뱉어진 돌인가? 홍수 동안 빙원조각과 함께 떠내려 온 건가? 전 지역으로 옮겨져 이리저리 굴러

다니는 돌들이 빙하 작용과 관계가 있다는 생각은, 당신이 혹여 직접 퍼트리더라도 19세기 초반까지는 누구도 진지하게 받아들이지 않을 것이다.

지문

지문은 유일무이하며 똑같은 지문을 가진 사람은 없다. 이 같은 지식은 19세기 말에 들어 점차 자리를 잡으며, 지문이 범죄 수사에 본격적으로 활용되는 시기도 이 무렵부터다.

박쥐

어둠 속에서 박쥐는 어떻게 방향을 잡을까? 박쥐를 유심히 관찰한 몇몇 학자들은 오랜 시간 이 질문에 매달린다. 18세기 초입까지는 박쥐의 눈이 그저 매우 좋을 것이라고만 추정한다. 실지로 박쥐가 귀를 가지고 방향을 찾는다는 사실은 이탈리아의 신부이자 자연과학자인 라차로 스팔란차니Lazzaro Spallanzani가, 박쥐의 눈을 찔러 멀게 하면서 처음으로 알아낸다. 하지만 동시대인들은 그의 연구 결과에 관심을 두지 않으며, 이후로도 오랫동안 사람들은 박쥐가 어떤 식으로든 촉각의 도움을 받아 길을 찾을 거라 믿는다. (스팔란차니가 박쥐의 몸에 밀가루 풀을 바르며 촉각의 가능성을 진작

제외했음에도 말이다.) 박쥐가 고주파를 내보낸다는 사실은 20세기에 들어서야 서서히 밝혀지며, 후에 사람들은 초음파를 통해 대기나 수중에서 방향을 잡고 거리를 측정하는 음파 탐지 기술을 개발하며 초음파를 시각화하는 도구도 발명한다. 처음 한동안 사람들은 이 고주파가 의사소통에 이용될 거라 대략 추정한다. 그리고 1950년부터는 박쥐에 대한 이 궁금증이 명백히 풀린다.

고문

빠른 자백을 이끌어 내는 고문은 형사 절차에서 당연히 실용적이다. 하지만 고문과 같은 상황에서 피조사자는 상대가 듣고 싶어 하는 모든 걸 말하게 마련이다. 이런 식으로는 범행의 진상을 밝히지 못하며 오히려 방해하게 된다. 과거의 여러 시대 및 지역, 그중에서도 특히 14세기와 18세기 사이 신성 로마 제국의 영역에서 고문으로 자백을 받아 내는 일이 빈번히 벌어진다. 만약 그곳으로 간다면 고문의 폐해를 알릴 수 있는 기회이니 놓치지 말자. 당신이 떠나온 나라에서는 강요된 자백 없이도 형사 재판 절차가 비교적 수월하게 진행된다고 알려 주자. 당신이 정말 그런 나라 출신이라면 말이다.

생식

새로운 인간이 하나 생겨나려면 난세포 하나와 정세포 하나가 결합하여야 한다. 이는 오랜 기간 논쟁거리가 된다. 남성과 여성의 관여 및 협력이 어떤 식으로든 필요하다는 사실은 경험을 통해 쉽게 안다. 하지만 세부적인 사항은 불분명하다. 철학자 아리스토텔레스가 주장하듯이, 남성의 정액이 여성의 생리혈로 들어가 남성에게만 있는 생명력이 작용하면서 생식이 이루어지는 걸까? 갈레노스Galenos가 추정하듯, 여성의 몸에 있는 여성 정액이 남성 정액과 섞여야 아이가 생기는 것일까? 현미경을 가진 다수의 사람들이 생각하듯이, 정자 안에 이미 완성된 축소형 존재가 들어 있으며 여성의 몸은 단지 이를 품기만 하는 걸까? 아니면 난자 안에 숨어 있는 새 생명이 남성의 관여를 통해 발달이 촉진되는 걸까? 인간의 번식에 대한 전반적인 무지는 법적인 문제와도 결부된다. 남성의 경우 대부분 정액 배출이 오르가슴과 연결되기 때문에, 갈레노스와 아리스토텔레스는 여성의 몸에서도 남성과 동일하게 생식과 오르가슴이 짝을 이룬다고 보며 따라서 성폭력으로 임신이 일어날 수 없다고 여긴다. 그럼에도 강간을 당한 여성이 임신을 하면 실제로는 합의된 행위였다 판단한다. 이런 믿음은 유럽과 미국의 재판정에서 18세기 후반까지 유지된다. 그러므로 인간이 이를 깨달아 가는 과정을 보다 가속시킨다면 분명 도움이 될 것이다.

생식 주기

인간의 생식 가능 기간은 배란일 주변에 자리하며, 한편 배란은 두 월경의 중간 지점에서 일어난다. 당신은 이를 중학교 2학년 즈음 생물학 시간에 들어 알고 있을 것이다. 시시콜콜한 농담 따먹기로 정신없이 보내지만 않았다면 말이다. 그러나 과거의 가임기는 이와 매번 같지는 않았다. 비단 성교육 수업이 아주 새로운 현상이라 그런 것만은 아니다. 고대 그리스와 비잔티움 그리고 중국에서 나온 자료를 보면, 월경 직전이나 직후가 임신 가능성이 가장 높은 기간이라 명시되어 있다. 19세기와 20세기 초만 해도 다수의 모순적인 학설들이 존재하는데, 어떤 이들은 임신될 확률이 모든 날마다 동일하게 높다고 말하기도 한다. 또 다른 이들은 여성의 월경이 제일 비옥한 시기를 나타내는 징조라고 말하며, 따라서 생리 주기의 한가운데가 원치 않는 임신에 가장 안전한 시기라 여긴다. 실지로 배란은 한 달에 한 번 이루어지며, 임신이 될 확률은 월경과 월경의 정확히 중간 지점이 제일 높다. 하지만 이는 1920년대 들어 산부인과 의사 큐사쿠 오기노Kyusaku Ogino와 헤르만 크나우스Hermann Knaus가 각각 독자적으로 입증하면서 널리 알려진다.

　과거에서 누군가 당신에게 증거를 요구한다면 난감해질 것이다. 크나우스는 뢴트겐Röntgen 사진을 통해 성과를 이끌어 내며, 오기노는 산부인과의 일상적 수술과 문진을 바탕으로 결과에 이른다. 두 사람은 이를 보다 이른 시기에 실현시킬 수가 없다. 동물 실험은 자체적으로 문제를 안고 있다. 개의 암컷은 인간과 다르게, 배란 전에 생리를 하거나 이따금 배란 도중에 출혈을 하기도 한다. 이로 인해 19세기의 학자들은 혼란에 빠진다. 동물 실험의 실태를 규탄하며 시위를 하고 싶다면 침팬지와 긴팔원숭이에 특히 관심을 가지자. 유럽의 각 가정에서 쉽게 접할 수 없다 하더라도, 이들은 의학 연구에서 가장 많이 이용되는 실험동물 중 하나다.

지리

당신이 기억 속에서 가까스로 불러낸 세계 지도가 지극히 막연하더라도, 그걸로 당신은 16세기 초입까지 제도 분야에서 선두에 서게 된다. 지도상에서 북쪽을 위에 표시하는 관례조차 생긴 지 얼마 되지 않았다는 사실을 염두에 두자. 이집트와 아라비아 그리고 중국의 초기 지도에는 남쪽이 위에 있으며, 유럽에선 르네상스 무렵까지 동쪽이 지도의 상단에 있다. 그러므로 과거에서 지리 관련 이야기를 하려면 미리 챙겨간 지도를 보여 주거나, 아니면 머릿속 지도를 모래 위에 그리는 편이 낫다. 하지만 어쩌면 당신의 대화 상대는 남극이나 아메리카 대륙에 전혀 관심이 없을 수 있다. 그러면서 로마에 도달하는 길을 훨씬 더 알고 싶어 할지 모른다. 로마로 가기 위해 산 너머 지평선으로 계속 나아가려면 어떻게 해야 하는

방구석 시간 여행자를 위한 종횡무진 역사 가이드

지, 혹은 어떤 하천이나 어떤 지점을 횡단해야 하는지 등을 궁금해 할 수 있다. 그럼 당신의 기억 속에서 끄집어낸 세계 지도는 당대 무역상들이 제공하는 노선도보다 가치가 낮을지 모른다.

조석

밀물과 썰물이 달의 위상과 관련이 있음은 너무도 명백하여, 모든 바닷가 주민들이 스스로 터득하고 받아들일 정도이다. 이 지식이 본인의 어획 활동과 관련이 높을수록 더욱 잘 이해한다. 그런데 이런 현상이 대체 왜 일어나는 건지, 그리고 무엇보다 하루에 만조가 한 번이 아니라 두 번이나 일어나는 이유는 무엇인지를 두고는 오랫동안 논쟁이 벌어진다. 케플러는 원칙적으로 올바른 방향으로 나아가며, 갈릴레오와 데카르트René Descartes는 다른 길을 간다. 17세기 후반 처음으로 뉴턴Isaac Newton은 조석이 지구와 달 사이에 서로 잡아당기는 힘, 즉 만유인력의 작용 때문이라고 생각한다. 19세기에 이르러 조석을 어느 정도 예측하게 되기까지는 보다 다양하고 정교한 기술 및 지식이 발견되어야 하는데, 아마 당신은 이에 대해 대화 상대만큼이나 미미하게 알고 있을 것이다. 그러므로 경솔하게 무언가를 주장하는 대신 차라리 침묵을 지키도록 하자. 조석에 관한 이상한 견해는 오늘날에도 정확한 지식보다 자주 등장하곤 한다.

293

금

그렇다, 원칙적으로는 다른 원소들을 가지고 금을 만들 수 있다. 그러나 이런 연금술은 아무런 가치가 없다. 제조 비용이 생산된 금 값을 크게 능가하는 데다, 연금술사의 소박한 실험실과 말똥 같은 재료만으로는 충분하지 않다. 우선 핵반응을 위한 원자로가 필요하다. 저렴한 금속을 금이나 은으로 바꾸거나 유한한 생을 영원한 생으로 바꾸어 준다는, 이른바 '현자의 돌'은 없다. 하지만 이런 잘못된 희망은 화학의 기반을 닦으며 화학적으로 옳은 지식들을 다수 이끌어 낸다. 또한 헛된 희망 덕분에 이따금 연구비가 지원되기도 한다. 여기에서는 전략적으로 말을 아끼는 편이 더 유익할 것이다. 그러나 만약 숙소 주인이 누가 봐도 명백한 사기꾼에게 돈을 건네려 한다면 입을 열어 적극적으로 말리도록 하자.

동성애

동성애를 허용하거나 법적으로 인정한다고 세상이 무너지지는 않는다. 물론 오늘날에도 이 주제는 많은 나라에서 논쟁의 대상이지만, 한편 과거에는 동성애가 무엇인지조차 모르는 사람들이 가득한 시대 및 지역이 적지 않다. 그러므로 누군가는 당신이 도대체 어떤 문제에 대해 말하는지 전혀 이해하지 못할 수 있다.

위생

세상에는 너무 작아서 눈으로 볼 수 없는 생물들이 있다. 이들은 질병을 불러일으키기도 한다. 이런 생각은 고대에도 가끔씩 등장하기는 하나, 19세기 중반에 이르러서야 모두에게 널리 알려진다. 그러면서 끓는 물이 이 작은 생물들을 죽인다는 지식도 함께 전파된다.

예술

어쩌면 당신은 1889년, 폴 고갱이 만국 박람회와 같은 시기에 개최하는 전시회를 찾을 수 있다. (1장 '만국 박람회에 오신 걸 환영합니다'를 참고하자.) 아니면 1960년대 초반 함부르크Hamburg의 한 클럽에서, 희한한 헤어스타일을 하고 있는 어느 영국 밴드의 노래를 듣게 될 수도 있다. 그리고 당신 곁의 누군가는 이렇게 말할지 모른다. '이 표현주의 작품은 말이야, 어느 날 분명 크게 주목받을 거야.' 혹은 '저 앞에서 만들어 내는 소음은, 한 40년 뒤에 가면 교향악단이 그대로 따라서 연주하게 될 거야.' 그럼 당신은 그저 이렇게 답하면 된다. '맞아요, 저도 그렇게 생각해요.'

생명

고대 그리스인들이 추정하듯, 생명체는 일상적인 조건 속 먼지나 진창에서 자연적으로 발생하지 않는다. 고대부터 내려오는 이 자연 발생론 덕분에 생물 연구는 오랫동안 혼란에 빠진다. 생명체가 생존하기 어려운 온도로 미리 가열을 해도, 주변에 놓인 식품에서 곰팡이나 미생물 혹은 구더기까지 생겨나는 이유를 찾지 못하고 한참을 헤맨다. 이 문제는 아리스토텔레스가 처음 길을 잘못 들어선 탓이기도 하다. 이후 유럽인들은 2000년 동안이나 생물학에 관한 그의 저술을 크게 의심하지 않는다. 실제로 공기 중에는 배지로 흘러들어가 생명을 틔울 수 있는 균의 씨앗이 있으며, 구더기는 파리가 낳은 알에서 생긴다. 17세기 후반에 들어서야 이와 같은 미생물에 의한 오염을 막으려는 실험들이 늘어난다. 하지만 이런 실험적 증거들은 오류의 원인이 되는 여러 요소들을 포함하고 있어, 수많은 실험에도 불구하고 진척을 보이지 못한다. 그리하여 생물이 무생물에서 발생하지 않는다는 사실을, 1864년 루이 파스퇴르 Louis Pasteur가 최종적으로 입증하기까지는 상당히 오랜 시간이 걸린다.

물론 최초의 생명체는 어디에선가 한번 생겨나야 한다. 충분히 멀리 있는 과거로 향한다면 이를 목격할지도 모른다. 그러나 첫 생명체가 어디로부터 왔는지는 이 책이 출간되는 시점까지도 여전히 이론이 갈린다. 안타깝게도 시간 여행자인 당신 또한 이 질문에 답하기 유리한 위치는 아니다. 당신은 지구에 생명체가 아직 없는 과거로 떠나 직접 관찰하며 확인할 수는 있다. 하지만 정확히 언제 어디에서 찾아볼 수 있는지는 우리도 말해 줄 수가 없다. 뿐만 아니라 당신은 태고의 지구에 너무나 많은 균을 남기며, 해당 평행 세계의 지구에서 생겨나는 생명의 근원이 되고 만다. 언뜻 기가 막히게 멋진 소리로 들리겠지만, 엄밀히 말해 이 생명체는 당신에게서 직접 유래된 것이 아니라 당신의 피부나 침에 있는 병원균의 후손이라 할 수 있다. 그나마 이건 실현되어도 별로 나쁘지 않은 가능성에 속한다.

월경

많은 시대 및 나라에서는 여성들이 월경을 통해 육체적으로 심히 약화되기에, 가령 공직 같은 정치적 임무를 수행할 수 없다는 신념이 지배적이다. 여기에 월경 중인 여성은 모종의 방식으로 주변에 악영향을 끼친다는 생각 또한 거듭 더해진다. 이를테면 식물을 상하게 하고, 맥주와 와인을 변질시키며, 반죽이 부푸는 걸 방해한다는 것이다. 불과 1920년대만 해도 미국의 소아과 의사 벨라 시크Béla Schick는 월경 중인 여성의 혈액에서 독성 물질인 '메노톡신Menotoxin'이 발견되었다 주장하며, 이 월경독 때문에 생리 중인 여성이 꽃을 만지면 금방 시든다고 말한다. 다른 학자들도 이에 동조하며 추가적인 이론을 계속 덧붙인다. 그러다가 1970년대가 되어서야 이런 생각이 세상에서 차차 사라진다. 하지만 당신이 현재의 지식을 전한다고 해서 무언가 크게 달라질 거란 희망을 품지는 말자. 이 문제는 결국 연구의 부족이 아니라, 여성들이 영향력 있는 위치에 접근하지 않았으면 하는 암묵적 바람에 있다. 이러한 바람에 대항하는 데 의학 지식은 결코 도움이 되지 않는다.

유성

이따금 무언가 반짝이는 것이 우렁찬 굉음과 함께 하늘에서 떨어지곤 한다. 그리고 가끔은 금속 조각이 땅에서 발견된다. 이들 두 가지 현상은 서로 관련이 있다. 독일의 물리학자 에른스트 클라드니Ernst Florens Friedrich Chladni는 1794년 처음으로 이런 주장을 하며 기록으로 남긴다. 지구에서 발견된 운석이 우주에서 온다는 그의 명제는 논쟁거리가 되며, 그중에서도 괴테Johann Wolfgang von Goethe와 알렉산더 폰 훔볼트Alexander von Humboldt는 이에 반대 입장을 취한다. 만일 누군가 묻는다면 당신은 이 파편이 지구 대기권에서 오지 않았으며, '달 화산'에서 내뿜어진 것도 아니고, 우주에서 떨어진 거라 확실히 말해도 된다.

달

당신은 달이 홀로 빛을 발하지 않으며, 단지 태양 빛을 반사한다는 걸 안다. 이들 두 가지는 그리스와 중국 그리고 인도에선 대략 2000년 동안 널리 알려진 사실이다. 이보다 전 시대나 정보가 충분하지 않은 지역에서는 전문가 또는 호기심 많은 문외한들이 당신의 지식을 반길지 모른다.

종교

종교가 모든 걸 통제하지 않는 나라에서는 단연 안락하고 평화롭게 살 수 있다. 어쩌면 종교가 없어서 지옥에 떨어질지 모르나, 일단 이는 입증된 바가 없으며 또한 증명하려면 다른 종류의 여행 기계가 필요할 것이다. 하지만 당신은 사람들에게 다음과 같은 정보는 전할 수 있다. 당신이 떠나온 나라에서는 신부 역시 그저 보통의 직업 중 하나라고, 그리고 그곳에선 성당과 교회가 호텔, 주점, 휴가용 별장, 클라이밍Climbing 체육관으로 바뀐다고 말이다. 아마도 마지막 단어는 이해하기 어려울 테니, 우선 클라이밍이 무엇인지부터 설명을 해야 한다.

태양

겉으로는 반대로 보여도, 지구는 태양 주변을 돌며 그 거꾸로는 아니다. 16세기 전만 해도 이런 생각은 아주 가끔 산발적으로 등장한다. 중국과 이슬람 세계도 이 부분에 있어선 예외적으로 지식의 선두에 서지 않는다. 그러므로 지구가 태양을 돈다고 주장하고 싶다면, 누군가 당신에게 그 엉뚱한 의견을 뒷받침하는 징조가 무엇이냐 물을 때를 대비해 적절한 답을 미리 생각해 두자.

혹시나 교황을 분노하게 만들지는 않을까 은근히 기대하지는 말자. 당신은 유명한 작가도 아니고 명망 있는 학자도 아니며, 그저 이리저리 여행하면서 스쳐 지나가는 어떤 이상한 사람일 뿐이다. 따라서 당신이 갈릴레이가 아니라면(4장 '4개 도시로 떠나는 과학 기행' 참고) 크게 걱정할 필요는 없다.

모기

뎅기Dengue열, 황열, 말라리아Malaria 그리고 다른 여러 감염병들은 1890년대부터 알려지듯이, 나쁜 공기를 통해서가 아니라 모기에 의해 전염된다. 그나마 모기장은 감염 위험을 줄여 준다.

더위

아마 당신은 최소한 더위가 아닌 것이 무엇인지는 알 것이다. 즉 물질에 더 이상 따뜻함이 없고 차가움만 남아 있는 상태라고 말이다. 소빙기라 불릴 만큼 극심한 추위가 오래 이어지는 까닭에, 17세기까지도 더위는 논쟁의 대상이 된다.

선거권

개인에게 선거권이 주어진다고 바로 국가가 몰락하지는 않는다. 마찬가지로 여성이나 빈자가 선거를 할 수 있다고 나라가 망하는 일은 결코 없다. 고대 그리스의 실험적인 사례를 제외하고(여기에서도 여성과 노예는 빠진다), 19세기 이전까지 선거권은 널리 확산되지 않으며 더욱이 여성들은 20세기에 들어서야 차츰 선거권을 부여받는다. 그럼에도 많은 시대에서 선거권은 위험한 주제이니 주의하도록 하자. 낯선 외지인인 당신은 어쩌면 일종의 '어릿광대의 특권'을 누릴 수도 있다. 즉 무엇이든 원하는 대로 말할 수 있는 자유가 있는 것이다. 혹여 당신이 보다 많은 평등을 바라는 사람들과 대화를 나누게 된다면, 미래에는 그런 생각이 분명 받아들여진다고 확신을 주어도 좋겠다.

치아

치통은 인류가 오랫동안 매달리는 문제이므로, 당신의 여행지가 어디이든 절대 이례적인 대화 주제가 아니다. 아시리아Assyria, 이집트, 아시아, 남아메리카, 그리스 그리고 중세 유럽에서도 치통의 원인이 치아 벌레라고 의심한다. 19세기를 지나면서 치아 벌레는 한물가게 되고, 20세기에는 일련의 가설들이 일일이 시험을 거치며 점차 정제된다. 하지만 이런 학설들은 여행용 대화로는 그리 어울리지 않는다. 불결한 치아 위생과 탄수화물 중에서도 특히 설탕의 조합이 치아 우식, 즉 충치의 원인이라는 결정적인 사실은 이미 학교에서 배워 알고 있을 것이다. 그러나 이 정보는 16세기나 되어야 유용하게 여겨질 것이다. 이전 시대에는 특히나 가난한 이들의 경우 설탕을 접하기도 어려운 데다 단것은 거의 소비하지 않기 때문이다.

철새

계절에 따라 이동하는 새들의 습관에 대한 몇몇 정보는 수천 년 동안 문서와 전통으로 전해 내려오지만, 그럼에도 구체적인 사항은 오랜 기간 불분명하게 남겨진다. 제비와 황새가 겨우내 겨울잠을 자거나 또는 (개구리처럼) 물속에서 보내는 것이 아니라, 아프리카에 머문다는 사실은 18세기 초입까지 이견이 크게 갈리며 19세기에 들어서도 여전히 논쟁의 대상이 된다. 이는 결국 '화살 박힌 황새'를 통해 입증된다. 다시 말해 아프리카산 목재로 만든 화살이 몸에 꽂힌 황새가 독일로 다시 돌아오면서, 철새들의 계절 이동을 차츰 받아들이게 된다. 그리고 나중에는 새의 다리에 식별 고리를 끼우는 체계적인 방식으로 연구가 진행된다.

물론 과거의 가여운 사람들에게 우리의 지식을 기꺼이 나누며 그들이 현명해지도록 도모하자는 취지는 아니다. 박쥐나 달의 연구에 개인적으로 기여한 바도 없으면서, 미래에서 왔다는 이유로 아량을 베풀며 생색을 내자는 뜻도 아니다. 시간 여행은 일방통행로가 아니다. 과거에 사는 사람들은 그들 입장에서 나름대로 상당량의 지식을 지니며, 여기에는 현재 사람들이 타임머신 없이는 접근하기 어려운 또는 간접적으로나마 간신히 접할 수 있는 지혜와 깨달음이 담겨 있다.

작가 요한 고트프리트 조이메Johann Gottfried Seume는 저서 《1802년 시라쿠사로의 산책Spaziergang nach Syrakus im Jahre 1802》에서 여행 도중 알게 된 누군가가 자신에게 들려준, 단체 여행을 떠난 학자들에 대한 이야기를 하나 전한다. '암반에 패인 오목한 구덩이 하나가 나타나자, 이들 사이에 곧바로 갈등이 생겼다. 구덩이가 생긴 이유를 두고 각자 자신의 방법대로 해석을 하면서 여행은 논쟁으로 번졌다. 몇몇 학자들은 그 구덩이가 옛날 어느 걸출한 가문에 속한 어린아이의 무덤이라 주장했다. 그리고 주장에는 증거가 필요했다. 이를 무엇으로 어떻게 입증할 것인가도 만만찮은 문제였다. 이들은 대화와 말다툼을 주고받으며 한참을 보냈다. 멀지 않은 곳에 있던 나이든 농부 하나가, 이 구멍을 두고 설전을 벌이는 모습을 발견했다. 그는 가까이 다가와 무엇 때문에 이리 치열하게 대화를 나누는지 묻고 또 들었다. 그건 제가 간단히 설명할 수 있어요. 농부가 입을 열었다. 한 20년 전에 제가 직접 내리쳐서 만든 구멍이거든요. 우리 집 돼지들에게 먹이를 주려고요. 집에서 돼지를 키우지 않은 지도 수년이 넘었으니, 이제 더 이상 거기에 먹이를 담을 일이 없죠. 고고학자들은 간단명료한 해석에 웃음을 터트렸다. 이처럼 확실한 해석이 없었다면 이 학자들은 오랫동안 학술적인 공방을 벌였을 것이며, 어쩌면 심지어 이에 대한 논문을 썼을지도 모른다.'

현재 풀리지 않는 문제들 중에는 과거에 가서 수월하게 해답을 찾을 수 있는 것들이 많다. 당신이 적절한 시기와 장소에 머문다면 말이다. 관습과 건축물 그리고 도구의 작동 방식 및 쓸모 등은 이들의 고고학적 잔존물을 관찰하고 분석할 때보다, 해당 시대의 사람들에게 설명을 듣는 편이 훨씬 이해하기 쉽다. 많은 지명들의 어원 및 의미 그리고 모든 다른 단어들의 발달 과정은 시간 여행 없이도 언어학자들의 까다로운 연구와 추론으로 파악이 가능하다. 그러나 구어의 관용 어법은 녹음기가 발명되기 전까지는 자료가 거의 없다. 상당수는 그냥 망각되어 사라진다. 고대 로마에서 물을 공급하던 아치 모양의 수로 애퀴덕트Aqueduct는 한때 비밀스러운 연결 통로라 잘못 해석되며, 국경 철벽인 리메스Limes의 흔적은 '악마의 장벽'으로 여겨진다. 그리고 이스터Easter섬의 거대한 얼굴상 모아이Moais나 나스카 지상화가 무슨 목적으로 만들어진 것인지는 더 이상 아무도 모른다.

오늘날 우리가 도달한 지식의 수준은 단순히 이전의 모든 지식을 더한 합에 몇몇 새롭고 현명한 깨달음을 추가한 결과물이 결코 아니다. 과거는 단지 기억에서 사라진 민속 관습이나 언어 또는 설명되지 않은 돼지 여물통 정도만을 지니지 않으며, 현재에 정말 실질적으로 도움이 될지 모를 망각된 이론, 지식, 아이디어 그리고 정보까지도 보유하고 있다. 과거에 질문을 건넴으로써 현재는 더욱 현명해진다. 그러므로 과거로 가서 질문을 던져 보자. 아니면 적어도 주의 깊게 들여다보도록 하자.

19장

추위와 더위를 피하는 방법

시간 여행자들이 확인하고 넘어가야 하는 또 하나의 분야는 바로 기후 연구다. 지구의 나이는 약 45억 년이다. 그중에서 거의 대부분의 기간은 시간 여행이 널리 확산되기 전까지 직접 측정한 기온 자료가 없었다. 이 같은 지구 표면 측정값은 태양 활동과 구름 분포 그리고 이산화탄소 농도 등의 데이터와 결부되어 전 지구적이고 장기적인 기후 변화 연구의 토대가 된다. 특히나 20세기 후반부터 시작되는 지구 온난화를 정리하고 파악하는 데 이 측정값이 필요하다.

1850년 이전의 모든 기온 데이터는 여러 조각들을 짜깁기한 조각보 같다. 장기간에 걸쳐 측정한 기온 자료는 주로 유럽과 북아메리카 그리고 동아시아에 존재한다. 나머지 세계의 대부분은 데이터가 전혀 없거나 불과 수십여 년 동안 수집된 데이터인 경우가 많다. 이제까지는 간접적인 방법에 기대어, 이를테면 온도에 좌우되는 나이테와 산호초 그리고 남극의 빙상이 발달하는 과정을 관찰하면서 과거의 기온을 추정하는 편이었다. 하지만 이런 간접적인 방법으로 얻은 자료를 해석하고 정확도를 교정하는 일은 결코 간단하지 않다. 타임머신은 여기에서 데이터베이스의 결정적인 빈틈을 채우는 데 매우 유용한 수단이 될 수 있다.

온도계는 저렴하며, 기온은 언제나 쉽고 빠르게 확인할 수 있다. 어떤 날씨이든 얼마나 먼 과거로 떠나든 상관없이 측정이 가능하다. 당신은 오직 몇 가지 기본 규칙만 유의하면 된다. 먼저 온도계를 하나만 사지 말고, 측정 방식이 각기 다른 여러 개를 구비하길 권한다. 오늘날 전문 기상 관측소에서는 전기나 전지를 필요로 하는 디지털 온도계를 사용하지만, 과거에서는 전지와 전기를 항상 쉽게 조달할 수는 없다. 따라서 만일을 대비해 내구성이 뛰어난 아날로그 방식의 도구도 하나 가져가도록 하자. 예를 들면 알코올 온도계나 수은 온도계가 적절하다.

더불어 시간 여행을 떠나기 전에 각각의 온도계를 얼마 동안 유심히 관찰하고 또 다른 측정 결과들과 비교하기를 추천한다. 그러면 기계에 내재된 체계적 오류 여부를 알아낼 수 있다. 즉 항시 너무 높거나 너무 낮은 온도를 표시하지는 않는지 확인하는 것이다. 뿐만 아니라 이를 통해 당신은 각 측정값이 어느 정도까지 신

307

뢰할 만한지 나름의 경계를 그을 수 있다. 측정된 기온이 1도 이상 편차가 난다면 그 온도계는 적어도 지난 100년 동안에는 쓸모가 없다. 이 시기의 역사적 측정값은 아주 정확해야 하기 때문이다. 보다 먼 과거로 떠나는 사람이라면 편차가 조금 나는 온도계를 가지고 가도 상관은 없다. 현존하는 당대 추정값은 정확도가 더 떨어지기 때문이다.

다음으로 온도계를 어느 곳에 놓을지 신중히 알아보아야 한다. 과거에 도착하면 우선 공식적인 측정소를 찾아가, 당신이 가져간 온도계를 그곳에서 다시 한번 점검하기를 권한다. 타임머신 이동으로 온도계에 영향이 가해지지는 않으나, 이에 관한 철저한 연구는 아직 이루어지지 않았으니 확인 차원에서 들러 보자. 예전 공항인 베를린 템펠호프Tempelhof의 기후 관측소에선 1876년까지의 기온 자료를 접할 수 있다. 하지만 이 관측소는 수차례 옮겨지기 때문에 찾기가 그리 쉽지 않다. 이곳은 역사와 함께 베를린의 미테Mitte, 크로이츠베르크Kreuzberg 그리고 달렘Dahlem 지구 등을 거치며 떠돌아다닌다. 1950년이 되어서야 이 기후 관측소는 실제로 템펠호프 공항에 자리를 잡는다.

이보다는 오스트리아의 오버외스터라이히Oberösterreich주에 위치한 크렘스뮌스터Kremsmünster 천문대가 더 적합하다. 여기에선 1762년부터 날마다 늘 같은 위치에서 기온을 측정한다. 50미터 높이의 탑으로 된 크렘스뮌스터 천문대는 기온 측정 시작 몇 해

전에 완공되므로 쉽게 찾을 수 있다. 더욱 먼 과거로 떠나고 싶다면 영국을 들러야 한다. 가장 오래된 연속적 기온 측정 기록인 CETCentral England Temperature, 소위 '중부 잉글랜드 기온' 자료가 있기 때문이다. 이곳에서는 1659년부터 기온을 측정하기 시작하며, 물론 초반에는 불규칙한 간격으로 바깥 대신 난방 되지 않은 실내 공간에서 일부 진행되기도 한다. 1772년부터 영국은 전국의 여러 관측소에서 날마다 바깥 온도를 측정한다. 기온은 인류 역사에서 가장 빈번히 측정되거나 추정되는 매개 변수, 즉 파라미터Parameter 중 하나다. 오직 시간만 넘어서지 못할 뿐이다. 적어도 지난 200여 년 동안은 당신에게 온도 정보를 알려줄 누군가를 아무 어려움 없이 찾을 수 있다. 단 문제는 그가 어떤 단위를 쓰느냐이다.

알코올이나 수은의 열팽창을 이용하는, 믿을 만한 온도계는 18세기 초반이 되어야 등장한다. 이 시기에는 수많은 다양한 온도 눈금이 널리 통용된다. 어느 정도 명성이 있는 자연과학자들은 각자 자기만의 눈금을 가지고 있다. 눈금을 교정하려면 잘못 측정된 두 개의 상온, 즉 눈금의 가장 차가운 끝과 뜨거운 끝에 해당되는 예컨대 어는 물과 인간의 몸 또는 아이작 뉴턴처럼 끓는 물을 활용하면 된다. 18세기에 이르러 최초의 표준화 눈금이 시행되는데, 오늘날까지 우리가 사용하는 섭씨와 화씨가 이 무렵 자리를 잡는다.

19세기 후반이 되어서야 온도계를 바람과 직사광선으로부터 보호해야 하며, 땅바닥에 직접 세워 두어서도 안 되며, 그렇지 않으면 측정 결과가 왜곡될 수 있다는 사실이 밝혀진다. 이 시대에 유래된 디자인은 오늘날에도 여전히 이용되는데, 고양이 집만 한 크기에 하얀 칠을 한 온도계 오두막을 바닥에서 2미터가량 띄워 설치하는 식이다. 백엽상으로도 불리는 이 오두막은 영국의 공학자 토머스 스티븐슨Thomas Stevenson에 의해 발명되며, 그는 소설가 로버트 루이스 스티븐슨Robert Louis Stevenson의 아버지이기도 하다. 과학자들이 아무런 보호 없이 세운 온도계로 측정한 값은 어디까지나 제한적으로만 신뢰할 수 있다.

이 모두를 고려하면 기후 변화에 관심 있는 시간 여행자들에게는 두 가지 길이 있다. 먼저 자신의 도구를 직접 테스트해 보고 싶은 사람들은 100년 이상의 과거로는 가지 않는 편이 낫다. 이전으로 가면 단순한 비교가 어렵기 때문이다. 뉴턴이나 갈릴레이의 문을 두드리며 기온에 대해 물어도 도움이 되지 않는다. 갈릴레이도 뉴턴도 인류의 기온 측정에 크게 기여하지만, 이들의 학술적 견해는 당신의 테스트에 도움을 주지 못한다. 다른 한편 과학의 발전에 공헌하고 싶은 이들은 100년보다 약간 떨어진 과거로 가야 한다. 설령 당신이 지리적으로 거의 움직이지 않으며, 선진 산업국에 머문다 하더라도 말이다.

어느 과거로 가든 당신은 위에서 말했듯 바람과 직사광선 그리고 지열을 피할 수 있는 공간에 온도계를 설치하고, 하루 동안의 기온을 날짜와 장소 그리고 시간과 함께 세심히 기록해야 한다. 또한 기온에 영향을 줄 수 있는 다른 주요 기상 현상(구름층, 강수량, 적설량, 산불, 화산 폭발, 소행성 충돌)도 함께 메모해 두자. 이러한 메타데이터Metadata는 기온만큼이나 중요하다. 동물이든 사람이든 누군가 당신의 측정 도구를 잘못 건드리거나 가져가는 일이 없도록 주의하자. 더불어 누군가 당신이 어떤 마술 같은 행위를 한다고 생각하게 만들지도 말자. 지구상의 어떤 인간에게도 들키지 않게 숨기는 길이 최선이다.

이 측정 결과가 얼마나 가치 있는지는 당신이 얼마나 멀리 떠나며, 어디로 향하고, 그곳에 얼마나 오래 머물며, 선택한 시대의 지금까지 추정값이 얼마나 불확실한지에 달려 있다. 현재 남아 있는 중부 유럽 한 곳의 측정 기록을 보면, 기온이 지난 50년 동안 장기 평균값에서 1도가량 올랐음을 알 수 있다. 영국의 측정 자료는 심지어 중세 소빙기의 일부까지 포괄한다. 1600년과 1800년 사이 영국은 기온이 장기간 평균치를 때론 2도까지 밑돌기도 한다. 물론 소빙기 같은 기후 변화를 관찰하려면 수년에 걸쳐, 일정하게 그리고 연속적으로 측정해야 한다. 그래야 단기적 날씨와 장기적 기후를 구별할 수 있다.

단 하나의 측정값은 의미가 없다. 기온이 하루하루 몇 도씩 큰 폭으로 변동하는 일은 드물지 않다. 봄날에 눈보라가 치는 경험을 해본 사람이라면 고개를 끄덕일 것이다. 어느 해에 중부 유럽 지역은 월평균 기온이 약 15도에서 20도까지 변화하기도 한다. 비교를 하자면 나이테나 화석 또는 빙하 코어Core나 심해 침전물을 통해 어림잡아 추정된 지구의 온도는 지난 1000만 년 동안 대략 10도 미만의 변화를 보였다. 지난 1만 년 동안의 지구 평균 기온은 심지어 2도 이상 변하지 않았다.

측정 기간을 선택하는 일 또한 중요하다. 지질 시대적으로 보면 지난 1만 년은 상대적으로 지루한 시기다. 최근의 급속한 온난화는 마지막 빙기 이후 지구 기온 역사에서 가장 흥미진진한 사건임에 틀림없다. 이와 달리 약 250만 년 전에서 1만 년 전까지를 아우르는, 플라이스토세 동안 지구의 기온은 급격히 뛰어오르고 또 내리기를 반복한다. (이 시대에 대한 보다 자세한 내용은 8장 '아웃도어 마니아를 위한 단 한 번의 기회'에 있다.) 대략 몇 천 년 동안만 연속으로 측정해도 평균 기온의 또렷한 변화를 밝혀낼 수 있으며, 어쩌면 무려 1도 이상 변화했을지도 모른다. 기후 연구에서 1도는 굉장히 큰 변화다.

플라이스토세보다 먼 과거로 떠난다면 대부분의 경우 오늘날보다 기온이 높다는 사실을 깨닫게 될 것이다. 팔레오세Paleocene에서 에오세Eocene에 이르는 마지막 온난기는 기후에 관심이 많은 시간 여행자들에게 그 어디보다 적합한 지질 시대라 할 수 있다. 팔레오세와 에오세는 여러 차례의 심한 소행성 충돌이 일어나는 기간으로 묶이기도 하며, 대략 6600만 년 전 칙술루브 충돌에서 시작되어(부디 10장 '크고 작은 천재지변의 순간들'을 다시 읽어 보

자) 3000만 년 뒤 (북아메리카) 체서피크Chesapeake만과 (시베리아) 포피가이Popigai강 충돌로 끝이 난다. 그 사이의 지구 온도는 현재의 평균값보다 5~15도 위에 머문다.

이렇게 따뜻한 시기는 그때 이후로 더 이상 없으며, 혹여 2200년까지 기다리면 우리가 다시 이런 기온 범위에 들어갈지도 모른다. 따라서 이 시기는 현장 조사에 제격이다. 대기 중에 숨 쉴 산소가 충분히 함유되어 있기 때문이다. 시간 여행자를 식사거리로 눈여겨볼 만한 공룡이나 다른 동물들은 잠시 동안 보이지 않는다. 대형 포유동물도 드물다. 북극 지역에는 무엇보다 악어와 거북이가 산다. 하지만 악어가 얼음 위에 있는 장관을 사진에 담겠다는 생각은 접어 두자. 당연히 이 시기에는 얼음이 하나도 없기 때문이다.

단기간에 빠른 성과를 얻고 싶은 사람은 기온이 급속도로 달라지는 시대에 집중하면 된다. 팔레오세 후반에서 에오세 초반 사이, 극적인 기후 변화로 온난화가 이어져 '팔레오세-에오세 최대 온난기PETM: Palaeocene-Eocene Thermal Maximum'라는 부담스러운 이름까지 붙은 시대가 하나 있다. 이 최대온난기는 약 5550만 년 전에 일어나며, 짧은 시간 안에 지구의 기온이 5~8도가량 오르고는 나중에 다시 빠르게 떨어진다. 놀랍도록 극적인 PETM의 모든 단계는 고작 20만 년 동안 지속된다. 최근 연구에 의하면 PETM 동안 배출된 2조~4조 톤에 달하는 탄소가, 이산화탄소와 메탄Methane 형태로 수천 년 이내에 지구 대기에 내려앉는다고 한다. 둘은 온실 가스로, 원래대로라면 우주로 날아갈 대기의 에너지를 흡수해 버린다. 그래서 온난화가 이루어진다. 이 최대온난기 동안 매년 약 10억 톤의 탄소가 발생한다. 비교하자면 현재 우리 인류는 한 해에 이보다 열 배가량 많은 100억 톤을 배출한다. PETM을 초래한 탄소가 어디에서 왔는지는 불분명하다. 자동차도 화력 발전소도 아직은 없다. 대신 화산, 혜성, 판구조 운동, 지구 궤도의 변화 그리고 다른 어떤 맹렬한 자연계의 현상에 원인이 있을 거라 추정된다. 팔레오세-에오세 최대온난기는 인류 출현 전 지난 1억 년에서 가장 급속한 온난화가 진행되는 시기다. 그때 이후 지구는 결코 다시 그토록 빠르게 데워지지 않는다.

PETM이 지나고 바로 뒤인 약 5360만 년 전에, 이와 매우 비슷하면서 변화 속도가 다소 느린 시기가 온다. 이를 에오세 최대온난기 2Eocene Thermal Maximum 2, 줄여서 ETM 2, 혹은 알아보기 쉽게 엘모Elmo 사건이라고도 부른다. (어린이 프로그램에 나오는 빨간 손인형 캐릭터에서 따온 것이 아니라, '에오세 층의 신비한 기원 Eocene Layer of Mysterious Origin'을 줄인 이름이다. 즉 이 시기 바닷속에 형성된 퇴적층을 일컫는 말이다.) 다시금 다량의 탄소가 대기 중으로 들어가고, 기온은 다시 빠르게 상승한다. 그런 다음 불과 몇백만 년 뒤에, 이른바 아졸라Azolla 사건이라 불리는 완전히 다른 격동이 벌어진다. 추정하건대 당시 북극해는 나머지 대양들과 육지로 분리되어 있으며, 물개구리밥속인 아졸라가 대량으로 번식한다. 아졸라는 따뜻한 기온과 적은 강수량, 그리고 역시나 앞선 온난화의 결과 중 하나인 특별한 대기 구성 덕분에 크게 확산된다. 수생 식물인 물개구리밥은 물만 공급되면 저절로 자라며, 그러면서 공기 중의 이산화탄소를 흡수한다. 생을 다한 물개구리밥은 이산화탄소와 함께 바다 밑으로 가라앉아 쌓인다. 그리하여 대기의 이산화탄소 농도가 3분의 1 미만으로 줄어들고, 이로 인해 지구의 기온이 신속히 떨어지게 된다. 개구리밥에서 비롯된 급격한 기온 하락은 온난기에서 빙기로 들어가는 첫 걸음이 된다. 죽은 물개구리밥이 만들어 낸 거대한 층은 현재 북극에서 석유를 찾는 지점에 위치한다. 그래서 적지 않은 이들이, 인위적으로 아졸라 사건을 일으키면 오늘날 다시 대두되는 지구 온난화를 해결할 수 있다고 주장하기도 한다.

온난기는 휴양지의 해변 수준이 절대 아니다. 지구 기온이 몇 도만 올라도 대기, 날씨, 초목 그리고 동물계가 지속적으로 변화한다. 빙하는 녹고, 극지에서 얼음은 사라진다. 해수면은 오르고, 대륙에서 저지대에 놓인 구역은 물에 잠긴다. PETM이나 바로 지금처럼, 온난화가 이토록 빠르게 진행되면 진화는 따라갈 수가 없다. 적응이라는 자연적 변화 과정에 충분한 시간이 주어지지 않는다. 그 결과 식물 및 동물 종들의 대량 멸종이 일어나 생태계가 근본적으로 뒤집힌다.

시간 여행자들은 예기치 못한 상황에 맞닥뜨릴 가능성에 늘 대비해야 한다. 여행지의 계절, 기온, 식물군, 동물군에 대한 당신의 선입견 그리고 이를 바탕으로 한 철저한 여행 계획은 내다버려야 한다. 대신 유연하게 계획하면서 만반의 준비를 갖추자. 겨울철로 떠나더라도 선크림을 챙겨 넣자. 남극으로 가더라도 모기장을 가져가자. 뜻밖에 습지를 디딜지 모르니 고무장화도 담자.

PETM과 엘모 사건 그리고 아졸라 사건이 일어나는 시기는 온도계를 들고 떠난 시간 여행자들에게 흡사 낮게 달려 따기 쉬운 열매와 같다. 오직 기온 관측소를 곳곳에 미리 설치하면 그만이다. 태양과 바람을 피해, 각기 다른 대륙에 골고루 나누어 세운다면 더할 나위 없다. 그런 다음 몇 천 년 넘게 규칙적으로, 예컨대 매일 한 번 정도 기온을 측정하고 동시에 주변 환경을 주의 깊게 관찰하며 변화를 기록으로 남기면 된다. 온도 측정 한 번에 몇 분이 걸린다 가정하고 시간 여행 이동 시간은 무시하면, 합해서 몇 백 년에 달하는 작업을 감행해야 한다. 주 40시간 노동이라는 전제하에 말이다. 한 사람에게는 엄청나게 많은 소모로 보이지만, 그저 100여 명 정도의 시간 여행자들로 이루어진 팀 하나만 잘 조직하면 몇 년 내에 실로 유일무이한 연속 측정 기록을 내놓을 수 있다. 안타깝게도 기온 측정 분야에는 노벨상이 없지만, 누군가 해낸다면 이들은 상을 받아 마땅하다.

3부

시간 여행자를 위한 위한 필수 여행 정보

20장

예절과 태도에 대하여

과거의 사람들은 우리와 같은 종에 속한다. 수십만 년 전 이상의 과거로만 떠나지 않는다면 말이다. 그럼에도 가끔은 마치 외계인을 대하는 듯한 기분이 들기도 한다. 분명 근본적인 공통점은 있다. 우리 인간은 소망과 욕망 그리고 걱정과 불안이 있다. 먹고, 마시고, 대화를 나누고, 공동체에 소속되는 등의 기본 욕구는 동일하다. 하지만 그 외에, 다른 시대의 사람들은 종종 아주 이상하게 행동한다.

과거의 일부 시대와 지역에선 야만적인 풍습이 지배적이다. 몇몇 세기 및 문화권에서는 어린아이, 여성, 하인, 부하 그리고 동물을 향한 공공연한 무자비가 오늘날보다 통상적으로 행해진다. 폭력은 일상적이면서 동시에 사회적 예법의 일환일지 모른다. 이를테면 체벌이라는 형식을 띠면서 말이다. 또한 폭력은 모두가 볼 수 있도록 가시적으로 행해진다. 어쩌면 당신은 사람들이 줄줄이 매달려 있는 교수대와 우연히 마주칠지 모른다. 아니면 길가에 쌓인 산더미 같은 해골을 볼 수도 있다. 이는 오늘날 우리가 더 나은 인간이라는 뜻으로 절로 연결되지는 않는다. 오늘날의 폭력은 일상 속에서 보다 잘 감춰진 채로 은밀히 행해져, 더 이상 공개적으로 드러나지 않을 뿐이다.

과거의 사람들에게는 우리에게 다소 낯설 수 있는 나름의 우선순위가 있다. 그들은 기도를 하고, 금식을 하며, 교회에 가고, 순례를 한다. 마치 그 외에 다른 취미 생활이 없는 사람처럼 말이다. 여러 시대에서 가족과 공동체를 향한 충성심은 오늘날보다 훨씬 강하게 형성되어 있다. 여기에는 이유가 있다. 가령 사회적 환경의 안전은 공동체가 함께 돌보아야 한다. 그렇지 않으면 아무도 이를 보장해 주지 않기 때문이다. 그러므로 혹여 누군가 어느 마을의 주민 하나를 공격한다면, 다른 모든 주민들의 분노를 불러일으킨다는 사실을 염두에 두어야 한다.

혹시나 평소 펜싱 수업을 들었다 하더라도, 누군가 어떤 이유로 당신에게 결투를 신청하는 상황에 말려들어서는 안 된다. 몇몇 시대에서는 펜싱 검을 지니고 다니면 사람들이 당신을 진지하게 여길 수는 있다. 그러나 현대식 스포츠 펜싱은 과거의 실전 검술과 거의 관련이 없다. 오늘날의 펜싱에서는 검 끝으로 상대방을 살짝 건드리면 득점을 한다. 실제 결투에서는 상대의 무기가 어디로 파고들지 예상할 수 없어 아무 준비 없이 공격을 당하게 된다. 또한 당신은 전혀 다른 기술 및 체급을 가진 상대와 연습해 본 경험도 없으므로, 이 불균형의 문제가 어떤 결과로 이어질지 도무지 알 수가 없다. 현대 펜싱 지식으로는 웃음거리가 될 뿐 아니라 잠시 뒤 비참한 죽음을 맞이할 수도 있다.

　마찬가지로 현대식 언어 지식 또한 극히 제한적으로나마 도움이 된다. 그래도 유럽 안에서 라틴어는 다방면으로 응용이 가능한 언어이기는 하다. 그러나 학창 시절 라틴어 수업에서 최고점을 받은 경우에도, 학교에서 배운 라틴어가 그리 도움이 되지는 않을 것이다. 학교에서 당신은 라틴어 문장을 번역하는 법만 배웠을 뿐 이 언어로 대화를 하지는 못한다. 그러니 하물며 대학 수업은 이해할 리가 없다. 만약 여행지의 나라말로 의사소통을 할 수 있다면 어느 정도 유리한 점은 있으나 장점이 아주 크지는 않다. 과거 여러 시대에는 텔레비전이나 라디오 같은 전국적인 매체도 없고 공용어도 없기 때문이다. 사람들이 당신을 이상하게 생각하며 눈여겨보긴 하겠지만, 그래도 곧바로 불신하며 의심하지는 않을 것이다.

　중세 후반 무렵까지 유럽에는 고대부터 전해 내려오는 외다리 인간, 즉 모노포드Monopod 전설이 계속 남아 있다. 스키아포드Skiapod, 다시 말해 그림자 발이라고도 불리는 이 신화적 존재는 거대한 발 하나를 가지고 있으며 지구의 반대편 어느 뜨거운 곳에 산다고 전해진다. 한낮의 태양으로 뜨거워지면 그림자 발은 바닥에 등을 대고 누워, 크디큰 자신의 발을 파라솔처럼 사용한다. 과거에서 당신이 너무 두드러져 보일까 걱정이라면 그럴 필요는 없다. 그림자 발과 비교하면 당신이 현재 지니고 있는 기이한 습관들은 주변의 이목을 그리 강렬하게 끌지는 않을 것이다.

특별한 지식이나 능력보다 더욱 중요한 것은, 자신이 의지할 데 없이 상당히 속수무책인 상태임을 깨닫는 일이다. 무엇이든 절대 혼자 힘으로 해내려 하지 말자. 당신이 아무리 14세기 프랑스어나 프로이센의 궁중어를 능숙하게 구사한다 하더라도, 그곳의 토박이들이 뭐든 당신보다 훨씬 더 잘 안다. 어떤 길 또는 어느 구역에 약탈의 위험이 있는지, 제일 좋은 빵은 시장의 어느 가판대에서 살 수 있는지, 역마차는 언제 출발하는지, 그리고 모든 상황에서 어떻게 행동해야 최선인지는 원주민들을 통해 보고 듣고 겪으며 배우도록 하자.

이에 더해 보통 여행 가이드들은 원주민을 세심히 관찰하고 나서 그저 똑같이만 행동하면 된다고 조언하기도 한다. 언뜻 쉽게 들리지만 실제로는 대단히 어려운 일이다. 당황스럽게도 현지에서 통용되는 규칙들의 상당 부분은 눈에 보이지 않기 때문이다. 특히 금지되거나 예의에 어긋나는 까닭에 일상에서 벌어지지 않는 모든 것들은 알아차리기가 어렵다. 또한 관찰 대상을 모방하다가 때론 해를 입을 수도 있다. 이를테면 종교 공동체, 마을, 수공업 길드, 궁정 등에 속한 일원에게만 허락되거나 규정된 행동을 권한 없는 자가 행하면 관습을 조롱하는 듯 보일 수 있다. 그러므로 다른 이들이 하는 대로 그냥 모두 따라하라는 규칙은 오직 한정적으로만 도움이 된다.

우리가 이 책에서 전할 수 있는 모든 충고와 조언은 일반적인 특징에 속하므로 늘 주의를 기울일 필요가 있다. 선택한 여행 장소 그리고 택한 시기에 따라 우리가 전하는 규칙들 또한 완전히 달라 보일 수 있다. 가장 인기가 높은 휴가지인, 지난 500년 동안의 유럽 안에서도 각양각색의 행동 양식들이 곳곳에서 통용된다. 특히나 경제적, 사회적 또는 기술적 여건이 달라지면서 새로운 규칙들이 속속 생겨난다. 열차에 칸막이방이 도입되기 전에는 같은 공간의 낯선 사람과 이동하는 몇 시간 동안, 무엇을 어떻게 얼마만큼 함께 나누어야 하는지를 아무도 몰랐다. 인사를 해야 하나? 담소를 나누어야 하나? 책이나 신문을 읽어도 되나? 아니면 무례한 행동일까? 언행과 관련된 세세한 규칙들은 이런 변화들과 함께 수많은 가지로 뻗어나가기 때문에, 구체적인 내용을 여기에 모두 담을 수는 없다. 따라서 마지막으로 소개할 조언은 어디에나 적용되면서 동시에 최선의 방법이기도 하다. 즉 어디로 가든 항상 현지에서 다시 한번 물어보기를 적극 권한다. 더 정확히 말하자면 각 상황에 발을 들이기 전에 제때 물어야 한다. 왕과 동시에 같은 문에 들어가려 발을 내딛고 있다면 질문하기엔 이미 너무 늦었다.

21장

나를 누구라고 소개할 것인가

현재 당신이, 생소한 옷을 차려입고 어딘가 서툰 이상한 독일어 또는 들어본 적 없는 언어로 말하는 사람과 우연히 마주쳤다 상상해 보자. 그가 주위를 살피지도 않고 무작정 도로를 건넌다면, 왠지 정신이 온전해 보이지 않기 때문에 당신은 걱정을 하기 시작한다. 그리하여 당신은 그에게 다가가 혹시 도움이 필요한지 물어본다. 그리고 당신은 그에게 아무 문제가 없으며, 그가 방금 미래에서 왔다는 정보를 듣게 된다. 이 정보는 당신의 걱정을 더욱 심화시킬 뿐이다. 거꾸로 뒤집으면 다음과 같은 뜻이 된다. 즉 다른 사람들을 배려하는 차원에서, 과거로 간 당신은 본인의 진짜 이름을 소개하지 않아도 되며 또한 어디에서 왔는지 굳이 설명하지 않아도 괜찮다. 당신이 누구인지 그리고 여기에서 무얼 하는지, 누군가 물어

볼 경우에 대비해 미리 적절한 답을 준비해 가는 편이 낫다. 아니면 이런 질문을 처음부터 피할 수 있는 언행을 취하도록 하자.

견실한 시간 여행사들은 철저히 검증된 위조 신원을 갖춘 고객들만 여행지로 보낸다. 다시 말해 당신은 여권과 추천서뿐 아니라, 여행지에 어울리는 복장 그리고 시대와 장소에 따른 고유의 예절 및 관습에 대한 간단한 교육도 받는다. 대다수의 여행사들은 해당 여행지에서 특권을 누리는 신원을 제안한다. 즉 과거에서 당신은 부유하고 높은 위치에 있는 사람이 되거나 혹은 마치 그런 척하며 지내게 된다. 오늘날의 관점에서 보면 무척 불편하고 적응 시간도 적잖이 필요하지만 그만한 이유가 있다. 우리 인간은 신분이라는 망상에 사로잡혀 있는 데다, 또한 그로 인해 높은 지위는 일종의 보호막이 된다.

상류층의 높은 양반으로 지내면 조금이나마 더 안전하게 느껴질 것이다. 신분증명서 및 신원 보증서 등의 서류로 당신의 정체성이 확실히 입증된다면 말이다. 겉모습이 남들과 달라 보이거나 잘못된 행동을 한다고 교수대에 올라갈 위험은 현저히 낮다. 당신이 어느 이국에서 왔으며, 어느 낯선 왕을 모시면서 그의 보호 아래 있는 사람이라 설정하면 그럴듯하게 신빙성이 생긴다. 물론 이런 술수는 어디에서나 먹히지는 않는다. 많은 시대 및 지역에선 토착 주민의 특권조차 대수롭지 않게 여기거나 또는 어디에선가 빌려오지 않았더라도 의심스럽게 본다. 하지만 사회 구조가 잘 짜인

곳으로 간다면 여행사들은 당신에게 특권층에 속하는 지위를 강력히 권할 것이다. 이에 덧붙여 거의 알려지지 않은 어느 나라에서 온 부유한 사람으로 지내면, 당신은 별난 행동을 해도 일종의 면책 특권을 누리게 된다. 당신이 무엇을 하든, 혹여 무례하고 부적절해 보이더라도, 일단 사람들은 관대히 허용할 것이다.

여기에 장점이 하나 더 있다. 즉 당신이 과거에 머무는 동안 필요한, 여러 일처리들을 능숙하게 해낼 수행원을 고용할 수도 있다. 예컨대 당신을 위해 통역을 하고, 길을 안내하며, 현지의 관습을 알려 주고, 숙소와 먹을거리를 조달해 주는 누군가를 곁에 두는 것이다. 특권층에게는 여럿의 수행인들로 둘러싸여 있는 일상이 보통이다. 당신을 수행할 도우미들은 현재에서 채용하거나 또는 여행지에서 바로 모집할 수도 있다. 각각 장점과 단점이 있다. 각 시대 출신의 도우미들은 당신이 마치 바보처럼 행동해도, 기존의 상관을 통해 이에 너무 익숙해져서 크게 놀라거나 의아하게 생각하지 않을 것이다.

끝으로 특권층에 속한 사람들은, 소박한 차림으로 걸어 다닐 때에는 쉽게 엿보기도 힘든 장소에 직접 접근이 가능하다. 귀족의 성, 궁전의 요새, 대학교 등등 목록은 줄줄이 이어진다. 이 책에 서술된 과거 여행지의 다수는 여행자들에게 문이 열려 있다는 걸 전제로 한다.

당신이 어느 시대로 여행을 떠나느냐에 따라 여행사가 요구하는 지위는 달라진다. 1600년과 1800년 사이의 유럽으로 간다면, 남성 관광객들은 낯선 나라에서 온 귀족 신분을 가지고 과거로 보내진다. 당신은 아주 멀리 떨어져 여행지의 토박이들이 어렴풋이나마 알되, 전혀 들어 본 적 없을 정도로 그렇게 너무 멀지는 않은 지역에서 온 이방인이어야 한다. 후자는 불신을 야기하며, 심지어 고등 사기 혐의를 받을 수도 있다. 만일 독일이나 프랑스 또는 영국 땅을 두루 여행한다면, 출신 국가로 러시아나 스웨덴 아니면 리투아니아 같은 나라를 제안한다.

남성 여행자들이 선택 가능한 또 다른 정체성은 같이 여행하는 젊은 사람의 감독이나 보호자 역할이다. 이를테면 대학에 등록한 학생의 교수나, 수학여행을 온 젊은 귀족의 개인 교사라 자처하면 된다. 이런 위치는 결투에 휘말릴 위험이 거의 없다. 특히 당신의 겉모습이 마흔 이상으로 보이거나 평소 안경을 쓴다면 교수나 선생은 탁월한 선택이 될 것이다. 18세기까지 안경은 렌즈의 품질도 좋지 않고 안경다리도 없다. 그리고 주로 많이 읽고 쓰는 직업군에서 사용된다. 귀족들은 안경을 쓰지 않는다.

젊은 남성이라면 대학생 역할이 비어 있으니 원한다면 자유로이 택하여 누려 보자. 단 대학교가 있는 시대와 지역으로 떠난다면 말이다. 혹시 과거의 대학에서 한 학기 전체를 보내고 싶은가? 그러려면 당신이 선택한 대학교로부터 입학 허가를 받고 등록 절차를 밟아야 한다. 그럼 최소한 라틴어 능력을 증명할 서류가 필요하다. 실제로 대학 수업에서 라틴어가 반드시 필요한지 여부는 시간과 장소에 따라 각기 다르다. 라틴어 능력 없이 약간의 속임수를 써서, 가령 통역사의 도움을 받아 대학 수업을 들을 수 있는 곳도 찾아보면 많다. 아니면 수업 말고 공개 발표 같은 특별한 행사를 방문해도 좋다. 여기에선 유명한 학자들을 몸소 경험할 기회가 주어질지 모른다. (더욱 자세한 내용은 4장 '4개 도시로 떠나는 과학 기행'을 읽어 보자.)

여성인 당신이 중세나 근대 유럽으로 여행을 떠난다면, 가장 실용적이고 유익한 신원 중 하나는 기숙 신학교의 수녀. 기숙 신학교는 일종의 종교적인 주거 공동체로, 보통 수도원보다 많은 자유가 주어진다. 신학교에 속한 수녀들은 미혼이기 때문에 여행 도중 남성을 불러들여서는 안 된다. 당신은 기품 있으면서 어딘가 자루 같은 의복을 입게 된다. 지극히 일상적인 문제들 속에서 당신이 이상한 관심과 심각한 무지를 드러내더라도 대개 가볍게 용인될 것이다. 당신은 하인을 고용할 수 있고, 지나칠 정도로 많이 기도를 할 필요도 없다. 능력 있는 시간 여행사라면 당신을 위해 어느 외진 나라에 있는 적당한 신학교를 미리 준비해 놓을 것이다.

아니면 고위층 남성과 결혼한 여성으로 설정하여 그 특권을 누릴 수도 있다. 지난 수백 년 동안 유럽에서, 부유한 여성들이 남편과 이혼을 하고 홀로 사는 경우는 결코 드물지 않다. 당신이 혼자 마차를 타고 돌아다니더라도 그리 눈에 띄지는 않을 것이다. 당신이 누구와 결혼을 했는지 혹은 적어도 누구와 결혼을 했었는지, 정도만 믿음이 가게 확실히 해 둔다면 말이다. 미망인은 전혀 문제가 되지 않으며, 그러기에 당신이 너무 어려 보이더라도 아무 상관 없다. 남편이 세상을 일찍 떠난 이유를 둘러대는 건 어렵지 않다.

대부분의 경우 당신은 익숙하지 않은 생소한 역할을 맡게 된다. 아마도 십중팔구는 현재의 삶에서 하인을 거느리지 않을 것이다. 당신 또한 늘 뒤에서 따르며 모든 걸 돌봐 주는 수종이 없을 가능성이 높다. 그러니 무슨 일이든 스스로 처리하는 습관을 버리자. 그러면서 당신이 고용한 직원이 항상 곁에 머무는 일상에 익숙해지자. 옷을 갈아입을 때도 마찬가지다. 당신의 신분은 사적 영역이 거의 허락되지 않는 삶을 수반한다. 이에 더해 자신의 신분이나 다른 사람들을 조롱하는 행위는 금지된다. 당신은 주어진 가공의 지위에 상응하는 행동을 해야 한다.

위계질서가 엄격한 계급 사회는 마치 지뢰밭과 같아 모든 몸짓, 움직임, 단어마다 깊은 의미가 있어 하나라도 놓치면 터지기 십상이다. 그런 이유로 제1의 규칙은 가만히 침묵을 지키는 것이다. 침착함을 유지하고, 자신의 반응을 통제하며, 주변에서 무슨 일이 벌어지고 있는지 명확해질 때까지 또는 고문에게 조언을 구할 기회가 생길 때까지는 어리석은 척을 하며 조용히 있자.

이동을 하거나 일련의 과정이 진행될 때에는 정해진 서열과 순서에 특히 주의해야 한다. 예를 들어 문이나 다리처럼 좁은 곳을 통과할 때뿐 아니라, 식사 전 자리에 앉거나 접시를 채울 때에도 위계질서를 헤아려야 한다. 사람들은 당신이 어느 위치에 있는지 스스로 알기를 기대한다. 한 명이 겨우 드나드는 좁은 문 앞에서 만약 당신이 너무 일찍 발을 들인다면, 경우에 따라 서열이 높은 이들을 모욕하는 행위로 여겨질 수 있다. 또 너무 늦게 걸어오면 철저히 유지되는 위계질서를 교란하게 된다.

　더불어 굴종을 드러내는 신체 표현에 익숙해지자. 다시 말해 몸을 수그리고, 절을 하고, 무릎을 꿇는 행동이 몸에 익어야 하며 아니면 최소한 모자를 벗는 법이라도 배워 익히자. 이들 모두는 현재 대부분 사라진 행동 지침이다. 다른 규칙들은 이보다 친숙할 것이다. 즉 두 손을 가지런히 모으며, 손을 흔들지 말고, 얼굴이나 인체의 개구부를 손으로 만지지 말자. 욕설을 내뱉지 말자. 환영 인사 시 입맞춤은 안전을 위해 피하도록 하자. 오늘날에는 권위자에게 질문이나 요구를 받을 때에만 이에 따라 말하거나 행동한다. 그러나 중세 유럽에서 사회적 고위층에게 등을 보이는 건 극도로 불쾌한 행위이니 주의하자. 우연히도 이 규칙은 야생에서 곰을 만날 때에도 해당된다. (현재 곰으로부터 자유로운 유럽의 일부 지역에서도 19세기 초입까지는 곰과 조우할 가능성이 있다. 더욱 구체적인 이야기는 8장 '아웃도어 마니아를 위한 단 한 번의 기회'를 읽어 보도록 하자.)

22장

계산해 주세요

가까운 과거로 시간 여행을 간다면 당신의 현금 카드나 신용 카드로 값을 치를 수 있다. 하지만 그 돈은 당신 고유의 계좌에서 빠져나가지 않으며 당신이 방문한 시대에 있는 다른 버전의 당신, 즉 당신의 평행 인간의 계좌에서 차감된다. 다른 버전의 내가 지금의 나 자신만큼이나 부유하고 덤벙거려, 돈이 빠져나가는 걸 전혀 알아차리지 못한다고 확신할 때에만 이를 감행하자. 그 외에 다른 경우는 무례할 수 있다. 그것도 당신 자신에게 말이다.

1970년대 이전의 유럽 내로 여행을 떠난다면 카드 지불은 선택지에 없다. 그러므로 출발하기 전에 현금을 넉넉하게 비축해야 한다. 혹시 목적지의 통화가 당신이 여전히 사용하는 것과 똑같다고 해서 부디 경솔하게 굴지는 말자. 다시 말해 미래의 동전과 지폐는 과거 그 어떤 해에도 있어서는 안 된다! 그 사이에 폐지된 화폐는 동전 수집가나 시간 여행 용품 판매소에서 구할 수 있다. 하지만 동전과 지폐도 인류 역사에서 가장 오래 통용된 지불 수단은 아니다. 유럽에서 종이돈은 19세기에 들어서야 점차 일상에서 받아들여지기 시작한다.

지중해 주변 나라에서는 기원전 500년 즈음부터 주화로 값을 치를 수 있다. 그리고 그로부터 얼마 뒤 이 최신 유행의 지불 수단은 나머지 유럽에서도 널리 받아들여진다. 금화는 주조 여부와 무관하게 거의 어디에서나 사용된다. 하지만 금은 단점이 있다. 현재와 마찬가지로 그리 저렴하지 않다는 것이다. 지난 2500년 동안 금의 가치는 대체로 큰 변화 없이 유지된다. 신바빌로니아Babylonia의 왕 네부카드네자르 2세Nebuchadnezzar II는 기원전 600년 무렵 금 1그램으로 열 개의 빵 덩어리를 얻는다. 오늘날 금 1그램의 시세는 대략 35유로이며, 이는 여전히 빵 덩어리 약 열 개 값과 일치한다. 휴가지 특가는 없다. 은으로는 약간 더 저렴하게 여행을 다닐 수 있다. 지금 은은 그램 당 40센트가 나간다. 현재 은 1그램으로는 살 수 있는 게 별로 없지만, 14세기만 해도 커다란 호밀빵 한 덩어리를 구할 수 있다.

도처에서 각기 다른 화폐들이 무질서하게 뒤섞이는 일은 예사다. 몇몇 커다란 금화들은 전 유럽과 다른 일부 지역에서 인정된다. 13세기부터는 플로렌스 굴덴Florence Gulden이라는 금화가 널리 인정받는데, 베네치아의 두카트Ducat에서 유래된 굴덴은 후에 스페인 사람들이 주조하는 피아스터Piaster와 도블론Doubloon에 영향을 미친다. 밀라노의 정치가이자 순례자인 산토 브라스카Santo Brasca는 예루살렘으로 순례 여행을 다녀온 이후 1480년에 '두 개의 여행 가방을 가지고 다녀야 한다. 하나는 인내심으로 가득 찬 가방, 그리고 다른 하나는 200베네치아 두카트 내지는 최소한 150두카트가 담긴 가방을' 준비하라고 조언한다. 장신구나 금괴 형태의, 주조되지 않은 귀금속으로는 헷갈리거나 잘못될 일이 적다.

대부분의 구매 과정에서 당신은 거스름돈을 다른 화폐로 되돌려 받을 것이다. 그러면 오늘날 이국적인 휴양지에서 그러하듯이, 특히나 당신이 어떤 동전을 얼마만큼 거슬러 받아야 하는지 전혀 모른다면 어느 정도의 위험이 동반된다. 18세기에 출판된 체들러 Johann Heinrich Zedler의 《백과사전Universallexikon》에는 다음과 같은 경고가 실려 있다. '무엇보다 통용되는 주화가 잘 알려진 나라로 떠나라. 그리고 친분이 있는 상인들에게 그 주화에 대한 설명을 듣자. 그렇지 않으면 이역에서 분명 손해를 경험하게 된다.' 그러니 당신이 떠나는 시대의 화폐 관련 기본 지식을 배워 익히도록 하자. 중세 시대부터는 각 지불 수단과 관련된 안내와 지침이 담긴, 유용한 '상인 교본'들이 있으니 참고해 보자.

지불 수단으로써 금과 은의 단점은 돈으로 사용할수록 지금 우리 시대에선 완전히 사라진다는 것이다. 안 그래도 지극히 적은

방구석 시간 여행자를 위한 종횡무진 역사 가이드

데다 점점 지구 대기에서 빠져나가는 헬륨Helium처럼 말이다. 현재는 더욱 가난해지고 다른 평행 세계는 더욱 부유해지는 셈이다. 만약 다른 평행 세계들도 시간 여행을 개발한다면 총합으로는 대차 균형이 이루어질지도 모른다. 이를 위해 통계학까지 동원해야 하는 건지, 누군가는 고개를 갸우뚱할 수도 있다.

대략 2500년 이상 떨어진 과거로 떠난다면 이른바 원시 화폐 또는 실물 화폐를 다루어야 한다. 현재에도 때에 따라 가끔 실물 화폐가 도입되곤 하는데, 이를테면 전쟁 시기나 감옥에서 담뱃갑, 생선 통조림 또는 비누의 형태를 띤다. 가까운 과거로만 가도 다수의 여행지에서 당신은 이런 화폐와 종종 마주칠 수 있으며, 동전 대신 지불해도 될지 모른다. 이러한 방식으로 아메리카에서는 식민화와 독립 사이의 시기에 비버 가죽, 담배, 손톱 그리고 조개와 바다 달팽이 껍질로 만든 기다란 구슬 장신구인 '왐펌Wampum'이 물품 화폐로 사용된다. 조개 화폐는 다른 많은 시대 및 지역에서도 널리 사용되며, 20세기에 들어서까지 부분적으로나마 유효한 지불 수단으로 자리한다. 이따금 지역마다 특별히 선호하는 조개 종류가 따로 있기도 하니 사전에 정보를 충분히 수집하자. 조개 화폐의 가치는 자연의 이치에 따라 수천여 년 동안 변화를 거듭하나, 일반적으로 해안에서 멀리 떨어진 지역일수록 가치는 더 올라간다. 당신의 여행 짐이 수 킬로그램의 조개껍질로 채워지더라도 불평을 토로하지는 말자. 더 심한 경우도 있으니까. 미크로네시아

Micronesia 연방의 야프Yap 제도에는 최대 4미터까지 달하는 커다란 엽전 모양의 돌 화폐가 있다.

주화와 조개의 대안으로 현지에서 수요가 많은 물건들이 있다. 이들을 직접 팔거나 필요한 여행 용품과 교환하면 된다. 유럽에서 인도 및 동남아시아산 향신료는 12세기부터 17세기까지 고가의 사치품에 해당된다. 시간 여행자들에게 이는 여러 가지 이유로 유리하다. 즉 현재의 향신료는 당시보다 값이 적게 들며, 작고 가벼운 데다 오래가는 흔적을 남기지 않는다. 그중에서도 가장 귀한 향신료는 후추이며, 다음으로 계피, 생강, 정향 그리고 자바 후추라고도 하는 쿠베브Cubeb 후추가 뒤를 잇는다. 당신이 떠나길 원하는 시대와 현재의 시가를 비교하여, 향신료의 현재 가격 대비 과거 가치 비율을 살피며 가장 높은 지점이 어디인지 찾아보자.

소금은 많은 시대에서 값비싸게 취급되며, 특히 해안에서 멀고 광산에서도 소금을 얻을 수 없는 곳에서 귀하게 여겨진다. 소금은 향신료로서의 기능보다, 식량 보존에 필수이기 때문에 귀하다. 하지만 수입된 소금에는 세금이 부과된다. 그러니 경우에 따라 당신은 소금 밀수로 문제가 생길지 모른다. 뿐만 아니라 커다란 부피때문에 휴가 비용을 조달할 만큼 충분한 소금을 짊어지고 가기가 힘들다. 게다가 짐 가방이 젖으면 문제가 커진다.

대략 1634년부터 불거지는 네덜란드의 '튤립 파동Tulip mania'은 언뜻 여행 경비를 충당하기에 솔깃한 방법처럼 보인다. 하지만 이는 지역적인 현상일 뿐 아니라 시기도 한정적이다. 1637년 2월에는 튤립 구근 하나가 수천 굴덴(집 한 채 가격)에 팔리며 정점을 찍으나, 이후 다시 급격히 떨어질 각오를 해야 한다. 또한 이곳의 튤립 거래는 서로서로 잘 알고 또 믿는, 몇 백 명의 제한적인 집단 안에서 이루어진다. 저렴하고 평범한 꽃인지 아니면 희귀하고 고가인 꽃송이를 피우는지 튤립 구근으로는 판단할 수 없으므로, 실제 구근은 여름 달에 거래되고 대부분은 개화 이후에 값이 지불된다. (사재기가 과열될 무렵에는 선물 거래가 행해진다.) 잠시 머무는 떠돌이 여행객에게는 실용적이지 않다. 그리고 무엇보다 당시 가장 값비싼 튤립들은 현재에서 과거로 가져갈 수가 없다. 대다수가 멸종되었기 때문이다.

다이아몬드의 경우 과거에선 현재보다 인기가 덜하며 자주 사용되는 편도 아니다. 다이아몬드는 19세기에 새로운 절단 기술 및 세공 기술이 도입되면서 비상하기 시작한다. 하지만 지금의 높은 가격은 다이아몬드 회사인 드비어스De Beers가 20세기 중반에 펼친 광고 캠페인의 결과이다. 1960년대에 다이아몬드는 이미 고가로 거래되며 수요도 많다. 그러나 과거의 보석상들은 아직 21세기의 제조 공정에 대해 전혀 모른다. 합성으로 만든 다이아몬드의 가격은 2016년부터, 광산에서 채굴한 다이아몬드보다 두드러지게 하락한다. 합성 사파이어Sapphire와 루비Ruby도 값싸게 얻을 수 있다. 이들을 가지고 현금으로 교환하면 휴가 비용을 넉넉히 조달할 수도 있다. 그러나 만약 당신이 현재에서 이런 방식으로 누군가를 속이고픈 마음이 없다면, 과거에서도 그럴 이유는 없다.

원칙적으로 금과 다이아몬드는 유명한 발굴지에서 구할 수 있는데, 물론 곡괭이를 든 첫 번째 발견자가 그곳에 등장하기 전에 말이다. 예컨대 최초의 다이아몬드는 남아프리카의 호프타운Hope-town 근처에서 1867년에 발견된다. 오늘날 이곳은 커다란 구멍이라는 뜻의 '빅홀The Big Hole'로 알려져 있다. 첫 발견 이후 다이아몬드를 향한 열광이 뒤따르며 생겨난 것이다. 이론적으로 이 돌은 수억 년 전의 과거로 가서 발견할 수도 있다. 물론 눈에 쉽게 들어올 정도로 지표 위에 내내 널려 있지는 않을 것이다. 하지만 다이아몬드 채굴은 두 가지 측면에서 크게 권할 만하지 않다. 우선 한편으론, 매장량이 풍부한 발굴지라도 자세히 들여다보고 오래 파내도 그다지 많은 양을 얻을 수는 없다. 채굴 작업은 시간을 엄청나게 빼앗으며 지극히 힘든 데다 휴가의 즐거움은 아예 없다. 다른 한편으로, 이런 발굴은 해당 지역 주민들에게 틀림없이 크나큰 고통을 가져올 것이다. 다이아몬드와 금의 발견으로 남아프리카의 광산업은 비극의 토대가 되어, 보어Boer 전쟁을 비롯해 일련의 다른 문제들을 가져온다. 만약 당신이 적절한 때에 토지를 모두 사들여 콘크리트로 덮어 버린다면 생각보다 간편하게 세상을 개선할 수 있다. 그럴 여력이 없다면 적어도 조만간 닥칠 재앙에 개인적으로 이바지하지는 말자.

23장

여러 개의 날짜와 시간

우리는 세계 어딜 가나 똑같은 연도와 똑같은 달력을 사용하는 것에 익숙해졌다. 해마다 서머 타임Summer time에서 윈터 타임Winter time으로 전환되고 또 다시 돌아오는, 두 차례의 혼란조차 부담스럽게 느끼는 이들은 시간 여행을 떠나지 않는 편이 낫다.

1366년 1월 영국에서 여행을 시작하여 몇 주 뒤 피사Pisa에 도착한다면, 그곳에선 1367년이라 적혀 있을 것이다. 이어서 베네치아로 떠나면 아직 2월이며 다시 1366년에 머물게 된다. 여기에서는 3월 초부터 1367년이 시작되는데, 뒤이어 피렌체로 여행을 계속하면 그곳에서는 다시 1366년에 안착하게 된다. 그런 다음 3월 25일 이후에 피사로 되돌아오면 그곳은 벌써 1368년이다. 피사에서 배를 타고 포르투갈로 가면 심지어 1405년에 접어들게 된다.

이런 혼란의 원인은 먼저, 한 해의 시작을 확정하는 방식이 각양각색이기 때문이다. 중세 시대 유럽에는 새해 시작 선택지가 무려 일곱 가지나 되며, 이들은 각각 전 해에 걸쳐 골고루 흩어져 있다. 또 하나의 이유는 달력의 시작점, 다시 말해 연도 계산이 시작되는 '0년'이 각기 다르기 때문이다. 가령 그레고리력Gregorian calendar과 율리우스력Julian calendar에는 0년이 없다.

19세기 내지 20세기 초반 무렵 리투아니아 카우나스Kaunas에서 메멜Memel강을 횡단하면 약 13일 뒤에 맞은편 강가에 도달하게 된다. 이 지점의 강폭은 고작 200미터에 불과하나, 한편의 강가는 1612년부터 그레고리력을 쓰는 프로이센에 속하며 다른 편은 1918년까지 율리우스력을 고수하는 러시아에 속한다. 무엇보다 1582년과 1700년 사이에는 보다 높은 주의가 요구된다. 바로 이 기간에 두 달력이 유럽 전역에 널리 퍼지기 때문이다. 1923년부터는 상황이 조금 일목요연해진다. 즉 이때부터 그레고리력은 중국을 제외한 도처에서 통용된다. 이보다 몇 해 전에 도입되어 새로운 혼란을 낳은 서머 타임에 대한 보상인 셈이다.

일반적으로 원주민들에게 날짜를 물어보는 건 별로 의미가 없다. 연도는 보통 '누구누구 집정관의 통치 제 몇 년' 식으로 따지거나, 로마에서 일시적으로 그러하듯 도시가 세워진 원년을 기준으로 연도를 세기도 한다. 구체적인 연도를 알고 싶다면 날짜를 세는 규칙부터 이해해야 하는데 시작은 그리 쉽지 않다. 로마 제국의 초기 달력은 한 해를 13개월 그리고 일주일을 8일로 본다. 10세기에서 13세기까지 지중해 지역에서는 달의 날짜를 오늘날과 비슷하게 매기지만, 달의 절반은 오름차순으로 세고 후반의 날짜는 다시 역으로 센다.

중세 시대에는 적어도 공문서에는 로마식 달력과 날짜 표기가 널리 사용되는데, 즉 초하루인 칼렌다이Kalendae, 보름인 이두스Idus, 이두스의 8일 전인 노나이Nonae를 기준으로 날을 센다. 칼렌다이와 이두스 그리고 노나이는 매달 고정적으로 시행되는 축제일로, 세 기념일로부터 며칠 전인지를 세며 날짜를 표기한다. 유럽의 많은 지역에서는 그리스도교 축제일에 따라 날짜를 가리키기도 한다. 예를 들어 '성 시몬Simon과 성 유다Judas 사도 축일'처럼 말이다. 공적인 달력에 대목장과 장터가 열리는 날이 표시되는 지역도 있다. 프랑크푸르트 오더Frankfurt an der Oder의 19세기 중반 달력에는, 사순절 첫 일요일 이후 두 번째 월요일을 비롯해 대목장이 열리는 날들이 일일이 적혀 있다. 어딜 가나 복잡하기 때문에 피할수 있다면 차라리 아무에게도 날짜를 묻지 않는 쪽이 낫다.

만약 시간대가 중요한 여행을 계획하고 있다면 시간 표시법을 붙들고 씨름을 해야 한다. 고대 로마에서 하루는 24시간이고, 그중에서 12시간은 밤이며 12시간은 낮이다. 다시 말해 한 시간의 길이가 한 해의 흐름에 따라 변동된다. 지중해 지역에서 겨울에는 한 시간이 대략 45분에 불과하며, 여름에는 무려 75분이 한 시간이다. 당신이 누군가에게 시간을 묻는다면, 이뿐 아니라 어느 종교에 속한 사람이냐에 따라 각기 상이한 대답을 듣게 될 것이다. 로마에서도 그리스도인과 유대인의 시계는 공식적인 시계와 다르게 흘러간다.

14세기부터 19세기 초입까지 알프스 남쪽 지역에서는 '이탈리안 시간'이 통용된다. 여기에서는 하루를 24시간으로 세며, 일몰 때부터 숫자를 매기기 시작한다. '24시를 알리는 소리가 울린다. 혹은 온 이탈리아에서 두루 부르듯, 아베 마리아Ave Maria의 시간이다. 밤이 내리는 때, 더 이상 아무것도 읽을 수 없는 때, 내지는 곧이어 밝은 상공에서 별이 보이기 시작하는 때.' 취리히Zürich의 신부 한스 루돌프 쉬인즈Hans Rudolf Schinz는 18세기 무렵, 이탈리아인들이 다수 거주하는 스위스 지역에서도 이처럼 이탈리안 시간 체계가 널리 행해진다고 적는다. 괴테의 《이탈리아 기행Italienische Reise》에는 해석을 덧붙인, 독일 및 이탈리아 시간 환산표가 담겨 있다. 16세기와 17세기에는 알프스 북쪽의 몇몇 지역들 또한 이탈리아식 시간 표시법을 따른다.

전신기와 철도가 도입될 무렵까지, 그러니까 대략 19세기 중반까지 대도시들은 각자의 지리적 위치와 태양의 정점에 따른 고유의 시간을 지닌다.

가장 쉽고 간단한 (그리고 가장 평온한) 길은 정확한 시간이 중요한 여행을 애초에 계획하지 않는 것이다.

24장

이동과 숙박

과거에서 이리저리 떠돌아다니며 여행하고 싶다면, 모든 것이 오늘날보다 훨씬 오래 걸린다는 사실을 염두에 두어야 한다. 일단 교통수단이 상대적으로 느리고 길은 고르지 않다. 다른 한편으론 며칠 동안 멍하니 앉아 있거나 같이 온 여행객들을 기다리는 일이 빈번하여 시간을 종종 빼앗기곤 한다. 또한 과거에서 당신은 현지 토박이들의 도움에 크게 의존하게 될 것이다. 안내 표지판은 18세기에 들어서야 생긴다. 지도는 비교적 최근까지도 별로 도움이 되지 않는다. 보통 주변 지역에 대한 정보를 파악하기 위해 지도를 이용하지만, 사실 지도에 담긴 정보의 대부분은 휴가를 즐기러 온 여행객의 관심거리와는 거리가 있다. 뿐만 아니라 과거에서 이용 가능한 지도들은 오랫동안 매우 크고 다루기 불편한 형태로 되어 있다.

중세 후기 영국의 최고 지도인 '고프 맵Gough Map'은 문짝 하나만 한 크기에 접히지도 않는다. 마땅한 지도가 없으므로 (그리고 당연히 인터넷도 없으니) A에서 B로 어떻게 가는지 알아내려면 물어물어 다녀야 한다.

몇몇 지역에서는 그곳 지식에 해박한 토박이와 동행하기를 권한다. 즉 산 고갯길, 습지, 숲 그리고 인적이 없는 지대 등은 설령 당신이 길을 알더라도 현지에 정통한 사람이 여러 모로 훨씬 잘 안다. 어디에서 눈사태의 위험성이 유독 높은지, 습지에 처박히지 않으려면 어떻게 해야 하는지, 강도를 피하는 방법은 무엇인지 등등. 이와 달리 토박이가 그려 주는 단순한 약도나 한두 마디의 길 안내는 현재에도 마찬가지지만 과거에서도 완전히 믿기는 어렵다.

'다른 곳을 보고 싶어. 단순히 그게 전부야.' 유럽에서는 18세기에 비로소 이처럼 비교적 평범한 이유로 여행을 떠나기 시작한다. 그러므로 주변 이웃들을 혼란스럽게 하고 싶지 않다면 수긍하기 쉬운 여행 동기를 미리 준비해 놓자. 약 11세기부터(경우에 따라선 보다 이를지 모르나 이는 당신이 직접 알아내기로 하자) 유럽의 여러 지역에서는 매년 대목장이 열리니, 사업상의 이유로 돌아다니고 있다 말해도 된다. 아니면 지금 대학을 옮기려고 알아보는 중이거나, 다른 어딘가에서 새로운 일자리를 얻게 되어 지역을 탐방하고 있다 하자. 혹은 어느 유명 성지를 순례하는 중이거나, 건강을 위해 치유에 좋은 온천을 찾아가는 길이라 말해도 좋다.

교통수단은 당신의 정체성에 부합하는 수단을 택해야 한다. 선택의 여지가 있다면 말이다. 승마를 배우는 건 나쁘지 않다. 당신이 말을 잘 타든 아니면 감자 자루처럼 말 위에 매달려 있든, 이는 오직 당신의 건강과 직결된 문제일 뿐 주변 시선은 상관없다. 좋은 집안에서도 승마 실력이 부족한 경우가 더러 있으니, 어설프게 탄다고 불신을 초래하지는 않는다. 고대 로마에는 이미 여행 마차가 있다고 알려져 있으나, 이는 국가 업무용 차량이지 당신이 휴가용으로 이용할 수 있는 수단은 아니다. 즉 이후로도 몇 세기 동안은 말을 타거나 두 발로 걸어 다녀야 한다는 뜻이다. 누군가가 끄는 단순한 수레는 얻어 탈 수 있을지 모른다. 유럽에서 마차는 16세기 후반 무렵 등장하며, 우편물과 여행객을 동시에 나르는 역마차는 17세기에 나온다. 18세기부터는 일상적인 운송 수단으로 자리 잡으니 이제 여행 계획에 마차를 참작해도 된다. 이런 마차의 내부는 네 명에서 여섯의 승객을 태우기에 적합하다. 바깥에는 건조 양식과 수화물 양에 따라 약 열 명을 더 실을 공간이 있다. 하지만 이 같은 수단으로 도보보다 빠르게 나아갈 거라 기대하지는 말자. 1700년 즈음 역마차는 한 시간에 평균 2킬로미터를 간다.

역마차가 존재하는 시대와 지역에서는 출발하기 전에 일찍 나타나야 유리하다. 그래야 마차 바깥에서 가장 인기 없는 임시 좌석이나 지붕 위를 차지하는 일이 생기지 않는다. 당신의 짐이 마차 안에 실렸는지 그리고 제대로 쌓아올려졌는지 반드시 직접 확인하도록 하자. 도착하면 으레 짐을 옮겨 줄 짐꾼을 하나 고용해야 한다. 먼저 보수를 협의하여 정하고, 짐꾼에게서 시선을 떼지 말자. 일반적으로 마부나 여관 주인, 또는 그 외에 여행객을 많이 상대하는 사람들에게 맡기면 팁은 아끼면서 친절함은 덤으로 얻게 된다. 게다가 이들은 유용한 정보를 얻을 수 있는 최고의 소식통이기도 하다.

19세기 초까지도 승객들이 진흙투성이 터에서 내리고, 마차를 진창에서 끌어올리는 일은 예사다. 이를 경험할 기회는 결코 드물지 않다. 견고하게 건설된 도로는 오랫동안 예외로 남겨진다. 그러니 투덜대지도 말고 누군가를 탓하며 비난하지도 말자. 도로 상황은 개인의 책임이 아니라, 정치적 그리고 경제적 영역에 원인이 있다. 살짝 덧붙이면 이는 오늘날과 아주 비슷하다. 뮌헨에서 취리히까지 이어진, 홀대 받고 방치된 철도 선로를 보면 알 수 있지 않은가. 아마도 해당 결정권자들은 두 종착역 사이 지대의 인구 밀도가 희박하기 때문에, 노선을 개선하고 증축할 가치가 없다고 반론을 펼 것이다.

짐수레와 마차가 널리 운행되는 시대라면, 보행자인 당신은 특히 교통량이 많은 도로에선 조심히 행동해야 한다. 도로 교통은 당신이 기대하듯 그다지 질서정연하게 흐르지 않는다. 그래도 말이 끄는 수레나 마차와의 충돌은 자동차 충돌에 비하면 심히 위험하지는 않다. 한 대 이상의 차량이 다니는 도로 공간에서는 이미 고대부터 대부분 좌측통행이 지배적이라는 사실에 유의하자. 우측통행은 20세기에 들어서야 보편적인 도로 체계로 자리 잡는다.

물길이 있는 곳은 배를 타고 여행할 수 있으며, 뱃길 여행은 여러 면에서 육지보다 편하고 안락하다. 16세기부터 유럽의 많은 강과 운하에는 다른 도시로 연결되는 배편이 규칙적으로 운항된다. 보다 멀리 떨어진 과거를 돌아다닌다면 갤리Galley선을 이용한 여행을 고려해 보자. 양편에 달린 수많은 노를 저어 앞으로 나아가는 갤리선은 역마차와 마찬가지로 일찍이 자리를 예약하거나 선점해야 한다. 마차와 달리 갤리에서는 제일 위에 있는 자리가 최고이다. 영국의 순례자 윌리엄 웨이William Wey가 15세기에 쓴 여행 안내서에서 경고하듯이, 배의 내부는 '타오르는 연기로 뜨거우며 악취가 코를 찌른다.'

당신이 무엇을 타고 돌아다니든, 여기저기 떠도는 여행은 숙소 선택의 폭이 도시에 머물 때만큼 크지 않다. 이는 장점이 되기도 한다. 복잡한 결정을 내릴 필요가 없으니 말이다. 대상들이 주로 머무는 여행자 쉼터인 캐러밴서리Caravansary와 역마 정거장은 여행객들의 요구에 특화되어 있으며 두루 호평을 누린다.

당신이 어느 시대, 어떤 지역, 무슨 역할로 여행을 하느냐에 따라 손님을 전적으로 환대하며 숙소를 제공하는 사람들을 만날 수도 있다. 만약 순례 여행자인 척한다면 (아니면 정말로 순례 여행을 한다면) 주요 순례길을 따라, 종교 기관에서 운영하는 순례자 숙박소인 호스피스Hospice나 수도원에서 묵으면 된다. 알프스의 영마루에도 이런 호스피스가 있다. 이들은 순례자뿐 아니라 모든 여행객들에게 열려 있다.

한 지역에 여행자들의 왕래가 증가하면 곧바로 여관이나 게스트하우스처럼 비용이 부과되는 개인 소유의 숙박업소가 점차 늘어난다. 그런다고 쾌적함이 자동으로 오르지는 않는다. 침대는 없으며, 크고 작은 동물을 비롯해 다른 손님들과 계속 같은 공간에 머물러야 한다는 걸 계산에 넣자. 가격은 절충이 가능하다. 1박에 얼마이며 제공되는 식사는 얼마인지, 도처에 적혀 있는 오늘날과는 다르다.

방구석 시간 여행자를 위한 종횡무진 역사 가이드

25장

이상한 옷을 입은 사람

현대의 의복은 모든 과거에서, 누군가 특별히 진보적인 지역에서 왔다는 인상을 절대 불러일으키지 않는다. 대부분의 과거에서 우리는 마치 플립플롭Flip-flop 슬리퍼에 구멍이 숭숭 뚫린 조깅 바지와 러닝셔츠를 입은, 이를테면 변태처럼 보이게 된다. 우리가 아무리 멀쩡한 인상을 자아내려 노력하더라도 말이다. 당신이 인적 없는 과거로 떠나지만 않는다면, 아마 당신의 여행사는 미리 지정된 의상을 제공하기로 약속이 되어 있을 것이다. 누군가에게 조언을 얻었다면 이를 반드시 마음에 새기고 아낌없이 준비하자. 여기에서 아끼면 말 그대로 엉터리 절약이 된다! 즉 한 푼 아끼다 백 냥 잃을지 모른다.

과거에서 당신은 흡사 극장 안의 두더지처럼 아무것도 모르는 깜깜한 상태다. 하지만 너무 모르는 덕에 당신은 스스로를 부분적으로 감출 수 있다. 이는 현재에도 마찬가지다. 무지의 상태로 외지를 여행할 때, 해당 지역의 기준에서 지극히 품위 있고 단정하게 차려입는 것처럼 말이다. 하지만 그러면 약탈하기 좋은 대상처럼 보이게 된다. 사람들과 관계하는 모든 상황에서, 예를 들어 숙박시설이나 교통수단을 이용할 때마다 모든 관계자들은 당신에게 팁을 기대할 것이다. 전문가의 도움 없이는 각양각색의 복장 규정과 요구 사항 사이의 아슬아슬한 줄타기를 무사히 해내기 어렵다.

가장 필수적인 것만 챙겨 가고 옷은 과거에서 새로 장만해 입으면 비용 부담이 줄어들 수도 있다. 그럴 경우 전문 인력에게 수작업을 맡겨야 한다. 핸드메이드Handmade는 오늘날처럼 당대에도 비싸다. 그럼에도 과거에는 이런 전문 제조업자들이 현재보다 덜 드물기 때문에 가격 면에서 유리하다. 단 이 과정에서 서둘러서는 안 된다. 주문 제작은 최소한 며칠이 걸리고 값비싼 옷은 더 오래 기다려야 한다.

과거의 옷은 대개 까끌까끌하여 종종 적응 시간이 필요하다. 당신의 여행용 정체성이 허락한다면, 비단으로 된 속옷을 착용하여 이 문제를 어느 정도 덜 수도 있다. 현대적 의미의 속옷은 19세기나 되어야 유행하기 시작하지만, 괴상한 외지인으로서 당신은 일종의 어릿광대의 특권을 누리면 된다. 쓸데없이 괜히 겉옷을 벗지는 말자. 타지에서 온 당신의 낯선 피부를 궁금해하며, 혹여 누군가 살짝 보여 달라 요구한다면 크게 나무라면서 주의를 돌리자.

그렇지 않아도 옷 때문에 깔끄러운데 벼룩, 이, 진드기 그리고 모기로 인해 간지러움에 시달리는 문제까지 늘리지 않으려면 가급적 모든 옷가지를 살충제 퍼메트린Permethrin으로 처리해야 한다. 이 같은 방충 처리는 오늘날에도 말라리아 발생 지역에 체류할 때 통상적으로 행해진다. 퍼메트린의 건강 유해성은 이론의 여지가 있다. 그러나 말라리아, 흑사병, 황열, 발진티푸스Typhus 그리고 피를 빠는 곤충을 통해 걸릴 수 있는 다른 질병들의 유해성은 이론의 여지가 없다. (28장 '질병과 전염병'을 참고하자.) 화학적으로 거의 유사하며 과거에서 보다 쉽게 구할 수 있는 물질로, 달마시안 제충국Tanacetum cinerariifolium 꽃송이를 말린 가루인 제충국분이 있다. 제충국 외에도 다른 여러 국화속 꽃으로 효과 좋은 살충제를 만들 수 있다. 페르시아Persia에서 이는 약 2500년 동안 널리 알려져 있는 상식이다. 이 유용한 정보는 19세기 초반에 이르러 유럽에 다다른다. 어쩌면 더욱 일찍 소개될 수도 있다. 당신이 신경을 쓴다면 말이다.

어둡고 간소한 옷은 이점이 있다. 즉 여러 행사에 두루 어울리며, 그런 까닭에 갈아입을 옷을 많이 가져갈 필요가 없다. 원래 평소와 다르게 입어야 하는 상황에서도 당신은 상을 당했다 둘러댈 수 있다. (적어도 상중에 검은 옷을 입는 시대와 지역에서는 통한다.) 하지만 이런 핑계로 모든 상황을 모면할 수는 없다. 주권자가 여는 축제 행사에서는 장례가 있든 없든 축제에 알맞은 의상을 차려입어야 한다.

진흙탕은 과거에서 빼놓을 수 없는 주요 구성 요소 중 하나다. 밝은 옷은 마차나 배 또는 철도를 타고 돌아다닐 경우에만, 그리고 매 걸음마다 더럽히지 않을 자신이 있는 사람만 마련하도록 하자. 교통수단을 이용해 다니더라도 내려서 밖으로 나오면 진흙 구덩이들을 가로질러야 한다. 도보로 다닐 사람은 어두운 옷을 입자. 진창을 피하고 싶다면 포장된 도로를 갖춘 과거로 떠나자. 예를 들면 14세기의 그라나다처럼 말이다. (자세한 이야기는 2장 '잊을 수 없는 주말을 위한 원 포인트 여행지'에 있다.)

26장

식사에 대한 생각

우리는 과거의 식습관에 대해 지극히 조금만 알고 있다. 대부분의
지식은 구두나 문서로 전해지는 요리법과, 조리도구나 변기에서
발견된 음식물의 잔해에 기초한다. 5000여 년 전 빙하에 묻힌 얼
음 미라 외치Ötzi나, 이의 약 절반인 2400여 년 전 스칸디나비아 습
지에 묻힌 늪지 미라 톨룬트 인간Tollund-Mann과 그라우발레 인간
Grauballe-Mann처럼 내장의 음식물까지 고스란히 잘 보존된 인간 화
석에게 도움을 얻는 경우는 극히 드물다. 전해 내려오는 요리법과
식단은 문제가 있다. 보통은 아주 특별하고 호사스러운 음식들만
기록으로 남기기 때문이다. 물론 과거에도 누군가 먼 지역으로 여
행을 떠났다가, 나중에 집으로 돌아와 그곳에서 무엇을 먹고 사는
지 전하면서 일상적인 식습관을 기록한 경우도 가끔 있다. 하지만

이 모두는 인류 역사에서 고작 지난 몇 년에 해당될 뿐이다. 여러 시대 및 지역에서 무엇을 어떻게 먹고 사는지는 당신이 직접 시간 여행을 하며 알아내도록 하자. 우리가 거의 매일 먹는 치즈 빵을 언제부터 만들어 먹는지, 어디로 가면 먹을 수 있는지도 한번 알아보자.

다른 건 몰라도 영양을 섭취하는 행위는 인류의 역사에서 빠지지 않고 늘 행해졌을 것이다. 모든 인간은 음식에 관심이 있으며 심지어 음식물의 영양 성분에도 신경을 쓴다. 우리의 조상들은 실리콘 막대기를 먹는 외계인이 아니라 우리와 다름없는 인간이다. 엄청난 기근이 지속되지 않는 한, 인간은 쉽게 굶어 죽지 않으며 무엇이든 찾아 먹으면서 목숨을 부지한다. 그러나 인류 역사에서 기근은 적잖이 발생하므로, 여행을 떠나기 전에 반드시 해당 지역의 기근 달력을 살펴보며 여행사와 충분히 상의하기를 권한다.

단지 배를 채우는 것이 아니라 훌륭한 음식에도 관심이 있다면, 15세기 말 이전의 유럽은 결코 추천할 만한 여행지가 아니다. 중국에서는 이미 5세기부터 변화무쌍한 조리법과 진귀하고 비싼 식재료로 음식을 만들어 먹으며, 이슬람 세계에서는 11세기부터 풍부한 음식 문화가 발달하기 시작한다. 반면 유럽은 음식에 비용과 시간을 들이지 않으며, 꽤나 오랫동안 질보다는 양을 추구한다. 유럽에서도 농업이 발달하여 풍요로운 남부 지역보다 북유럽 쪽이 일반적으로 미식에 대한 관심이 더욱 적다. 예컨대 아이슬란드에서는 유제품인 스키르Skyr와 생선 그리고 곡물로 만든 죽 이상을 기대해서는 안 된다. (5장 '중세, 씻지 않는 사람들을 위한 낙원'을 다시 살펴보자.) 죽에 들어가는 곡물도 아주 추운 시기에는 수입을 해 와야 한다. 여름과 가을은 유럽 전역에 먹을거리가 넉넉하므로 여행을 하기에 훨씬 좋은 시기다. 겨울에는 신선한 식자재가 거의 없다. 이른 봄이면 식량이 바닥나기도 한다.

현재 당신이 아는 식료품의 상당수는 대부분의 시간 여행지에 아직 존재하지 않는다. 아메리카 대륙을 제외하고 감자와 토마토 그리고 옥수수는 어디에도 없으며, 아시아 외의 지역에서는 쌀을 보기 어렵다. 또한 과거에 존재하는 식품들은 아마도 우리의 기대와 다른 모습을 하고 있을 것이다. 가령 감자는 오랫동안 하얀색이거나 보랏빛 혹은 노란빛을 띤다. 지금처럼 옅은 주홍빛이 도는 감자는 17세기 후반에 들어 네덜란드에서 개량된 품종이다. 게다가 익숙해 보이거나 친숙하게 느껴지는 식료품이라도 완전히 다른 맛이 날 수 있다.

현대와 비교하여 과거의 음식이 무조건 검소하고 단조로운 것은 아니다. 과거에는 먹을 수 있는 식물과 동물의 폭이 오늘날보다 한층 넓기에, 적어도 농업적으로 어느 정도 비옥한 지역에서는 지금 우리보다 더욱 다양하게 즐겼을 것이다. 시대와 지역에 따라 식탁에 오르는 식물들은 각기 다르며, 아마 당대의 생존 안내서에 언급된 안전한 식물들을 선별하여 먹었을 것이다. 요즘 루꼴라Rucola

와 산마늘 그리고 치아 시드Chia seed 등이 재발견되어 건강하고 고급스러운 식자재로 자리하듯이, 당시에도 경험을 바탕으로 야생 식물이 식자재로 분류되어 밥상에 오르는 과정을 거친다. 오늘날 우리가 먹을 수 있는 육류는 대체로 소, 돼지, 양, 일부 들짐승 그리고 몇몇 조류에 한정되어 있다. 반면 과거에는 웬만한 생물들은 거의 냄비로 들어간다. 들꿩, 청설모, 멧새, 겨울잠쥐, 해달, 고양이, 고슴도치, 공작, 홍학 그리고 갓 태어난 토끼도 요리해 먹으며 각 동물마다 요리법도 다 있다. 당신에게 익숙한 동물 종의 고기라도, 동물들이 지금과는 다른 먹이를 먹고 자란 덕에 분명 당신이 아는 것보다 훨씬 강한 맛이 날 것이다. 뿐만 아니라 과거에는 동물의 주둥이부터 꼬리 끝까지 모든 부위를 조리하여 먹는다. 만약 당신이 선지, 피소시지, 허파, 오소리감투, 돼지 머리 그리고 닭발 등이 식탁에 자주 올라오는 지역에서 나고 자랐다면 과거에서 즐길 준비가 충분히 갖춰져 있다고 볼 수 있다.

현재에서 온 여행객들은 다수의 요리 앞에서 윤리적인 문제에 맞닥뜨리게 된다. 가령 현재 멸종 위기에 있거나 이미 절멸한 동물로 만든 요리를 여행 중에 먹어도 되는 걸까? 만일 양심상의 이유로 육식을 하고 싶지 않다면 시대 및 장소와 상관없이 자유로이 결정을 내려도 된다. 혹시 멸종이 걱정되어 꺼리는 거라면, 당신이 한두 마리의 도요새나 수달을 먹든 말든 별다른 차이가 없다는 걸 알아 두자. 이들을 비롯한 많은 동물들이 멸종하는 가장 큰 이유는 인간이 미식을 즐겨서가 아니라, 인간으로 인해 고유의 생활 터전이 사라지기 때문이다. 이런 과정은 오늘날까지도 계속되고 있다. 그러니 동물의 멸종을 막고 싶다면 환경이 파괴되는 현장에서 항의하며 직접 행동하는 편이 보다 쉽고 유익하다.

종종 우리는 인류 역사에서 오늘날처럼 고기를 이렇게나 많이 먹는 시대도 없다는 글을 읽곤 한다. 하지만 그렇다고 해서 채식을 하는 사람들이 현재보다 과거에서 먹고 살기가 더 편하다고 말할 수는 없다. 과거에는 심각한 기근이 아닌 한, 살림이 넉넉하지 않아도 집집마다 매일 식탁 위에 고기가 올라오는 시대가 여럿 있다. 예를 들어 1350년부터 1550년까지 유럽의 대다수 지역에서는 풍족하진 않아도 늘 육식을 한다. 유럽에 흑사병이 대유행을 하며 1347년부터는 노동력이 크게 부족해지는데, 그로 인해 임금과 생활 수준이 비교적 높아진다. 그러나 1550년부터 상황이 다시 악화되면서 육류 소비까지 크게 줄어들게 되며, 이는 20세기에 들어서야 다시 당시의 수준을 되찾게 된다. 고기가 부족한 시대라고 채식으로 살기가 쉬운 것은 아니다. 적은 양의 고기를 잘게 다져 음식에 골고루 나누어 넣는 일이 빈번하기 때문이다.

부유한 사람들과 식사를 한다면 종교적인 이유로 금식을 한다고 둘러댈 수 있다. 특히 가톨릭에서는 정기적인 금식일과 금식 시기가 수차례 예정되어 있으므로, 고기를 거부하거나 음식을 멀리해도 이상하게 여기지 않을 것이다. 이런 금식 기간 외에 그리고 가톨릭이 아닌 지역에서도, 당신이 종교적인 신념 때문에 육식을 피한다고 해서 크게 주목을 끌지는 않을 것이다. 겨울이 유독 추운 지역에서는 늦가을이면 밥상 위에 보다 많은 고기가 오른다는 사실을 염두에 두자. 봄철까지 모든 동물들을 먹이기에는 너무 많은 비용이 들기 때문이다. 맛도 좋고 구하기도 쉬우며 고기로부터 자유로운 먹을거리에 관심이 있다면 유럽이 아닌 다른 대륙을 여행지로 택하도록 하자. 예를 들면 일본, 인도 그리고 중국 등지가 더욱 적합하다.

유럽에서 수입 향신료는 몇 세기 동안 신분의 상징으로 통한다. (22장 '계산해 주세요' 부분을 다시 보자.) 이를 구입할 여력이 있는 사람은 후추, 계피, 정향, 육두구 또는 생강을 모든 음식과 음료에 섞는다. 12세기와 17세기 사이 유복한 사람들에게 식사 초대를 받는다면, 모든 음료와 음식에서 약간 렙쿠헨Lebkuchen 맛이 난다는 걸 각오해야 한다. 크리스마스 무렵 생강과 계피 등의 향신료를 넣어 만들어 먹는 달고도 알싸한 과자 말이다. 많은 향신료들이 오직 썩은 고기 맛을 덮기 위한 용도라는 생각은 오늘날 생겨난 소문에 불과하다. 향신료를 살 만큼 부유한 사람은 이보다 훨씬 저렴한 고기를 사다 먹을 여력이 분명 충분하고도 남을 것이다. 17세기에 들어 수입 향신료 값이 저렴해지면서 무절제한 향신료 사용은 곧바로 수그러든다. 만약 당신이 기원전 1세기 로마 제국에 체류한다면 그 무렵부터 멸종된 실피움Silphium 또는 라세르피티움Laserpitium을 반드시 찾아보도록 하자. 요리 재료뿐 아니라 피임과 낙태용 약재로 쓰인 실피움은 그리스와 로마에서 수요가 엄청나게 높으나 생산량이 극히 적어, 이에 따라 값비싸고 귀한 향신 식물로 여겨지다가 곧 사라진다. 오늘날에는 그 흔적조차 없기 때문에 당신이 발견해 내지 않으면 영영 묻히고 만다.

빵은 현재보다 과거가 더 맛이 좋기는 하나 일단 신선한 빵일 경우에 한하며, 다수의 시간 여행자들이 기대하듯 어디에나 늘 맛있는 빵이 있는 것도 아니다. 곡물로 빵을 가공하는 일은 죽 형태로 만들어 먹는 것보다 시간과 비용이 많이 든다. 죽은 곡물을 냄비에 넣고 불 위에 올려 내내 휘저으면 만들어진다. 이와 달리 빵은 특별한 전용 오븐이 필요하고 보다 많은 시간을 요한다. 귀리나 쌀 또는 메밀로 만든 걸쭉한 죽 같은 요리를 현재도 그리 즐겨 먹지 않는다면 과거에서는 더 힘들 수 있다. 원래 이런 음식을 좋아하더라도 과거의 죽 요리에서, 오늘날 흔히 곁들이는 우유나 크림 또는 계피나 설탕처럼 호사스러운 첨가물을 기대해서는 안 된다. 대개 식사라는 개념은 배가 불러서가 아니라 먹기 전보다 덜 배고프면 자리에서 일어나는 것이 기본이다. 그러므로 현재의 식욕을 그대로 채우며 숙소 주인에게 부담을 가하지 않도록 주의하자. 당신은 얼마 뒤 다시 집으로 돌아가지만, 당신에게 숙소를 내준 주인집은 다음 수확 때까지 또는 다음번 사냥이 성공할 때까지 겨우겨우 입에 풀칠을 하며 연명해야 한다. 식량이 너 나 할 것 없이 모두 부족해지면 돈도 도움이 되지 않을 수 있다.

식사 예절에 관한 정보가 잘 알려진 시간 여행지는 그다지 많지 않다. 다른 건 몰라도 아마 당신은 식사용 칼을 따로 가지고 다녀야 할 것이다. 으레 그러리라 기대하며 개인 나이프를 주지 않을 수 있다. 유럽에서 숟가락은 16세기 무렵부터 통용되기 시작한다. 그로부터 얼마 지나지 않아 포크가 배치되는 식탁 문화가 널리 퍼진다. 왕실에서조차 17세기 무렵까지는 혹여 당신이 손으로 음식을 먹더라도 아무런 거부감을 유발하지 않을 것이다. 다수 전해 내려오는 식사 예절 관련 권고 사항들은 대부분 현재의 시간 여행자들이 어차피 다 통달한 것들이다. 이를테면 공용 컵으로 마시기 전에는 입과 수염을 닦아 내기, 손가락 핥지 않기, 접시에 침 뱉지 않기 그리고 식탁보로 코 풀지 않기처럼 말이다. 식탁의 옆자리 사람들을 주의 깊게 보고 따라하며, 새로이 알게 된 지식은 다음 시간 여행자들을 위해 돌아와서 기록으로 남기자. 그럼에도 불구하고 함께 식사하는 이들의 관점에서 당신의 행동이 미개해 보인다면 두 번 다시는 당신을 초대하지 않을 것이다.

27장

물만 바뀌어도 고생하는
사람들을 위한 조언

음용수의 질은 당신이 어느 시대, 어떤 장소에 머무느냐에 달려 있다. 샘물은 인구 밀도가 낮고 농업용으로 이용되지 않는 지역에서는 언제든 마셔도 된다. 직접 모은 빗물 또한 마찬가지다. 인구 밀도가 높은 모든 지역 및 시대에서는 반드시 조심해야 한다. 특히 좁은 공간에서 인간과 동물이 같이 사는 곳에서는 각별한 주의가 요구된다. 처리되지 않은 물을 빨래나 세숫물로 사용하지는 말자. 그리고 주거 단지 주변의 하천에서는 목욕을 하지 말자. 중세에는 건강상의 이유로 물 대신 와인과 맥주만 마셨다는 말은 현대인들이 만든 유언비어다. 물을 마시는 일은 기록에 남길 만큼 가치가 그리 크지 않아 자료가 적을 뿐이다. 당신이 시내나 하천, 우물이나 빗물 통에서 물을 마시더라도 아마 아무도 의아하게 생각하지 않을 것이다. 다들 그렇게 마시기 때문이다.

물을 마시기 전에 푹 끓이고 싶어 한다면 다소 이상하게 여길 수도 있다. 이번에는 종교적인 의무라 둘러대지 말고, 그 대신 물 속에 보이지 않는 병원균이 살고 있으며 끓이면 다 죽는다고 넌지시 말하자. 당신의 말을 진지하게 받아들이지 않을 가능성이 높지만 그럼에도 시도는 해 보자. 물은 최소한 3분 동안 부글거리며 끓어야 한다. 고지대에서는 100도보다 낮은 온도에서 끓기 때문에, 해발 150미터 높아질 때마다 끓이는 시간을 1분씩 늘려야 한다. 예를 들어 오늘날의 뮌헨 지역에서는 합해서 5~6분 정도가 필요하다. 힘겹게 무사히 끓이고 나서, 물을 더러운 병에 옮겨 부어 수포로 돌아가는 일이 없도록 유의하자.

고대 그리스와 인도에서는 식수를 정수하는 여러 방법들 중에서도 끓여 마시기는 적어도 4000년 전부터 잘 알려진 방법이다. 그러므로 여기에서 당신의 바람은 주변의 이목을 끌지 않을 것이다. 수천 년 전처럼 머나먼 과거에선 무엇보다 물맛이 관건인데, 모르긴 몰라도 가까운 과거보다는 맛이 더욱 좋을 것이다. 보통 물이 탁하면 의심스럽고 처리를 요하는 물로 간주한다. 하지만 의심의 여지없이 깨끗해 보이는 물속에도 병원균이나 화학 오염 물질이 들어 있을지 모르니 일단 끓이고 보자.

한편 연료가 부족한 지역에서는 물 끓이기가 어려울 수 있다. 마실 물을 살균 소독해 주는 이른바 정수용 알약은 사용하기도 간편하며 오래가는 흔적을 남기지도 않는다. 단 정수제마다 사용법이 다르니 주의하고, 규정된 반응 시간을 엄수하도록 하자. 다른 길이 없다면 여러 번 접은 천 조각으로 물을 걸러내자. 세균이 득실거리는 물이라도 이렇게 필터로 거르면 모든 병원균의 약 99퍼센트를 제거할 수 있다. 남은 1퍼센트도 결코 적지 않으나, 그래도 이 방법은 전혀 손쓰지 않는 것보다는 낫다. 천은 여덟 겹이 나오도록 세 번 접고, 한 차례 거른 다음에는 비누로 빨거나 아니면 여과된 물로 충분히 헹구어 햇빛에 바짝 말리자. 그러면서 되도록이면 두 손이 여과되지 않은 물에 닿지 않도록 하자. 이런 필터 처리 방법은 당신이 방문한 시대의 사람들에게도 유용하며 또 실행하기도 수월하여, 이상하게 보는 대신 관심을 드러낼 가능성이 높다.

몇몇 시대와 지역들, 특히 중세에서 20세기 초입 그리고 부분적으로 21세기에서도 대도시들의 경우 끓여도 제거되지 않는 중금속 및 다른 화학 물질들이 식수에 함유되어 있을지 모른다. 수도관에서 나온 납, 염직 공장에서 흘러나온 비소, 그리고 은광에서 나온 수은 등이 여기에 속한다. 지역의 소규모 양조장에서 만든 맥주에도 이런 물질들이 들어 있다. 그러나 거처를 아예 해당 시대로 옮길 생각이 없다면 그다지 대수로운 문제는 아니다. (12장 '정착을 고려하는 사람들을 위한 조언'을 참고하자.) 중금속 중독은 단시간에 이루어지지 않으며, 장기간 노출되어 축적될 때 치명적인 증상을 일으킨다.

28장

질병과 전염병

과거에 산다는 것은 무엇보다 죽는다는 뜻이기도 하다. 출생과 유아기에 살아남은 사람은 전염병의 유행으로 집단 매장지에 들어가거나, 효과 없는 엉터리 치료로 고생하다 죽거나, 오늘날 평범하게 여겨지는 질병으로 일찍이 세상을 떠난다. 상당수의 역사적 서술은 이런 뉘앙스로 들린다. 그리하여 우리가 이 같은 상황 속에 머문다는 사실뿐 아니라, 질병으로 가득 찬 이 세계로 자발적으로 떠날 준비가 되어 있다는 데에 크게 놀라는 이들이 적지 않다.

실제로 과거 사람들의 죽음은 대부분 이와 전혀 관련이 없다. 물론 정확한 기록이 부족한 탓에 우리는 대다수 시대의 평균 수명에 대해 지극히 조금만 알고 있다. 하지만 현지에서 당신은 예순을 넘긴 사람들이 결코 드물지 않음을 눈으로 확인하게 될 것이다.

20세기 초입까지 아동 사망률은 전 세계 어디에서나 매우 높다. 그러나 생후 첫 해를 이겨 내면 오래도록 살아갈 가능성이 크다. 당뇨는 흔하지 않다. 기관총, 폭탄, 자동차 사고, 그리고 비행기 추락은 일단 발명이 되어야 문제가 되든 말든 한다. 전체적으로 보면 과거는 절대로 그리 열악하지 않다.

여러 많은 시대에서 역병과 기근은 오늘날보다 일상적이기는 하나 그렇다고 아주 일상은 아니다. 시간 여행을 떠날 시대와 장소를 신중하게 고르면 최악의 경우는 면할 수 있다. 전염병은 특히 전쟁이나 포위 공격 또는 굶주림이 이미 맹위를 떨치고 있는 곳에서 주로 일어난다. 이런 시대와 지역은 적어도 자발적으로 찾는 여행자들은 거의 없을 것이다. 포위된 도시는 대피하는 주민들로 인산인해를 이루므로, 식량을 비롯해 종종 물까지도 부족하기에 이른다. 여럿이 좁은 공간에 밀집되어 공동생활을 하면 질병과 기생충은 평소보다 쉽게 확산될 수 있다. 포위망에 둘러싸인 도시는 휴가지로 적절하지 않다. 또한 건강상의 이유뿐 아니라 윤리적인 이유에서 이런 지역으로는 가급적 발을 들이지 말자.

역사 속에서 오늘날보다 건강한 체류지는 없을 거라는 생각은 그릇된 편견이다. 시간 여행이 고안되기 전에도 이런 생각은 이미 널리 퍼져 있었다. 하지만 실제로는 가까운 과거를 비롯해 세계 몇몇 나라들은 현재까지도, 세계사에서 전염병이 닥치는 위험한 시기로 꼽힌다.

전염의 위험이 가장 적은 시대는 자연히, 인간도 유인원도 없는 약 2000만 년 전 내지는 더 이전이다. 그곳에서 당신은 기껏해야 기생충의 우발 숙주가 되거나, 그리 까다롭지 않은 병원체를 지닌 전염병에 걸리는 정도에서 끝난다.

그 다음 차선의 선택지는 인간이 사냥과 채집을 하며 사는 시대다. 인간에게 전이될 수 있는 질병을 가진 동물들과 아직 좁은 공간에서 생활하지 않으니 비교적 안전하다. 농경을 시작하기 전까지는 인간 및 동물의 배설물로 식물에게 거름을 주지 않으므로, 병원균과 기생충이 음식물에 다시 안착하기는 어렵다. 그럼에도 만일 살인적인 질병이 발생한다면 그저 소규모의 집단만 절멸하고 말 것이다. 이들 외에는 거기에 아무도 없기 때문이다. 해롭지 않은 병원체들은 감염시킬 인간이 부족한 탓에, 치명적인 몬스터로 돌연변이를 일으키기가 그리 쉽지 않다. 오늘날 시리아, 레바논, 요르단 등이 있는 지중해 동쪽 연안 레반트Levant 지역에서는 약 1만 2000년 전에 이 같은 사냥·채집 시대가 종결된다. 그리고 중부 유럽은 8000년쯤 전에 농경 생활로 접어든다.

말라리아의 병원체는 3000만 년 된 호박 속에 보존된 모기에서 발견될 만큼 오래되었다. 그러나 말라리아로 죽을 확률은 농경 사회로 넘어가 작물 재배와 가축 사육이 이루어지면서 올라간다. 그 전에는 모기 한 마리가 감염된 사람 하나를 물고 나서, 뒤이어 감염되지 않은 두 번째 사람을 찌를 가능성은 지극히 낮다. 이후 말라리아는 모든 시대에서 문제가 되며, 유럽에서는 21세기 초중반에 들어서야 말라리아가 근절되었다 간주한다. 시간 여행자들에게 유용한 정보를 하나 전하자면, 현재 통용되는 예방 조치는 과거의 말라리아 대응에도 매우 높은 확률로 도움이 될 것이다. 곧이어 확인하게 되겠지만 이는 결코 당연한 일이 아니다.

나병은 인류 역사에서 가장 오래되었다 알려진 질병 중 하나다. 추측하건대 나병은 대략 10만여 년 전 동아프리카나 근동에서 발생되었을 것이다. 인도와 이집트에는 적어도 4000년 즈음 된 나병 관련 문헌 증거가 존재한다. 고대 로마와 그리스에서는 특히 빈곤한 주민들 사이에서 나병이 빈번히 일어난다. 나병이 걱정된다면 13세기 유럽은 여행하기 제일 불리한 시기다. 이후 나병은 점점 드물게 나타나다가 16세기에 이르러 거의 완전히 사라진다. 이 같은 감소 추세는 별로 달갑지 않은 이유가 뒤따른다. 즉 이 시기에 새로 등장하는 살인적 질병들이 세간에 오르내리면서, 나병으로 쇠약해져 생을 마감한 이들이 뒷전으로 밀려나기 때문이다. 면역체계가 제대로 작동하는 시간 여행자라면 나병에 전염될 가능성은 특별히 높지 않으며, 걸리더라도 현재의 약물로 충분히 치료할 수 있다. 물론 완치까지는 수개월에서 몇 년이 걸리기도 한다.

아프리카에서 황열병은 나병과 마찬가지로 굉장히 오래된 질병이다. 모기를 통해 전파되는 황열 바이러스는 노예를 실은 선박과 함께 아메리카 대륙으로 옮겨지며, 유럽 남부에서도 일시적으로 크게 확산된다. 황열을 비롯해 모기에 의해 감염되는 여러 질병들은 19세기 말이나 되어야 그 원인이 밝혀진다. (보다 많은 내용은 18장 '알면서도 모르는 척해야 한다'에 담겨 있다.) 시간 여행자들에는 필수 예방 접종이 있기는 하지만, 그래도 조심하는 차원에서 추가로 모기장을 챙겨 스스로를 보호하자.

천연두 또는 마마(작은 마마라 불리는, 상대적으로 심하지 않은 질병인 수두와 헷갈리지 말자)는 북아프리카에서는 최소한 1만 2000년 전부터 발생되었으리라 추정된다. 천연두가 유럽으로 들어온 시기는 165년 즈음으로, 로마 군대가 현재 이라크에 위치한 어느 고대 도시를 정복할 무렵이다. 이후 전 로마 제국은 약 24년 동안 이른바 '안토니누스Antoninus 역병'에 시달리며 수많은 사람들이 목숨을 잃는다. (당시의 공동 황제인 마르쿠스 아우렐리우스 안토니누스Marcus Aurelius Antoninus의 이름에서 따온 이 역병은 현재 대부분의 학자들이 천연두로 추정하고 있다.) 11세기에서 13세기까지는 십자군 기사들이 유럽 전역에 천연두를 계속해서 퍼트리는 데 엄청나게 기여한다. 유럽 곳곳에 전파된 이 질병은 1518년 스페인 정복자들을 통해 아메리카에 다다른다. 아무런 면역 체계가 갖춰지지 않은 땅에 천연두가 유입되면서 수백만이 희생된다. 1970년대에 들어서야 천연두는 전 세계적으로 근절된 질병으로 여겨진다. 어찌 되었든 시간 여행이 발명되기 전이다. 만약 당신이 1970년 이후 그리고 시간 여행 전문 의료 기관의 설립 사이에 태어났다면 천연두 예방 접종을 받지 않았을 수 있다. (다음에 이어지는 29장 '예방 접종의 중요성'을 읽어 보자.)

흑사병이 언제부터 존재하는지 단정하기는 쉽지 않다. 오래된 사료들은 모든 역병을 흑사병, 즉 페스트Pest라는 이름으로 한데 묶어 칭하는 경우가 흔하기 때문이다. 증상 묘사 또한 종종 정확하지 않아, 명백히 이 질병과 동일시된다고 판단하기 어렵다. 더불어 원래 흑사병 자체가 증상, 특징, 감염 경로가 다양하며 변종이 많은 데다, 나중에는 일부 사라졌다가 다시 변이를 일으키는 경우도 있어 어려움을 가중시킨다. 그로 인해 흑사병 대유행의 원인을 두고 현재까지도 논쟁이 계속되고 있다. 이런 이유에서 시간 여행자들을 위한 100퍼센트 확실한 보호막은 없다. 예방 차원에서 항생제 복용을 권하며, 구체적인 사항은 전담 시간 여행 의료 기관의 지시를 따르도록 하자. 설령 여행지에서 흑사병에 걸려 돌아온다 하더라도 현재는 이 병을 치료할 수가 있다. 단 페스트 시대의 기록에 보면 오전에는 아주 건강하다가 점심에 가볍게 앓고는 오후가 되어 침상에서 죽어 나간다는 보고가 차고 넘치니 참고하자.

가장 오래된 페스트균은 약 5000년 된 유골에서 발견된다. 이 질병은 541년 이집트에서 발발하여, 542년 콘스탄티노플에 도달하고는 그곳에서부터 온 유럽으로 퍼진다. 그러면 그나마 여행하기 좋은 시기는 770년과 1346년 사이에서나 다시 찾아볼 수 있다. 알려지지 않은 모종의 이유로 이 시기 유럽에는 흑사병이 없다. 이후 흑사병은 지속적으로 유행하다 1770년을 전후로 유럽에서 사라진다. 즉 이집트에서 시작된 제1차 유행에 이어, 제2차 범유행이 끝을 맺는다. 언제 어느 지역에서 흑사병이 출몰하는지는 전반적으로 기록에 잘 남아 있으니 이를 바탕으로 여행 계획을 추리도록 하자. 역사책에 어느 도시가 흑사병의 피해를 입지 않는다고 적혀 있더라도, 이곳이 이상적인 여행지라는 뜻은 아니다. 흑사병이 이 도시를 엄습하지 않은 이유는 어쩌면 당신처럼 의심스러운 여행객들을 성문에서부터 아예 거절해 버리기 때문일지 모른다.

발진티푸스는 1489년 최초로 기록되며, 그라나다 토후국이 정복되는 과정에서 발생한다. (2장 '잊을 수 없는 주말을 위한 원포인트 여행지' 참고.) 그라나다의 동쪽 도시 바자Baza를 포위한 스페인 군대는 2만여 명을 잃는데, 그중 3000명만 교전으로 사망하며 나머지 1만 7000은 발진티푸스로 죽는다. 이 병은 이나 진드기 또는 벼룩을 매개로 전염되며 현재는 항생제로 치료한다.

그로부터 몇 년 뒤인 1494년 내지는 1495년에, 프랑스의 왕 샤를 8세Charles VIII가 군대를 이끌고 나폴리를 침공할 무렵 처음으로 매독이 돌연 크게 발발한다. 매독의 기원이 어디인지는 아무도 정확히 모르며 몇몇 이론들이 여전히 논쟁 중이다. 하지만 나폴리 주민의 불행에 대한 책임은 분명 프랑스인들에게 있다. 용병으로 이루어진 샤를의 군대는 승리 후 각자 고향으로 돌아간다. 그러면서 매독은 온 유럽에 골고루 퍼진다. 16세기부터 19세기까지 매독은 가장 흔하고 또 제일 두려운 질병이 된다. 이 병은 구강성교를 포함한 직접적인 성관계를 통해 전파된다. (오늘날에도 다르지 않다.) 낯선 환경에서 이런 성적인 활동을 자제해야 하는 근본적인 이유가 여기에 있다. 한편 이 질병 역시 항생제로 치료가 가능하다.

유럽에서 콜레라는 19세기에 비로소 커다란 문제가 된다. 이 병은 오염된 수원에서 나온 식수나 불결한 식품에 의해 전염된다. 다음에 이어지는 33장 '위생적인 여행을 위한 준비물'의 권고 사항을 유의한다면 위험을 면할 수 있다. 오늘날 콜레라를 다루는 방법 또한 32장 '누군가를 도와주고 싶을 때'에 담겨 있으며, 무엇보다 이 질병은 빠르게 진행되는 탈수만 막아도 극복할 수 있다.

폴리오Polio 바이러스로 마비를 초래하는 전염성 질병인 소아마비는 17세기와 18세기에 발병 건수가 점차 증가한다. 그러다가 19세기 후반에 들어 크게 유행한다. 시간 여행자인 당신에게 소아마비는 문제가 되지 않는다. 이미 1950년대부터 소아마비 예방 접종이 시행되기 때문이다.

결핵은 선사 시대 유골에서 발견될 정도로 매우 오래된 질병이나, 유럽에서는 17세기부터 빈번히 발생하기 시작한다. 감염 위험이 가장 높은 시기는 19세기다. 현재 결핵은 항생제로 치료하며 최소한 반년이라는 기간이 필요하다.

인플루엔자Influenza 바이러스에 의해 일어나는 감기인 유행성 독감도 하나의 질병으로 심각하게 받아들여야 한다. 가장 최근의 팬데믹Pandemic, 즉 대유행이 한참 지난 과거의 일이기 때문에 오늘날 우리는 감기의 심각성을 쉽게 망각한다. 그러나 1918년에서 1920년까지, 전 지구적으로 유행한 스페인 독감으로 2000만 ~5000만에 달하는 사망자가 발생한다. 이 같은 독감의 대유행은 이전에도 그리고 이후로도 지속적으로 일어난다. 독감의 병원체는 끊임없이 달라진다. 그러므로 무슨 일이 있어도 독감이 대유행하는 시대로 여행을 떠나고 싶다면, 해당 시대에 팬데믹을 유발하는 병원체에 정확히 대항하는 백신을 맞아야 한다.

유럽에서 천연두는 1950년대와 1960년대에 마지막으로 유행한다. 소아마비와 백일해는 자주 나타나지만, 시간 여행자인 당신은 이미 예방 접종을 했으므로 걱정할 필요는 없다. 유럽 내에서 1975년보다 먼 과거로 떠나지 않는다면 대체로 오늘날과 동일한 병원체들만 신경 쓰면 된다. 후천성 면역 결핍증의 병원체인 HIV는 존재하긴 해도 지금보다 훨씬 드물다. 현재와 마찬가지로, 체액이 직접 닿지 않는 안전한 성관계를 권한다.

인류 역사의 흐름에서 치명적인 역병이 퍼질 가능성은, 위생 개념과 광범위한 수준의 백신이 도입되기 전까지는 계속해서 커진다. 하지만 항상 악화일로를 걷는 건 아니다. 가끔은 '영국 발한병'처럼 온전히 혼자서 사라지는 질병들도 있다. 땀을 흘리다가 이내 죽는 증상을 가진 이 병은 오늘날 알려진 그 어떤 질병과도 들어맞지 않는다. 영국 발한병은 1485년 최초로 발병하여 1551년까지 다섯 차례 대유행하며, 이름에서 알 수 있듯이 주로 영국에서 나타난다. 1528년 5월부터 시작되는 제4차 유행에서만 유럽의 상당 부분을 휩쓴다. 그러니 해당 시기와 장소는 피하도록 하자.

영국 발한병 같은 유행병은 오늘날 이미 절멸되었거나 아니면 명백히 해롭지 않은 병으로 변해 있다. 하룻밤 새 온 마을을 덮쳐 모조리 없애 버리면 생물인 병원체에게 더 이상 도움이 되지 않기 때문이다. 병에 걸린 사람들이 이웃 집단에게 전염을 옮길 시간이 없으면 병원체는 희생자와 함께 죽으며 병은 사라진다. 그래서 대부분의 병원균은 시간의 흐름에 따라 자신이 덮친 유기체에 차차 적응한다. 그러면서 질병은 천천히 그리고 조금씩 덜 치명적인 방향으로 나아간다. 물론 상당수의 병원체는 이 전략을 무시한다. 흑사병과 천연두 또한 수 세기에 걸쳐 수많은 사상자를 낸다.

그래도 영국 발한병은 기록으로 잘 남겨질 만큼 비교적 신생병이다. 하지만 분명 보다 먼 과거에는 역사적 기록에 아무런 흔적도 남기지 않은 역병이 있을 것이다. 따라서 당신은 머나먼 과거의 모퉁이 어딘가에서 미지의 질병과 마주칠 수 있다. 현재의 시간 여행 의학에서도 전혀 모르는 병을 만나면 '역병이 도는 동안에는 다른 어딘가에 머물자' 같은 예방법은 적용되지 않는다. 그럼에도 다수의 문제들은 일반적인 위생 수칙으로 피할 수 있으니 너무 걱정하지는 말자. (뒤에 나오는 33장 '위생적인 여행을 위한 준비물'을 읽어 보자.)

29장

예방 접종의 중요성

흑사병, 천연두 그리고 황열, 발진티푸스를 비롯한 다른 열병들은 전염성이 매우 강하며 건강한 성인에게도 종종 치명적이어서 때론 몇 시간 내에 사망하기도 한다. 오늘날 이런 질병들을 경험한 사람은 지극히 드물다. 대부분 경험이 없는 까닭에 과거에서 발생할지 모를 전염의 위험을 흔히들 과소평가하는 경향이 있다. 그런 이유로 시간 여행사도 의료 보험사도 포괄적인 의학 정보 및 안내 사항을 규정에 담는다. 특히 발생 가능한 모든 질병에 대항하여 온갖 예방 접종을 다 받으라고 권할 것이다.

우리 모두가 여러 역병의 유행 속에서 살아남은 자들의 후손이며, 따라서 과거의 질병에 저항력이 있다는 믿음은 오늘날 널리 퍼진 그릇된 생각이다. 이러한 생각은 근본적으로 완전히 잘못되었다. 물론 특정 질병에 내성이 있는 식물과 동물을 기르는 일은 가능하다. 혹은 종종 실수로 일어나듯, 특정 질병에 취약한 동식물이 길러지기도 한다. 즉 질병에 대한 저항력이 모종의 형태로 유전자 안에 담겨 있는 것이다. 인간의 경우에도 흑사병과 나병의 공격에서 살아남은 사람들의 후손을 보면, 이 질병에 대한 저항력을 갖춘 유전 형질이 드러나기도 한다. 이런 물려받은 기질은 아주 특별한 상황에선 전염 확률을 떨어트릴 수 있다. 하지만 이 같은 유전자가 영원히 보존된다 말할 수는 없다. 특히나 해당 질병이 세상에서 사라지면 이에 대한 저항력을 지닌 유전자는 오래 유지되지 않는다. 그러니 여행 계획을 짤 때 부디 전염 가능성을 절대로 낮게 잡지 말기를 바란다.

우리가 어떤 병에 일단 걸리면 곧바로 면역 체계가 작동한다. 병원체와 한 번 만나면 항체가 형성되어, 보통은 두 번 다시 그 병에 걸리지 않는다. 우리가 평생 단 한 번만 수두에 걸리는 이유가 여기에 있다. 그렇다고 안심해서는 안 된다. 위에서 이미 언급했듯이 병원체는 시간의 흐름에 따라 점점 변화하기 때문이다. 옛 버전의 질병에 대항하는 항체는 새로운 버전에는 별로 유용하지 않다. 그러면 이 항체는 새로운 병원체에 적합하지 않다. (컴퓨터의 안티바이러스Antivirus 소프트웨어와 달리) 인간의 면역 체계는 앞서 지나간 모든 버전의 질병을 기록으로 보관하지 않으며, 안타깝지만 역으로도 마찬가지다. 질병의 새로운 버전에 대한 면역력이 있어도 과거의 다른 버전으로부터 보호할 수는 없다.

　새로운 백신을 얼마나 자주 맞아야 하는지는 병원체에 달려 있다. 유행성 독감에 대비하려면 매년 새로 접종을 해야 한다. 감기 바이러스는 유독 빠르게 변형되기 때문이다. 예컨대 흑사병, 결핵 또는 콜레라를 일으키는 병원균은 바이러스보다 느리게 변화한다. 하지만 느리다는 말은 상대적이다. 만약 당신이 수백 년 전의 과거로 여행을 떠난다면 현재 몸속에 형성된 모든 항체는 크게 도움이 되지 않을 것이다.

　그러므로 현존하는 백신에 무조건 기대지 않는 것이 중요하다. 시간 여행 의료 기관을 제때 찾아가서, 계획 중인 여행지 및 시대에 필요한 예방 접종과 예방 조치에 대해 구체적으로 물어보자. 흔하지 않은 이례적인 여행을 계획하고 있다면 특정 시기에 알맞은 유용한 백신이 없을 수도 있다. 어떤 경우든 당신이 가입한 여행자 건강 보험과 사전에 협의를 해야 한다. 현재 마땅한 백신이 존재하지 않는 시대로 떠나는 여행은 종종 보험 적용에서 제외되니 참고하자.

30장

의도치 않은 살인

사실 과거의 여러 질병들은 현재에서 치료가 잘 되며, 적어도 과거보다는 훨씬 능숙하게 다뤄진다. 그럼에도 병을 가지고 돌아오는 것보다는 예방하는 편이 낫다. 다수의 과거 질병들은 현재 신고의 의무가 있다. 또한 여행에서 빈대나 벼룩 또는 이를 가져오면 당신은 최소한 주변의 타박을 받는다. 그래서 신뢰도 높은 여행사들은 복귀 시 정밀 검진을 선택이 아닌 필수로 넣어 여행 경비에 포함시킨다. 경우에 따라선 휴가를 마친 다음 곧바로 일정 기간 동안 자가 격리를 이행해야 한다. 다소 불편하지만, 실수로 가지고 들어온 전염병으로 이웃이나 도시 혹은 대륙의 인구를 크게 감소시켜 비난에 내맡겨지는 것만큼 불편하지는 않다.

과거의 질병 하나가 현재로 옮겨지는 건 불쾌하다. 그래도 어쨌든 현재에는 의학적으로 관심도 걱정도 상당하며, 건강한 인간들이 압도적으로 많이 살고 있다. 한편 현재의 시간 여행자가 과거로 가져간 질병이, 그곳에서 이미 굶주림이나 다른 병으로 쇠약해진 이들에게 가닿으면 효과적인 치료를 이끌어 낼 출구가 아예 없다.

해당 질병에 대항할 면역 체계가 아직 갖춰지지 않은 주민들이 병원체와 맞닥뜨리면 사망률이 높은 역병으로 이어지게 된다. 이런 식으로 크리스토퍼 콜럼버스는 의도하지 않게 대량 살인범이 된다. 그가 발을 내딛는 1492년 이전에, 북아메리카와 남아메리카에는 합해서 대략 6000만 명의 주민이 산다. (같은 시기에 유럽 땅에는 7000만~8000만이 머문다.) 아메리카 대륙의 원주민들은 수천 년 동안 지구의 다른 대륙과 접촉하지 않았다. 그 사이 아시아와 유럽에서 발생한 모든 질병들은 아메리카 사람들의 면역 체계에는 완전히 새로운 것이다. 가래톳 흑사병, 콜레라, 디프테리아Diphtheria, 발진티푸스, 독감, 백일해, 말라리아, 홍역, 성홍열, 매독, 결핵, 장티푸스, 하지만 그중에서도 특히 천연두는 단기간에 원주민의 약 90퍼센트를 앗아간다. 아메리카 대륙은 이처럼 극심한 인구 감소를 겪으며, 상당수의 학자들은 이와 동시에 일어나는 전 지구적 기온 하강이 여기에서 초래되었다고 본다. 이전에 농경지로 쓰이던 지역이 방치되어 다시 숲이 되면서, 대기 중의 이산화탄소를 대량 흡수하여 지구의 평균 기온을 떨어트렸다는 것이다.

따라서 무슨 일이 있어도 아픈 상태로 시간 여행길에 올라서는 안 된다. 설령 건강하고 팔팔하더라도 당신은 병원체를 지니고 있을지 모른다. 이를 보여 주는 역사적인 사례로 아일랜드계 미국인 요리사 메리 맬런Mary Mallon이 있다. 미국 최초의 장티푸스 무증상 보균자인 그녀는 20세기 초반 여러 가정집에서 요리사로 일하며 50명 이상을 감염시킨다. 증상이 없어 아프지 않은 까닭에 그녀는 진단이 잘못되었다 여기며, 요리사 직업을 그만두라는 보건 당국의 요구를 완강히 거부한다. 어쩌면 메리처럼 당신도 증상이 전혀 없음에도, 시간 여행 의료 센터에서 정밀 검진을 받고 나서 질병이 발견되어 치료를 받아야 할지 모른다. 아니면 특정 시대나 지역은 여행 허가를 아예 받지 못할 수도 있다. 혹여 이런 결정이 내려지더라도 부디 받아들이도록 하자. 이를 통해 당신은 수백만의 목숨을 살리게 된다.

31장

의학적 치료는 피하는 게 상책

모든 예방 조치에도 불구하고 당신은 병에 걸리거나 부상을 당할 수 있다. 어쩌면 당신의 발등 위로 마차가 굴러갈지 모른다. 그러면 당신은 결정을 내려야 한다. 병원을 찾아갈 것인가 말 것인가?

과거에서 병원을 방문하는 일은 여행하는 시대에 따라 유익하기보다 오히려 해로울 수 있다. 특히 1700년부터 서서히 생겨나는 유럽의 병원은 피하도록 하자. 초반 200년 동안 유럽 병원은 주로 빈곤한 이들을 돌보고 치료하는 목적으로 존재한다. 여력이 있는 사람들은 병원을 찾지 않고 의사를 집으로 부른다. 19세기부터는 부유한 사람들도 가끔 병원에서 치료를 받거나 아이를 출산하지만, 이 무렵까지도 병원 방문은 그다지 권하고 싶지 않다. 병원이 이미 존재하더라도, 병원 위생 개념이 아직 마련되지 않았거나 건성으로 다루는 시대라면 오직 극도의 위급 상황에서만 찾아가자.

근대식 병원이 생기기 전에 의사를 개인적으로 찾아가는 건 그나마 위험이 덜하나 다만 제한적으로만 도움이 된다. 구운 고양이, 고슴도치 기름, 샐비어Salvia, 곰 기름, 송진, 밀랍 그리고 다른 여러 동식물에서 추출한 물질로 만든 이국적인 팅크Tincture제와 연고로 치료를 받고 싶다면 말리진 않겠다. 아니면 왕의 배설물과 미라를 가루로 만든 약을 삼켜야 할 수도 있다. 나무좀으로 끓인 진한 국으로 목욕을 할지도 모른다. 대머리를 치료하기 위해 고슴도치를 본뜬 부적을 쓰기도 한다. 기꺼이 하겠다고 고개를 끄덕이는 이들도 여럿 있을 테지만, 어디까지나 관광객의 호기심에서 하는 말일 것이다.

다른 한편으로 단지 수천 년 전에 고안되고 예기치 못한 이상한 원료가 들어 있다 해서, 모든 약품이 엉터리라 할 수는 없다. 2015년 미생물학자 프레야 해리슨Freya Harrison의 연구팀은 9세기 의학책에 기록된 다래끼 치료법에 따라 연고를 재현하여, 이 약이 다래끼처럼 포도상구균 감염으로 발생하는 눈꺼풀 염증에 효과가 있음을 밝혀낸다. 이 연고 안에는 무엇보다 마늘과 와인 그리고 소의 쓸개즙이 함유되어 있으며, 오늘날 병원에서 크게 문제가 되는 포도상구균의 항생제 저항성에 맞서 기존의 항생 물질보다 효과가 더욱 높다는 사실이 입증된다. 어쩌면 미래의 학자들은 나무좀으로 만든 탕이나 고슴도치 모양의 부적에서도 놀라운 효과를 발견할지 모른다.

몇몇 고도 문화에서 의술에 밝은 사람들은 숙련된 전문가이므로, 당신의 여행 시기나 건강 문제의 종류에 따라 어쩌면 현재의 의료진과 비교하여 그리 뒤처지지 않게 치료해 줄 수도 있다. 늘 그렇듯이 문제는 디테일에 있다. 오늘날 고도로 전문화된 병원과 함께 모든 분야마다 기적의 치료사도 있듯이, 과거에도 병을 다루는 스펙트럼spectrum은 굉장히 넓다. 따라서 두꺼비 가루 같은 약으로 치료하는 과거의 의술을 함부로 비웃어서는 안 된다. 현재 동종 요법 치료에 의료 보험료를 낸다고 비웃지 않는다면 말이다. 특히나 만약 당신이 지금 수년 넘게, 고쳐지지 않는 병 하나를 붙들고 헛되이 이 병원 저 병원 전전하고 있다면, 당신의 운을 과거의 의술로 한번 시험해 보아도 좋겠다.

하지만 회복이 불가능한 결과를 초래할지 모를, 불필요하고 또 해로운 의학적 치료는 피하는 게 상책이다. 당신뿐 아니라 함께 온 다른 여행객들도 말려야 한다. 무엇보다 사고 후 절단 수술이 여기에 해당된다. 과거에는 창상 감염이 온몸으로 퍼지는 걸 막는 약제가 단 하나뿐일 때가 종종 있다. 그러나 처음 부상을 당하고 나서 생명을 위협하는 문제가 발생하기까지는 보통 며칠에서 몇 주가 경과한다. 이 기간 안에 현재로 귀환한다면 아마도 당신은 신체의 모든 부분을 무사히 보존할 수 있을 것이다.

뿐만 아니라 당신의 혈류 속으로 균이 직접 들어오는 모든 치료법은 피해야 한다. 많은 시대에서 널리 행해지는 거머리 치료법이 여기에 속한다. 거머리의 소화 기관 안에 있는 병원균이 몇 달이고 전염성을 띨 수 있기 때문이다. 거머리 치료법은 현대 의학에서도 실제로 사용되지만, 감염 예방을 위해 이전에 인간의 피를 한 번도 빨지 않은 거머리만 쓰고 바로 폐기한다. 마찬가지로 작은 유리 단지로 피를 뽑아내는 부항 치료나 사혈 치료도 가능하면 멀리하고, 해당 부위에 상처가 있다면 말할 것도 없다. 이런 몇 가지 제약만 주의하면 그다지 많은 일이 벌어지지는 않을 것이다. 과거에서 가장 유독한 치료법 중 하나인 수은 치료는 장기간에 걸쳐 해로운 영향을 끼치며 당신을 즉시 무덤으로 보내지는 않는다.

대부분의 경우 병원이나 의사를 찾지 말고 여행에서 돌아올 때까지 기다리기를 권한다. 뇌압을 크게 상승시키는 머리 부상은 이 규칙에서 예외로 간주한다. 이런 부상은 몇 시간 안에 치명적인 결과를 낳을 수 있다. 세간에 통용되는 치료법들 덕분에, 믿을 만한 병원이 세워지는 시기가 확장되는 시대 및 문화는 의외로 많다. 그러니 함께 온 여행객이 머리 부상을 당하고는 이어서 동공이 이상하리만큼 커진다면 반드시 의사에게 데려가도록 하자. 그 밖에 의료 체계가 다소 부진한 시대라 하더라도, 두개골에 구멍을 뚫어 뇌압을 낮추고 다시 봉합하는 치료법은 두루 전해진다. 천두라 불리는 이 요법은 너무 간단한 수술이라 의학적인 필요보다는 영적인 이유로 행해지곤 한다. 의술을 행하는 이에게 도구를 삶아 살균하라는 등 참견하지는 말자. 여기에서 성공적인 결말을 기대하는 건, 현대의 병원에서 수술 전 속죄양을 올리듯 허무맹랑한 무언가를 바라는 것과 크게 다르지 않다. 멸균되지 않은 수술 도구로 인한 감염은 이 상황에선 부차적인 문제이며, 현재로 돌아올 때까지 충분히 기다릴 수 있는 문제이기도 하다.

대부분의 다른 응급 상황은 운명을 가르는 시간대의 폭이 넓거나, 일련의 결과가 덜 치명적이라 귀환 길에 올라 집에서 치료를 받아도 된다. 영화에서 이따금 나오는 장면과 달리, 상처는 즉시 꿰맬 필요가 없다. 상처에 먼지나 불결한 것이 닿으면 유익하기는커녕 오히려 상처 주변에 더 많은 해를 입히니, 차라리 봉하지 않은 채로 아물게 두는 편이 낫다. 혹여 고운 모양의 흉터를 중요시하는 사람이라면 나중에 상처를 다시 열어 새로 봉합하면 된다.

맹장염 또한 시각을 다투지 않으며 하루 이틀의 여유가 있다. 맹장이 아닌 다른 기관에 생긴 염증도 마찬가지다. 복통이나 배앓이는 현재의 여행지에서도 익숙하지 않은 음식을 먹고 나서 자주 나타나는 반응이다. 병원에서 멀리 떨어진 상태에서 맹장염은 위험하지만, 실제로 걸릴 가능성은 매우 낮다. 오늘날 탐사 여행을 떠나는 이들이 겪는 모든 건강상의 문제 가운데 맹장염은 0.7퍼센트에 그친다. 절박한 문제로 치과를 찾는다면 대개의 경우, 현재라면 보존될 치아를 뽑게 될 것이다. 운이 나쁘면 마취 없이 진행될 수도 있다. 따라서 여행 전에 치아를 점검하고 필요한 치료를 모두 마치도록 하자.

여행용 구급상자는 원칙적으론 현재의 휴가지로 떠날 때와 동일한 내용물로 채워도 된다. 걱정하지 말고 광범위 항생제도 가방에 챙기자. 흔히 하는 말과 달리, 여행하는 동안 당신은 아무런 문제도 일으키지 않을 것이다. 당신이 사용하는 몇 알의 항생제가 20세기에 생겨나는 항생제 저항성균을 15세기로 당겨, 그 결과 인류를 멸절시키는 일은 없다. 항생제로 치료받은 사람의 몸에는 몇몇 저항성균이 잔존할지 모른다. 하지만 이 균들은 과거 여타의 사람들에게서 진화상 이점을 누리지 못하며 그로 인해 끝내 진화를 이뤄내지 못한다. 어쩌면 항생제 내성 병원균은 자신과 뿌리가 같은 비내성 병원균보다 약할 수도 있다. 오로지 항생제 저항성 발전에만 주력하며 변이했기 때문이다. 물론 항생제는 모든 문제에 도움을 주지 않으며, 세균으로 유발되는 감염병에만 효과가 있다. 예컨대 발진티푸스에는 도움이 되나 천연두와 황열 그리고 말라리아에는 효과가 없다.

어쩌면 당신의 책장에 이미 꽂혀 있을, 야생 의학 관련 서적들은 시간 여행에는 유용한 안내서가 되지 못한다. 이런 책들은 대개 과거에서 구할 수 없는 여러 도구 및 화학 약품들을 전제로 하기 때문이다. 시간 여행 의학에 특화된 안내서는 한두 권 장만할 가치가 있다.

무슨 일이 닥치든 간에 가능한 한 과거에서 죽지 않도록 노력하자. 당신의 몸에는 아말감Amalgam이든 레진Resin이든 현대식 치아 충전재가 있을 테고 어쩌면 인공 심장 박동기, 인공 관절, 나사, 보철, 부목 또는 다른 이식물들이 들어 있을지 모른다. 당신이 활화산의 분화구로 떨어지지 않는 한, 이 잔재들은 나중에 혼란을 일으킬 것이다.

32장

누군가를 도와주고 싶을 때

적어도 당신은 예방 접종이나 예방약을 통해 <u>스스로를 보호할 수</u> 있으며, 아니면 여행에서 돌아와 현재에서 치료를 받을 수 있다. 하지만 주변에서 고통에 시달리는 모습을 보면 마냥 방관하고 싶지 않은 마음이 들지 모른다.

본격적으로 이야기하기 전에 경고 사항이 하나 있다. 시간 여행자들은 과거의 병자를 도와주고픈 심정을 자주 느낀다. 이는 칭찬할 만한 생각이지만, 만약 의학 교육을 전혀 받지 않은 사람이라면 부디 이런 생각에 사로잡히지 말자. 당신의 출신이 단지 미래라는 이유 하나로 환자를 돌보고 치료할 수는 없다. 모호하게 기억하고 있는 현재의 의료 기술은 과거에서 유익하기는커녕 도리어 해를 끼칠 것이다. 예를 들어 만성 상처 부위의 괴사 조직에 구더기를 놓는 치료법은 함부로 시도하지 말자. 이는 현대 의학에서도 실제 사용하는 상처 치료법으로, 얼핏 간단하고 시간 여행지에서도 충분히 적용 가능해 보이나 반드시 살균된 구더기로 해야 제대로 된 치료가 이루어진다. 멸균된 구더기는 사육하기 쉽다. 물론 과거가 아닌 현재에서 말이다. 살균되지 않은 구더기는 최초의 문제보다 더 위험할지 모를 감염을 초래한다.

과거에 발생하는 대부분의 건강 문제는 현지에 있는 기본적인 도구나 물질로는 결코 다룰 수 없다. 또한 16장 '이 두가지는 꼭 알고 계세요'에서 배워 알다시피, 손수 제조하는 항생제는 선택지에 끼지도 못한다. 하지만 세 가지의 예외가 있다. 즉 설사병과 천연두 그리고 매독은 손을 쓸 수 있다.

설사는 원래 위나 장이 병원체에 감염되어 걸리는 병으로 보통은 무난하게 살아남을 수 있다. 진짜 위험은 수분 손실에 있다. 그러므로 설사로 인한 탈수증을 도와주고 싶다면, 1940년대에 고안되고 오늘날까지 '세계보건기구WHO 경구 수액 요법'으로 지정된 처방을 기억해 두자. 즉 여섯 찻숟가락의 설탕과 소금 반 찻숟가락을 1리터의 물에 섞거나, 찻숟가락이 없다면 대략 설탕 한 줌과 소금 한 꼬집을 물에 타서 마시게 하자. 소금은 몸에서 손실된 전해질을 보충하기 위해 필요하며 설탕은 장의 흡수를 돕는다. 설사를 앓는 사람의 입에 이 수액을 하루 3리터가량 흘려 넣어 주는데 성공한다면, 그가 목숨을 부지할 확률은 약 93퍼센트에 달한다. 설탕이 준비되어 있지 않거나 왕실에만 있다면 꿀로 대체하자. 그리고 만약 깨끗한 물이 없다면 다른 무언가로 대신하자. 이런 상황에서 물속에 들어 있는 균은 부수적인 문제일지 모른다. 소금과 설탕 또는 꿀의 시중 가격이 터무니없이 높지만 않다면, 현지 주민들이 이 처방을 자주 사용하도록 설득해 보자.

천연두에는 면역을 생성하여 예방하는 세 가지 방법이 있으며, 이들 모두 상대적으로 간단하게 실행할 수 있다.

→ **중국식 방법.** 천연두 딱지를 여러 개 구하되, 가능하면 증상이 심하지 않은 환자에게서 얻자. 딱지를 가루로 만들어 면역시킬 사람의 콧속에 불어 넣자. 중국에서는 대략 1000년경부터 이런 방법으로 천연두와 싸운다. 부작용 및 위험성은 다음에 이어진다.

→ **인도식 방법.** 바늘 끝만큼 소량의 천연두 딱지나 고름을 조달하여, 면역시킬 사람의 피부에 생채기를 내고 그 안에 이를 찔러 넣자. 시술받는 사람에게 혹여 실수로 매독을 전염시키지 않으려면 어린아이의 고름을 사용하도록 하자. 갓 만들어진 고름이 아니어도 상관없다. 천연두 바이러스는 마른 상태에서도 조건만 갖춰지면 수년 동안 유지된다.

오래전부터 인도에서 실행된 이 방법은 오스만 제국과 동아프리카에서는 약 15세기부터 널리 행해진다. 이른바 접종이라 불리는 이 예방법은 콘스탄티노플의 영국 대사 부인인 레이디 메리 워틀리 몬태규Lady Mary Wortley Montagu가 1720년 무렵 영국에 소개하면서 비로소 유럽에 도달한다. 대략 비슷한 시기에 보스톤에서 천연두가 번질 즈음, 아프리카에서 강제로 끌려와 노예가 된 오네시모Onesimus라는 사람 또한 자신의 주인에게 이와 똑같은 방법을 알려 준다. 영국에서도 미국에서도 이 접종법은 회의적으로 여겨진다. 이는 미개한 외국에서나 먹히는 방법인 데다, 성경에서 병은 신이 죄를 벌하려 내리는 것이므로 병을 예방하는 접종은 결국 신의 뜻에 어긋난다고 보기 때문이다. 하지만 이런저런 대혼전을 거듭한 끝에 접종을 통한 천연두 면역은 마침내 관철된다. 이 같은 접종법으로 발생하는 천연두 감염은 대개 순하고 위험하지 않은 방향으로 흘러간다. 병이 피부 속에서 천천히 퍼져나가, 면역 체계가 반응할 시간이 충분히 확보되기 때문이다. 이런 과정을 거친 사람들의 98~99퍼센트는 살아남는다. 중국식 그리고 인도식 방법에는 단점이 있다. 즉 이러한 시술을 받은 사람 또한 여전히 주변 사람들을 감염시킬 수 있으며, 그것도 순한 버전이 아니라 보통의 위험한 천연두를 옮긴다는 것이다. 이 질병은 접종 받은 사람에게만 경미하게 지나간다. 따라서 접종한 사람은 발진이 사라질 때까지 외부 세계로부터 격리되어야 한다.

→ **영국식 방법.** 인도식으로 하되 여기에서는 암소의 젖이나 젖 짜는 여성의 손에 생긴 천연두 딱지를 구해야 한다. 영국의 의사 에드워드 제너Edward Jenner는 18세기 말에, 소의 천연두인 우두에 감염되면 천연두에 걸리지 않는다는 사실을 입증한다. 우두는 천연두

보다 약하기 때문에 우두 접종은 위험이 덜하다. 이처럼 유익한 우두는 단 발견하기가 어렵다. 원래 말의 질병으로 때에 따라 소에게 전이되니, 말과 젖소를 모두 데리고 작업하는 사람들을 찾아야 한다. 젖소는 주로 여성들이 맡아 젖을 짜고, 반면 말 관리는 종종 남성들이 전담한다. 그러므로 대다수 지역에서 젖소의 도움을 얻어내기는 쉽지 않을 것이다.

세 가지 방법 모두 적시에 시행하는 것이 중요한데, 다시 말해 천연두에 감염되기 전에 면역이 생기게 해야 한다. 만약 당신이 과거로 찾아가 이런 면역법을 도입하려 한다면, 이 기술을 최초로 주창한 이들처럼 어마어마한 저항에 부딪히게 될 것이다. 위에서 언급한 레이디 몬태규가, 영국인들에게 접종의 효과를 전하고 가르치는 과정에서 얻은 경험은 당신에게도 도움이 될 것이다. 가장 설득하기 쉬운 경우는 천연두로 이미 가까운 친척을 잃고, 집안에 보호해야 할 어린아이가 있는 사람들이다. 레이디 몬태규는 주로 이들에게 접종을 시행하며 여론을 돌린다.

매독은 무섭고 추하며, 많은 경우 살인적인 결과를 초래하는 질병으로 알려져 있다. 이 병은 다소 불쾌하면서도 동시에 놀랍도록 간단한 방법으로 치료가 가능하다. 바로 말라리아 감염으로 매독균을 죽이는 것이다. 말라리아에 걸리면 고열이 발생하는데, 매독균인 트레포네마 팔리둠Treponema pallidum은 이 열을 견디지 못하고 죽는다. 이 방법으로 치료한 환자는 더 이상 매독에 걸리지 않으며, 한편 말라리아는 비교적 문제가 적고 훨씬 덜 치명적인 질병이다. 오스트리아의 정신과 전문의 율리우스 바그너야우레크Julius Wagner-Jauregg는 이 치료법을 발견하며 1927년 노벨 의학상을 받는다. 하지만 원칙적으로 이 방법은 다른 모든 시대에서도 효과를 나타낸다. 이를 위해 필요한 것은 말라리아에 걸린 사람 한 명과 주사기 하나가 전부이다. 말라리아 환자에게서 5에서 10밀리리터 분량의 피를 뽑아, 이를 매독 환자에게 근육 주사 또는 정맥 주사로 주입한다. 남아메리카산 기나나무를 구할 수 있는 시기라면, 여기에서 발생한 말라리아를 다시 퇴치할 수도 있다. 가루로 만든 기나나무 껍질 약 10그램을 와인 같은 음료에 섞으면 된다. 심히 고약한 맛이 나는 이 음료는 열이 가라앉을 때까지, 필요하다면 하루에 수차례 삼키게끔 하자.

물론 이 모든 과정은 의학적 지식을 전제로 한다. 특히 수혈하는 사람은 경미한 형태의 말라리아를 앓아야 하며, 말라리아 트로피카Malaria tropica처럼 고위험군의 열대 말라리아에 걸린 환자는 절대로 안 된다. 따라서 어떠한 경우에도 당신이 직접 나서서 어설프게 만지작거리지는 말자. 대신 해당 여행지에서 의술에 밝은 전문가를 찾아가 이 방법을 가르쳐 주도록 하자. 말라리아로 매독을 치료하는 이 방법은 한편으론 수요가 굉장히 많아, 다른 여러 혁신적인 해결책보다 더 나은 기회를 가져올지 모른다. 그러나 다른 한편으론 바그너야우레크가 그랬듯, 이 훌륭한 아이디어는 수십 년 동안 진지하게 받아들여지지 않을 수 있다.

　천연두 접종 때와 마찬가지로 치료받은 사람이 일반적인 감염 경로로, 즉 모기를 통해 다른 이들에게 말라리아를 전하지 않도록 막아야 한다. 말라리아는 특정 종류의 모기에 의해서만 전염되나, 당신 눈에 모기들이 다 비슷비슷해 보인다면 아예 모기장을 치는 편이 낫다.

　과거에서 감염병을 극복하는 가장 유용한 방법은 가급적 자주 비누로 손을 씻도록 하는 것이다. (다음에 이어지는 33장 '위생적인 여행을 위한 준비물'을 보자.) 이는 정보가 넘치는 오늘날에도 확실히 입증해서 보여 주기가 어렵다. 뿐만 아니라 개선된 위생과 낮아진 감염 위험의 상관관계는 알아차리기가 결코 쉽지 않다. 어쩌면 당신은 과거에서 이를 시도하다가 괜히 휴가만 망칠지 모른다.

위생적인 여행을 위한 준비물

건강을 지키기 위한 제일 효과적인 예방 조치는, 현재 당신이 다른 나라를 여행할 때마다 이미 익히 알고 있는 방법이기도 하다. 다시 말해 당신의 면역 체계에 익숙하지 않은 병원균을 미리 막아내는 것이다. 손 씻기, 식수 끓이기, 과일과 채소 껍질 벗기기, 완전히 익혀 먹기, 모기장 안에서 자기, 옷가지 살충제 처리하기, 사람들이 대거 모이는 장소 피하기, 가급적 현지인과 체액 교환하지 않기. 하지만 이를 성실하게 그리고 철저하게 끝까지 고수하기는 그리 쉽지 않다. 다정하고 호의적인 사람들은 음식을 대접하거나, 또는 공동으로 사용하는 술잔으로 한 모금을 권할 테고, 이를 거절하면 무례한 행동일지 모른다. 주목할 만한 사건들은 종종 대규모 모임과 결부되어 발생한다.

여행을 떠나기 전부터 손으로 눈이나 코 또는 입을 만지지 않는 습관을 기본적으로 들이면 좋다. 이런 습관은 비단 과거에서만 감염의 확률을 줄이는 것이 아니라 현재에서도, 예컨대 다음번 유행성 독감을 대비하는 데 도움이 된다. 뿐만 아니라 이는 타인에 대한 예의이기도 하다.

특히 식사 전후 손 씻기는 많은 시대 및 지역에서 품위 있는 예법에 들어간다. 병원체라는 개념이 등장하는 19세기 이전에도 일종의 종교적·사회적 의식으로 손을 씻지만, 당시의 목표는 단지 시각적으로 손이 깨끗하다는 인상을 주는 것이다. 이는 오늘날에도 크게 달라지지 않았다. 소위 선진국의 시민들도 대다수가 손을 거의 씻지 않거나, 아주 잠깐만 씻거나, 아니면 비누도 없이 닦는다는 연구 결과가 누차 나오곤 한다. 추천하는 방법에 따라 손을 닦는 이들은 지극히 일부에 불과하다. 다시 말해 물과 비누로 최소 20초 동안, 손바닥뿐 아니라 손가락 사이사이의 공간을 깨끗이 씻어야 한다. 의료계에 몸담은 전문가들조차 이러한 손 위생을 소홀히 한다. 그러니 불결한 과거를 내려다보며 거들먹거리기에는 아직 너무 이르다.

비누나 비누와 비슷한 물질들은 적어도 5000년 전부터 존재한다. 그럼에도 비누는 집에서 챙겨 가자. 비누는 고고학적인 흔적을 남기지 않으며, 방문 시 소소한 선물로도 적합하다. 단 유난히 알록달록하거나 아니면 투명한 비누로 받는 사람에게 깊은 인상을 남기려 애쓰지는 말자. 늘 그렇듯이 친숙한 모양이면서도 살짝 고급스러운 향이 나거나 조금 비싸 보이는 비누가 가장 인기 있다. 하지만 주의할 점이 있다. 당신이 여행하는 지역에 비누가 없다고, 미개하다거나 집주인이 씻지 않는다는 인상을 지닐 필요는 없다. 모든 인간은 시대를 불문하고 나름대로 청결을 유지한다. 각자가 생각하는 청결의 본질이 다를 뿐이다. 청결을 유지하려는 태도는 과거에도 현재와 크게 다르지 않다.

방구석 시간 여행자를 위한 종횡무진 역사 가이드

34장

화장실 문제

오늘날 많은 고고학 전문가들은 과거의 화장실에서 의미 있는 무언가를 발견하기 위해 매진한다. 기생충과 그 알, 인간이 먹은 동물과 식물의 DNA, 씨앗과 열매, 그리고 세척제의 잔여물 등등. 고고학에서도 이 같은 연구 분과가 업적을 올리면서 시간 여행자들은 여러 문제에 직면하게 된다. 생분해성 쓰레기조차 적절한 혹은 잘못된 환경에선, 수천 년 넘게 식별 가능한 상태로 남을 수 있기 때문이다. 미래의 물건이 고고학적 흔적으로 발견되어 다른 과거와 혼동되는 일이 없도록, 화장지든 탐폰Tampon이든 과거의 화장실에 절대 남겨 두지 말자. 생리대처럼 플라스틱이 포함된 위생용품은 말할 것도 없다.

다른 말로 하면 과거의 화장실을 찾을 때마다 각 시대의 관습과 전통에 따라야 한다는 뜻이다. 두루마리 휴지는 1880년에야 비로소 발명되며 1900년 이전까지는 서구 국가에 거의 전파되지 않는다. 다수의 유럽 지역에선 20세기 초까지도 신문지 쪼가리로 뒤를 닦는다. 1880년 전까지 뒤처리 방법의 스펙트럼은 무척 넓다. 여행 시기와 장소에 따라 막대기에 끼운 해면이 등장하기도 하며 (고대 로마의 화장실) 왼손, 이끼, 커다란 이파리, 조약돌 또는 나무 막대기가 투입되기도 한다.

현재 배변 후에 뒤처리를 물로 하고 왼손을 씻는 문화권에서 온 경우에는 과거에서 따로 적응할 필요가 없다. 어차피 물은 고고학적 흔적을 남기지 않기 때문이다. 물론 그러면 꼼꼼한 손 세정에 신경을 더 써야 한다. 비누나 세면 시설이 없어 제대로 씻을 수 없는 난감한 상황에도 대비하자. 무엇보다 충분한 양의 손 세정제를 챙겨 가자. (그리고 통은 당연히 집으로 다시 가져가야 한다.) 이는 다른 여러 경우에도 매우 유용하다.

고대 로마 같은 몇몇 문화에서는 공중 화장실을 능숙하게 이용하는 능력이 요구된다. 여기에서 말하는 공중은 다른 사람들의 용무를 지켜보면서 자기 볼일을 처리할 수 있어야 한다는 뜻이다. 여성들도 이런 공중 화장실을 방문하는지 여부는 이 책이 발행되는 시점까지도 명확히 설명되지 않으며, 만약 아니라면 다른 대안은 무엇인지 또한 불분명하다. 뿐만 아니라 여성들은 생리위생이라는 문제에 맞닥뜨리게 된다. 인류의 다양한 역사에서 이에 대한 해결책이 얼마나 있는지는 기록도 연구도 충분히 이루어지지 않은 주제다. 모든 다른 일들처럼 생리는 선택의 여지가 있는 용무가 아니다. 특정 시대나 지역의 관습이 오늘날까지 잘 알려져 있다 해서, 모든 시간 여행자들이 여기에 적응할 준비가 되어 있다고 보기는 어렵다. 유럽의 많은 지역에서는 20세기 초입까지도, 천 생리대가 달린 독특한 모양의 생리 벨트를 널리 착용한다. 천으로 된 이 생리대는 어디에선가 빨고 말려야 한다. 입고 빨고 말리는 것까지 다 합하면 이래저래 불편하고도 비실용적인 용무가 아닐 수 없다.

실리콘이나 합성수지로 만든 생리컵은 비우고 씻어 내면서, 몇 년 동안 다시 사용할 수 있다. 생리컵은 오늘날에도 두루 통용되며 기반 시설이 부족한 여행지를 다닐 때 유용하다. 하지만 자연스레 사용하려면 연습이 필요하다. 고대 로마에 도착하고 나서야 난생 처음으로 이걸 붙들고 씨름을 벌이지는 말자. 최소 19세기 문헌에도 나오는, 재사용 가능한 직물로 된 탐폰은 직접 만들 수 있으며 끈이 달린 해면 탐폰은 심지어 현재에도 살 수 있다. 대부분의 시대에서 사적 영역의 물건은 구하기 힘들고 희소하지만, 만일 거론할 일이 있다면 위의 둘은 고무 소재의 물건보다 오히려 설명하기 쉬울 것이다.

지역 고유의 관습을 절대 따르고 싶지 않다면 모든 쓰레기를 다시 집으로 가져와야 한다. 에베레스트Everest 원정이나 그랜드 캐니언 래프팅 여행에서처럼 말이다. 당신의 여행 짐이 요상한 것들

로 채워지다 못해 넘쳐날 때, 스스로에게 무슨 말로 해명을 할지
미리 생각해 두자.

35장

가져갈 것과 가져올 것

여행에 챙겨 갈 준비물은 당신이 무엇을 계획하고 어디로 떠나는 지에 따라 크게 좌우된다. 유일하게 공통으로 적용되는 규칙은 현재 국립 공원이나 자연 보호 구역을 찾을 때와 비슷하다. 즉 모든 것은 다시 집으로 가져가자. 당신이 남긴 흔적은 각 시대 주민들의 흔적과 구별되지 않는다. 몇몇 여행사들은 이 규칙을 매우 엄격하게 다루며, 역사적인 의복만 허용하고 그 외에는 아무것도 들고 가지 못하게 한다. 이처럼 순수주의를 표방하는 시간 여행은 모두의 흥미를 끌지는 못한다. 아마 당신은 최소한 카메라는 담아 가고 싶을 것이다. 그래도 사진은 남겨야 하지 않겠는가. 선사 시대로 여행을 떠난다면 캠핑 용품을 갖추어야 한다. 텐트, 침낭, 버너, 물 필터, 즉석 식품 등등 모든 필수 품목을 싸야 한다. 게스트하우스나 여관처럼 문명의 성취가 존재하는 시대를 찾아간다면 짐 꾸리기는 훨씬 간편해진다. (24장 '이동과 숙박'을 같이 읽어 보자.) 여기에서 당신은 요즘 유행하는 미니멀리즘Minimalism을 전적으로 추구하며 가뿐하게 돌아다닐 수 있다. 그리고 모든 건 현지에서 조달하면 된다.

휴가지에서 사람들은 무언가를 모으려 한다. 가령 돌이나 조개껍질 또는 그림엽서나 예술 작품처럼 덧없이 흘러가는 여행의 순간을 상기시켜 주는, 손에 잡히는 물건을 수집하고자 한다. 과거는 끝내주게 멋진 추억들로 가득하다. 이는 현재에선 전혀 얻을 수 없거나 아주 가까스로 얻어지는 까닭에, 역사의 모든 조각을 담아 오고 싶은 유혹은 굉장히 크다. 과거에서 온 물건 중 다수는 오늘날 가치가 상당하다. 이를테면 클로비스Clovis인들이 남긴 창촉, 허먼 멜빌Herman Melville의 《십자가의 섬Isle of the Cross》처럼 유실된 최초의 원고, 또는 1950년대의 재떨이 등은 현재에서 별다른 문제없이 구매 희망자를 찾을 수 있다. 잇속에 밝은 시간 여행자라면 이를 통해 금방 부유해질 거라 생각할지 모른다.

기념품을 가져오면 일이 몹시 복잡해진다. 당신이 시간 여행자로서 어느 평행 세계를 돌아다니고 있다는 사실을 계산에 넣으면 생각이 달라질 것이다. 그곳에서 당신이 고대의 휴지걸이 하나를 슬쩍한다고 가정해 보자. 그럼 그 버전의 역사에는 휴지 걸이 하나가 부족해진다. (이 예시는 허구다. 실제로 두루마리 휴지는 19세기 후반부터 구할 수 있다.) 그리고 당신은 그 휴지 걸이를 현재로 가져온다. 즉 당신이 여행을 시작한 버전의 세계로 말이다. 그러면 바로 이 평행 세계에는 동일한 물건이 두 번 존재하게 된다. 한 번은 (당신이 가져오기 전) 현재까지 오래도록 머문 원래 있던 곳에, 그리고 다른 한 번은 기념품으로. 누군가 지금 현재에서 옛 버전의 휴지 걸이를 발견한다면 혼란은 커진다. 따라서 일반적으로는 과거에서 물건을 몰래 훔쳐 오지 말라고 충고한다. 괜히 걱정만 남기게 된다. 아니면 휴지 걸이 없는 화장실을 남기거나.

더욱 곤란한 문제도 있다. 즉 휴가지에서 반 고흐Vincent van Gogh의 희귀 그림을 약소한 돈으로 사서, 기념품이나 투자용으로 가져오고 싶은 마음이 들지 모른다. 다른 모든 '골동품'과 마찬가지로, 이런 종류의 반 고흐 그림은 완전히 새롭기 때문에 현재의 구경꾼들에겐 딱히 진품으로 보이지 않을 수 있다. 하지만 당신이 이 같은 기념품에 손을 대지 말아야 하는 주요 이유는 여기에 있지 않다. 어쩌면 당신은 옛날에 탐험대가 원산국에서 싹쓸이해 온 예술 작품이나 종교적 물건들이 박물관에 전시되는 모습을 보며, 역시나 그리 바람직하지 않게 여길지 모른다. 당신이 체류하는 시대, 그 시간 가닥을 하나의 다른 나라라고 생각하며 바라보자. 그리고 그 나라에 단 하나뿐인 반 고흐의 '별이 빛나는 밤' 원본이 그곳에 고스란히 남도록 내버려 두자.

이와 달리 거리낌 없이 가져와도 되는 것이 있다. 바로 기억과 사진이다. 과거에서 찍어 온 사진들은 심지어 대단히 유용할 수 있다. 여전히 반 고흐에 관심이 있다면 그가 직접 그린 그림에 접근할 수 있는 곳을 하나 찾아가 사진을 찍자. 다들 알다시피 그가 사용한 물감의 색은 그 사이에 변했다. 그러므로 당신의 사진은 미술계에 커다란 기쁨을 안길 것이다. 근처 누군가에게 부탁하여, 그림 옆에서 표준 색상표를 들고 찍으면 가장 확실하고 믿을 만한 사진을 남기게 된다. 반 고흐의 몇몇 작품들은 레스토랑에서 전시되기도 한다. 오늘날의 박물관처럼 누구도 당신을 감시하고 통제하지 않을 테니 편하게 감상하자.

다수의 반 고흐 그림은 크기가 잘 알려져 있다. 하지만 과거에서 당신이 마주치게 될 대부분의 촬영 대상은 가늠이 어렵다. 작은 그림이나 물건은 색상표를 곁에 두면 촬영과 동시에 규모를 파악할 수 있다. 거대한 공룡이나 건축물 촬영에는 고고학용으로 나온 측정자 세트를 권한다. 전문 상점에 가면 약 70유로로 구할 수 있으니 챙겨 가자.

당신이 과거에서 담은 사진들이 현재에서 유익을 충분히 누리려면 촬영 장소 및 시간 기록에 각별히 신경 써야 한다. (9장 '공룡의 왕국에서 보내는 색다른 휴가'를 살펴보자.) 순간을 포착한 평범한 스냅snap 사진은 이런 메타데이터로 인해 귀중한 자료가 된다. 어쩌면 당신의 카메라에는 각 사진마다 GPS 좌표를 자동으로 기록하는 기능이 있을지 모른다. 이 기능은 현재에선 매우 유용하지만 과거에선 작동하지 않는다. 일단 GPS 위성은 20세기 후반에 등장하므로, 그 전에는 카메라에 GPS 기능이 있어도 촬영 위치를 파악할 수가 없다. 여기에 더해 혹여 위치 정보가 주어지더라도 간접적으로나마 도움이 될 뿐이다. 각 대륙이 촬영 시점에서부터 어디론가 계속 움직이기 때문이다.

대륙의 위치 정보를 직접 표시하면 도움이 되겠으나 대부분의 경우 이를 실행하기는 어렵다. 오늘날 측지학에서 하듯이 금속이나 돌로 벤치마크Benchmark 같은 수준점 또는 측량 기준점을 표시해 놓을 수도 있겠지만, 여행 사진에 이런 노력까지 들일 필요는 없다. 뿐만 아니라 사진 촬영 시점과 현재 사이에 일어난 지질 작용(빙결, 섭입, 침강)으로 전 지역이 거듭 무질서하게 뒤엉켜 더 이상 같은 곳을 다시 발견하지 못할 수 있다.

가까운 과거로 간다면 쾰른 대성당이나 콜로세움Colosseum처럼 아직까지도 존재하는 건축물들을 사진에 담아도 좋을 것이다. 마땅히 찍을 만한 대상이 없다면 최소한 동서남북 사방이라도 촬영해 두자. 그래야 당신이 머문 위치가 어딘지 나중에 어림잡을 기회라도 주어질 테니까.

시간 여행자를 위한 추천 도서 목록

◆ 스타니스와프 렘Stanisław Lem - 《항성 일기 Dzienniki gwiazdowe》

우주 비행사 욘 티키Ijon Tichy는 직접 만든 우주선을 타고 시공간을 통과해 여러 별들을 여행한 경험을 방대한 보고서로 남긴다. 스타니스와프 렘이 면밀히 그려 낸, 욘 티키의 이 여행기가 아니었다면 오늘날 우리는 우주의 부조리함에 대해 전혀 몰랐을 수도 있다. 특히 18번째와 20번째 여행기를 추천한다. 이들 두 장은 지구와 인류의 역사를 다루며, 시간 여행이라는 틀 안에서 목적을 가지고 개입하여 온 우주를 개선하는 내용을 담는다. 티키는 시간 여행의 개척자이며, 무엇보다 시간 여행을 통해 세상을 개선하려 시도하는 선구자다. 일찍이 그는 과거로 간 시간 여행자가, 도자기 가게에 들어간 코끼리처럼 서툴고 어설프기 짝이 없음을 분명히 깨닫는다. 섬세하고 세련된 렘의 소설은 물론 오늘날의 관점에선 고개가 갸우뚱해지는 부분도 있다. 이를테면 타임머신은 그가 묘사하듯, 마녀의 빗자루 같은 모습이 아니다. 그럼에도 이 책에는 알아 두면 가치 있고 쓸모 있는 내용들이 풍부하게 담겨 있다.

◆ 이안 모티머Ian Mortimer –《중세 영국으로 떠나는 시간 여행자를 위한 안내서The Time Traveller's Guide to Medieval England》

14세기 영국으로 떠나는 이들에게는 한 역사학자가 집필한 남다른 여행 안내서 한 권을 권한다. 이 책은 시간 여행이 아직 발명되기 전에 지어졌음에도 특별히 시간 여행자들을 향한다. 여기에는 실용적인 지침과 고려 사항이 차고 넘친다. 옷을 어떻게 차려입고, 값을 어떻게 치르며, 행동을 어떻게 하고, 사람들과 어떻게 대화를 나누어야 하는지, 그리고 중세 후기 영국의 도시나 시골에서 휴가를 보낼 때에는 무엇을 특히 헤아려야 하는지 등을 알고 싶은 이들에게 디테일이 풍부하고 광범위하며 흥미진진한 이 책을 적극 추천한다. 역사학자 모티머는 이와 유사한 방식으로 영국의 다른 시대를 다루는 작품을 여럿 내놓는데, 주로 16세기 후반과 17세기에 초점을 맞춘다.

◆ 페르낭 브로델Fernand Braudel –《15–18세기 물질문명과 자본주의, I: 일상생활의 구조Civilization and Capitalism, 15th-18th Century, Vol. I: The Structure of Everyday Life》

650쪽에 달하는 배경 지식으로 그득 채워진 이 책은 유럽의 근세로 향하는 시간 여행자들에게 굉장히 유익할 것이다. 프랑스 역사학자 브로델은 방대한 양의 통계와 원본 자료를 바탕으로 음식, 음료, 주거, 의복, 유행, 기술, 교통, 돈, 도시 생활 등 근세 유럽의 세세한 일상 세계를 한 권에 집대성한다. 책의 중심은 기본적으로 프랑스에 있지만 나머지 유럽을 방문하는 이들에게도 실용적인 내용이 많다. 1970년대에 나온 책이라 모든 사항이 최신의 연구까지 망라하지는 못하나, 그 대신 침대 속에서 무미건조하게 책을 읽는 기분이 아니라 정말 시간 여행을 떠나는 듯한 생생한 즐거움을 선사할 것이다.

◆ 린제이 피츠해리스 Lindsey Fitzharris - 《수술의 탄생 The Butchering Art》

현재의 위생 관련 지식을 과거로 전달하는 임무 하나만 도맡고 싶은 사람이라면 여행을 떠나기 전에 이 책을 읽어 보자. 조지프 리스터는 1865년부터 수술 상처 및 수술 도구 소독에 페놀 Phenol을 도입하는 실험을 거듭 진행하며 최초로 무균 수술법을 고안한다. 그는 글래스고대학교 University of Glasgow의 외과 교수이자 시에서 가장 큰 병원에 몸담은 의사이며, 동료들에게 '외과계의 나폴레옹'이라 불리는 제임스 사임 James Syme의 사위이기도 하다. 따라서 리스터는 다른 모든 시간 여행자들보다 현저히 유리한 위치에 있다. 하지만 아무리 그가 무균 수술법으로 자기 환자들의 사망률을 극적으로 낮춘다해도, 여전히 사람들은 외과 수술이 나쁜 공기 속에서 또는 감염의 원인균이 자연적으로 발생하는 환경에서 진행될 수밖에 없다고 믿는다. 즉 그의 무균 수술을 신뢰하지 않는 것이다. 그리하여 리스터는 동료들에게 비웃음을 사며 학술 잡지에선 혹평을 듣는다. 그가 발견한 지식이 부정적인 여론을 돌파하기까지는 수년이 걸린다. 그러므로 당신이 여행하는 19세기 동안 신속한 발전이 이루어지기를 기대하지는 말자.

◆ 디에고 데 란다 Diego de Landa - 《유카탄 이야기 Relación de las cosas de Yucatán》

무려 16세기에 나온 책 한 권이 시간 여행자들에게 유용할 정도로, 우리는 마야에 대해 극히 조금만 알고 있다. (7장 '낯선 길을 따라 고대 문명 속으로'를 참고하자.) 마야인들이 직접 기록한 원본 문헌을 읽는다면 당연히 훨씬 도움이 되겠으나, 안타깝게도 그 가운데 아주 일부만 남아 있는 실정이다. 다들 알다시피 스페인의 주교 디에고 데 란다는 이에 누구보다 크게 기여한다. 유카탄반도에 머물며 마야 문명을 탐탁지 않게 여기는 데 란다는 마야 고유의 문헌을 완전히 파괴하는 일에 심혈을 기울인다. 따라서 우리 시간 여행자들은 부득이하게도 당사자가 아닌 제3자 내지는 제4자의 손을 거친 간접적인 진술에 의지해야 하며, 이런 사료들이 마야 문명을 제대로 이해하지 못한 이의 관점에서 써졌다는 사실을 유념해야 한다. 데 란다의 유카탄 보고서를 읽었다면 적어도 당신은 마야의 땅과 전통, 동물계와 식물계, 음식과 음료에 대해 자세히 알고 있을 것이다. 물론 이들 중 여럿이 근본적으로 잘못되었다는 확신과 함께 말이다.

◆ 레온하르트 호로브스키 Leonhard Horowski −《왕들의 유럽 Das Europa der Könige》

1600년에서 1800년의 유럽이 어떤 식으로든 오늘날과 비슷할 거라 생각하는 이들은 이 책을 통해 그 믿음이 그릇되었다는 사실과 더불어 당대에 관한 풍부한 지식을 얻게 될 것이다. 《왕들의 유럽》은 사회의 상류층에서 일어나는 일련의 사건들을 긴 호흡으로, 극도로 면밀하게 그려낸다. 이미 완결된 역사적 사건 하나하나가 시간 여행지 그 자체가 되어, 매 사건마다 화려하고 복잡다단하며 강렬한 여행을 경험한 듯한 기분이 든다. 책의 마지막에 이르면 당신은 이 책이 천여 쪽에 달하며, 자신이 며칠 동안 잠들지 못했음을 깨닫게 될 것이다. 이런저런 여담을 좋아하지 않는 사람이라면 이 훌륭한 책을 붙들고 있다 골머리를 썩을 수도 있다.

◆ 엘리자베스 드레이슨 Elizabeth Drayson −《무어의 마지막 저항 The Moor's Last Stand》

2장 '잊을 수 없는 주말을 위한 원 포인트 여행지'에서 우리는 나스르 왕조의 그라나다로 떠나는 짧은 여행을 권한 바 있다. 이 성대한 시대는 보압딜

Boabdil, 즉 무함마드 12세의 집권을 끝으로 내전과 함께 스페인 연합군에게 정복되면서 1492년 막을 내린다. 나스르 왕조와 이 왕조의 몰락 정황에 관심이 있는 사람에게, 엘리자베스 드레이슨의 탁월한 저서 《무어의 마지막 저항》은 적극 추천할 만하다. 다만 안타깝게도 독일어 번역판은 아직 없다. 이 책은 스페인으로 입성하는 무어인들로 시작하여 추방되는 나스르 왕조로 끝이 난다. 그 사이 쉬지 않고 이어지는 군주들의 음모와 전투, 살해와 납치, 역사의 거대한 소용돌이, 그리고 온갖 난리를 뒷감당해야 하는 평범한 사람들의 삶까지, 책을 통해 자세히 그리고 흥미롭게 접할 수 있다. 그라나다에 머물 예정인 당신에게 가장 이상적인 여행 서적이라 할 수 있다.

◆ 홀거 토마스 그래프 Holger Thomas Gräf & 랄프 프뢰베 Ralf Pröve −《미지로 가는 길: 1500-1800년 근세로 떠나는 여행 Wege ins Ungewisse: Reisen in der Frühen Neuzeit, 1500-1800》

이 책은 근세 유럽으로 떠나는 여행을 다양한 관점으로 폭넓게 조망하는 빼어난 안내서이다. 두 저자는 여행 채비와 준비물, 교통편과 교통수단, 숙박과 식사, 종업원, 장애물과 위험 등 관광에서 중요한 거의 모든 주제를 다룬다. 시간 여행자를 겨냥하는 책은 아니지만 그럼에도 여행지를 선택하고 또 피하는 데 굉장히 도움이 되는 안내 서적이다. 특히 실제 여행기에서 인용된 유용한 문구들이 많다.

◆ 옥타비아 에스텔 버틀러 Octavia Estelle Butler −《킨 Kindred》

문학에서 시간 여행자로 등장하는 인물은 대개 백인 남성이다. 이는 과거나 미래의 시대적 상황보다는 현재 작가의 상황과 관련성이 더 높다. 하지만 가끔은 여행을 떠나는 시대에 그 원인이 있기도 하다. 바로 이 소설처럼 말이다. 소설의 주인공인 작가 데이나 프랭클린Dana Franklin은 기술적으로 상세히 묘사되지 않는 독특한 방식으로, 즉 타임머신이 아닌 상상력과 기억이라는 이동 수단을 통해 과거로 시간 여행을 떠나 19세기 메릴랜드Maryland 농장으로 옮겨간다. 데이나 프랭클린은 20세기를 사는 작가이지만, 흑인 여성이라는 이유로 19세기 과거에선 갖가지 전형적인 문제에 부딪힌다.

◆ 데이비드 도이치David Deutsch –《실재의 구조The Fabric of Reality》

영국의 이론물리학자인 데이비드 도이치는 20세기 후반과 21세기 초에, 양자역학의 다세계 해석을 적용하고 발전시키는 데 크게 이바지한다. 우주의 실재를 광범위하게 다루어 읽을 가치가 충분한 이 책은 저자의 이름과 달리 아쉽게도 독일어로는 출간되지 않았다. 책에서 도이치는 모두 서로 맞물린 네 가지 기본 이론을 토대로 온 우주를 해석한다. 네 이론 중 하나는 평행 우주가 담긴 양자역학이다. 책의 제12장에서 도이치는 시간 여행을 다루는데, 이론적으로 어렵다고 보면서도 일말의 가능성을 내비친다.

◆ 메리 비어드Mary Beard –《여성,전적으로 권력에 관한Women and Power: A Manifesto》

선언문 같은 글을 읽지 않는 이유는 물론 다양하다. 하지만 이 책은 예외적인 사례가 될 수도 있다. 첫 번째로 이 책은 길지 않다. 기껏해야 백 쪽이 조금 넘는다. 두 번째로 메리 비어드의 선언서는 다른 이들의 글과 달리, 재미있고 교훈적이며 무엇보다 거만하게 가르치려 들지 않는다. 그리고 세 번째로 책의 각 장마다 중요하게 다뤄지는 주제 자체가 흥미롭다. 즉 역사에서 그리고 오늘날 여성들의 목소리를 이처럼 듣기 힘든 이유가 대체 무엇인지를 심도 있게 들여다본다. '그거 참 훌륭한 생각이네요, 트릭스Triggs양. 이 자리에 있는 남성들 중 누군가도 분명 그런 제안을 하고 싶을 거예요.' 리아나 던컨Riana Duncan의 만화 속 대사처럼, 공개적으로 입을 여는 여성들이 '트릭스양'처럼 대접받는 이유를 메리 비어드는 고대에서부터 현대에 이르는 인류 역사를 통해 뿌리를 찾아간다.

◆ 요한 고트프리트 조이메Johann Gottfried Seume −《시라쿠사로의 산책 Spaziergang nach Syrakus》

조이메는 1801년과 1802년에 드레스덴Dresden 인근 그림마Grimma에서 시칠리아Sicilia의 시라쿠사Siracusa로 떠나 이리저리 돌아다니며 글로 남긴다. 그의 이 여행기는 유익한 정보로 가득한데 이를테면 현지에서 숙소를 어떻게 찾고, 어떻게 행동해야 최선이며, 가급적 약탈을 적게 당하려면 무엇을 어떻게 해야 하는지, 그리고 처형당한 강도들의 '말라비틀어진 해골'과 사람 뼈가 이탈리아의 어느 지역에 널려 있는지 등을 자세히 담는다.

◆ 라이언 노스Ryan North −《길 잃은 시간 여행자를 위한 문명 건설 가이드 How to Invent Everything: A Survival Guide for the Stranded Time Traveler》

여행을 하다가 타임머신이 고장 난다면 어떻게 해야 할까? 기존의 여행 안내서에 '문명 복원 노하우'라는 실용적인 내용을 덧붙인 이 책은 무엇보다 저자의 재치와 상상력이 돋보인다. 아직 독일어로는 출판되지 않은 노스의 이 걸작은, 특히 20만 년 전 호모 사피엔스 시대로 떠났다가 타임머신이 망가진 경우를 대비한 생존 가이드에서 절정에 달한다. 사용 가능한 언어와 수학, 측정법, 농업, 의약, 컴퓨터 등을 어떻게 고안하고 또 발전시킬 것인가? 하는 질문에 저자는 조목조목 답한다. 과거에 표류한 시간 여행자들을 위한 구체적인 안내와 지시 사항이 700여 쪽에 걸친 책 한 권에 풍부하게 담겨 있다. 하지만 여성들의 삶은 성을 다루는 장에서만 일부 언급되며, 시간 여행을 하며 여성들이 겪을 특유의 문제들은 다루어지지 않는다. 여기에 더해 정치나 사법 또는 종교를 이룩하거나, 인간 공동체를 형성하는 방법에 대한 조언은 빠져 있다. 기술의 발명으로 빚어지는 근본적인 문제에는 침묵하는 까닭에, 안내서를 읽다 보면 과거의 인간들이 다소 어리석고 무지몽매하다는 인상을 받을 수도 있다.

◆ 제임스 버크 James Burke −《핀볼 효과 The Pinball Effect》

대체 역사는 시간 여행이 개발되기 전에도 이미 중요한 주제였다. 그리고 1996년에 나온 제임스 버크의 《핀볼 효과》는 이런 시류에 매우 잘 들어맞는다. 버크는 역사를 마치 핀볼 기계 속의 작은 구슬처럼 묘사한다. 그 안에서 빠르게 나아가며 우연히 계속해서 다른 장애물들과 마주치는 구슬과 같다는 것이다. 그의 이야기는 수 세기를 넘나들며, 겉보기에 서로 전연 관계없는 사건들을 연결시키면서 진행된다. 버크를 읽는 일은 술에 취한 똑똑한 사람의 말을 듣는 것과 조금 비슷하다. 쉽게 말해 매혹적이면서 혼란스럽고, 나중에 가선 두통을 비롯해 수많은 물음을 얻게 된다. 사전에 모든 세부 사항을 철저히 점검하지도 않고, 무모하게 이 책을 여행 계획에 활용하지는 말자. 말했듯이 대체 역사를 다루는 책이기 때문이다.

사실대로 말하자면

사실대로 말하자면, 당신은 과거 여행을 위한 안내서가 전혀 필요하지 않다. 그리고 그 이유는 아주 간단하다. 지금으로서는 과거로 떠나는 시간 여행이 안타깝게도 불가능하기 때문이다. 이 책에서 우리는 당신이 시간 여행을 떠날 수 있으며, 당연히 여행 가이드도 필요한 세계를 한번 그려 보았다.

이 책은 우리가 설정해 놓은 일련의 가정 위에서만 말이 된다. 그러면서도 최신의 과학 지식에 어긋나지는 않는다. 우리는 오늘날 우주와 시간 그리고 역사에 관해 널리 알려진 주요 틀 안에서만 운신한다. 이 안에서 우리는 한편으론 이 책을 존재할 수 있게 만들고 다른 한편으론 흥미롭고 재미있는 결과로 이어지는, 시간 여행이 붐을 이루는 하나의 현실 버전을 택하게 되었다. 진짜 세계는

방구석 시간 여행자를 위한 종횡무진 역사 가이드

이 책에서 그려진 모습과 완전히 다를 수도 있다. 하지만 만약 세상이 우리가 상상한 대로 흘러간다면, 이 책은 시간 여행이 가능해지는 미래에 상당한 도우미가 될 것이다.

우리 책의 근본적인 가정은 다음과 같다.

시간 여행은 가능하며 이미 고안되었다.

이 책이 출간되는 해인 지금 우리는 시간 여행이 경우에 따라 가능할지도 모른다는 사실 정도만 알고 있다. 정말 실현 가능한지 그리고 무엇보다 어떤 방식으로 떠날 수 있는지에 대해선 이론이 분분하다. 이 논쟁에 대한 보다 자세한 내용은 '시간 여행에 관한 짧은 역사' 장을 다시 읽어 보도록 하자. 시간 여행을 다루는 책을 집필할 계획이 있다면 기존의 생각들을 무시하고 시간 여행이 현존한다고 전제해야 한다. 이처럼 가볍게 가정해 버리는 작가는 우리 말고도 적지 않다. 적어도 우리가 최초는 아니라는 뜻이다.

시간 여행은 가능할 뿐 아니라 그리 어렵지 않다.

오늘날 많은 과학자들은 혹여 언젠가 시간 여행이 발명되더라도, 과거에서 휴가를 보내려면 극도로 많은 비용이 들어갈 거라 말한다. 먼저 블랙홀이 특정 위치로 옮겨져야 하며, 그런 다음 시간이 모종의 방식으로 휘어져야 하고, 끝으로 떠나려는 과거에도 타임머신이 있어야 한다. 여기까지 들으면 시간 여행은 기껏해야 특권 있는 엘리트나 즐길 수 있는 놀이처럼 느껴진다. 흡사 현재의 달나라 여행처럼 말이다. (이런 제약과 관련하여 더욱 다양한 내용은 14장 '시간 여행에 관한 아홉 가지 신화'를 읽어 보자.) 이 같은 미래에선 여행 가이드조차 필요하지 않을 것이다. 그 대신 우리는 과거로 이동하는 '통과 구역'을 설정했다. 이 구역은 휘어지지 않은 보통의 시간이 흐르는, 보통의 세계로 둘러싸여 있다. 타임머신은 마치 비행기가 공중에서 정해진 노선을 따라 날듯, 통과 구역 안에서 정해진 궤도를 따라 당신을 과거로 옮겨 준다. 이런 이동이 실제로 가능한지는 이론의 여지가 있으나, 최소한 완전히 불가능하지는 않다.

우리는 수많은 평행 세계 중 하나에 살고 있다.

이 가정을 조금 더 구체적으로 풀면 다음과 같다. 즉 양자역학의 다세계 이론은 단일 우주론 같은 다른 가능성들에 비해 빈틈이 없으며, 아니면 적어도 받아들이기가 그리 어렵지는 않다. 오늘날 현실에선 평행 세계가 있는지, 있다면 어떻게 다루고 접근해야 하는

지를 두고 격렬한 논쟁이 벌어지고 있다. 역시나 14장 '시간 여행에 관한 아홉 가지 신화'에 보다 많은 이야기가 담겨 있다.

그러나 우리에게는 선택지가 없다. 오직 단 하나의 세계만 있다면, 당신을 비롯해 다른 모두가 하나의 버전만 있다면, 즉시 이 책은 파국적인 상황에 처하게 된다. 그러면 시간 여행자들이 과거에서 행하는 모든 일은 바로 이 하나의 세계에 영향을 미친다. 다시 말하면 몇몇 시간 여행을 거친 이후에는 더 이상 믿을 만한 버전의 과거가 없으며, 과거 여행을 위한 모든 조언은 아무 짝에도 쓸모가 없어진다. 뿐만 아니라 이 세계는 시간 여행자들로 넘쳐 나게 된다. 수많은 평행 세계가 있는 다중 우주에서는 갈등이 생기지 않는다. 여기에서 당신은 어느 평행 세계를 두루 여행하게 되며, 당신이 떠나온 옛 버전의 세계는 변함없이 유지된다.

각각의 시간 여행은 하나의 새로운 평행 세계를 생성한다.

당신이 시간 여행을 하는 동안 무언가가 달라진다면 새로운 시간 가닥이 생겨난다. 엄밀히 말해서 우리는 당신이 과거에 도착하는 순간, 벌써 새 버전의 시간 하나가 만들어진다고 본다. 즉 시간 여행자인 당신이 착륙하는, 새로운 버전의 과거 하나가 형성되는 것이다. 이런 가정은 당신의 시간 여행을 확실히 더욱 흥미진진하게 만들어 준다. 그 세계 안에서 무언가를 바꿀 수 있기 때문이다. (비록 당신이 그냥 돌아다니다가 다시 떠날 버전의 세계라도 말이다.)

물론 이와 전혀 다를 수도 있다. 상당수의 양자물리학자들은 당신이 휴가를 떠난 평행 세계에 이미 모든 것이 존재한다고 말할지 모른다. 당신의 결정으로는 그저 하나의 버전에서 다른 버전으로 움직이는 변화 정도만 가능하다고 말이다. 모든 것은 거기에 다 있고, 아무것도 달라지지 않으며, 오직 당신의 경험만 달라진다고. 우리는 당신에게 보다 많은 가능성을 부여하기 위해, 맞붙은 버전들 사이를 단순히 건너다니는 쪽이 아닌 다른 변형을 택했다. 여기에서 당신은 고유의 행동을 통해 새로운 우주를 생성할 수 있다. 한층 더 나을 수도, 아니면 더 형편없는 우주일 수도 있다.

시간 여행자들이 과거에서 승차하고 하차하는 장소는 원주민들의 눈에 보이지 않는다.

우리는 당신이 과거의 주민들에게 절대 의심스러워 보이지 않는 특정 장소에 내려앉는다고 상상해 보았다. 이를테면 초원이나 암반 또는 숲속의 빈터에 착륙하는 것이다. 그리고 당신은 이와 유사한 곳에서 다시 집으로 돌아간다. 일종의 시간 여행 정거장은 현재에만 있으며 이곳에서 당신은 과거로 옮겨진다. 그 외에 무언가가 더 없어도 얼마든지 가능하다. 가령 헬리콥터는 이전에 공항이 건설되지 않은 곳이라도 착륙 가능한 지점이면 어디든 내릴 수 있다. 우주 비행사들 또한 공항이 없는 달로 날아간다. 이뿐 아니다. 미래의 기술은 과거에선 보이지 않는 동력과 장에 토대를 둘 것이다. 예를 들어 지금 우리는 눈에 보이지 않는 전자기파 형태로 사진과 동영상을 다른 곳으로 전송한다. 그러니 앞으로의 기술이 활주로를 미리 깔지 않고도, 사차원의 한 지점을 정확히 잡아 이동시키는 수준에 다다르지 못할 이유도 없지 않은가? 아마 일반 상대성 이론 지지자들은 과거로 여행하려면 다른 종착지에 또 하나의 타임머신이 필요하다는 주장에 이의를 제기할 것이다. 오늘날까지 도달한 과학 지식에 의하면 두 번째 타임머신이 절대적으로 필요해 보이지는 않는다. 만약 시간 여행을 위한 정거장이 있는 과거로만 떠날 수 있다면 지극히 소수의 시대로만 여행이 가능하며, 게다가 이들 시대는 우리의 관점에서 모두 미래에 놓여 있을 것이다.

**시간 여행이 존재하는 세계라도
과거는 완전히 연구되지 않은 상태이다.**

타임머신이 있다면 우선순위를 두고 논쟁이 벌어질 것이며, 과거

시대 연구를 일순위로 꼽을지 모른다. 그러면 역사학자와 고고학자는 첫 번째 혹은 적어도 두 번째로 타임머신에 오르는 대상이 되어, 모든 미해결된 문제를 구명하도록 보내질 것이다. 그런 다음에서야 일반 여행객들이 자유로이 과거로 떠나게 될 것이다. 하지만 모든 과거가 완전히 연구된다면 이 책의 상당 부분은 당연히 제 기능을 하지 못한다. 그래서 결국 우리는 시간 여행지의 일부가 아직 다 알려지지 않은 상태라고 설정했다. 여기에 더해 아직 존재하지 않는 가상의 역사서에 바탕을 둔 책을 쓰기란 굉장히 어려운 일이다. 따라서 우리는 전문가들이 모종의 이유로 지금껏 타임머신을 널리 활용하지 못했다고 가정하게 되었다. 어쩌면 그들은 최첨단 기술을 사용하는 데 여러 어려움이 있을 수도 있다. 아니면 대학을 떠나 직접 시간 여행사를 차릴지 모른다. 이들 두 가지는 결코 불가능하지 않다.

시간 여행자는 평행 세계들 사이를 마음대로 왔다 갔다 건너다닐 수 없다.

과거의 한 지점으로 떠나는 여행은 상대적으로 과정이 복잡하지 않다. 어쨌든 타임머신이 있는 세계에서는 말이다. 그 지점에서 갈라진 평행 세계에 2주 정도 머물다가, 명확히 정해진 현재의 출발

지점으로 다시 뿅! 하고 돌아오는 여행은 어느 정도 한눈에 파악할 수 있다. 하지만 만일 당신이 14장 '시간 여행에 관한 아홉 가지 신화'에 쓰인 대로, 어린 히틀러가 예술가로서 성공적인 커리어를 쌓도록 도와주고 나서 나중에 그가 무엇이 되는지 당장 알고 싶다면 어떻게 될까? 그럼 당신은 우리 세계의 과거에는 아예 없는, 한 시점으로 떠나야 한다. 그곳은 당신의 휴가가 이루어지는 평행 세계가 아닌, 인근의 다른 어딘가에 존재한다. 우리가 지어낸 가공의 시간 여행사들이 이런 여행까지 실현 가능하다면 결과가 끝없이 이어지는 혼란에 빠질 것이다. 그래서 우리는 책에서, 평행 세계 사이를 오가는 가능성은 되도록 언급을 피했다. 어쩌면 아무도 눈치 채지 못했을 것이다.

이 여행 안내서는 여러 가지가 제법 다른, 어느 미래 또는 어느 다른 버전의 현재에서 유래된 것이다.

'시간 여행에 관한 짧은 역사' 장에서 이런 문장을 읽은 기억이 있을 것이다. '오늘날 파동 함수의 붕괴는 플로지스톤, 에테르, 그리고 화성 운하설과 함께 과학사에서 고물처럼 취급된다.' 실제로 파동 함수의 붕괴는 이들 세 가지 현상과 달리 여전히 교과서에 실린다. 같은 장에서 우리는 미래에는 웜홀이 '폴주노프 터널'로 불릴 거라 확신하는데, 이는 사실 가능성이 극히 희박한 주장이다. 뿐만 아니라 거기에는 이 같은 문장도 있다. '노비코프는 1964년 블랙홀의 반대 개념인 화이트홀의 가설을 들고나오면서 오늘날 우리에게 널리 알려졌다. 모든 것을 삼키는 블랙홀이 있다면 언젠가 우주 공간으로 토해 내는 구멍도 필요할 거라는 이 화이트홀 가설은 대단한 성과를 거둔다. 오늘날 우리의 일상에서 화이트홀을 빼놓고 생각하기란 어렵다.' 노비코프라는 과학자는 있으며 실지로 그는 이런 화이트홀 이론을 내놓는다. 하지만 지금까지는 화이트홀을 우리의 일상에서 빼놓고 생각해도 별로 문제가 되지 않는다. 이에 덧붙여 다세계 이론의 윤리적 함의가 21세기에 대두된 거대한 철학적 담론 중 하나라는 말도 사실이 아니다. 하지만 가능성이 없지 않으며 그래야 한다.

감사의 말

이 책의 아이디어는 물리학자 마티아스 람프케Matthias Rampke에게서 비롯되었다. 책의 공동 저자인 알렉스 숄츠는 그를 만난 적이 없다. 카트린 파시히는 10년도 전에 마지막으로 그를 보았으며, 당시 만남에서 그가 이런 책을 머릿속에 그리고 있다던 말이 떠올랐다. 나중에 이메일로 물어보자 람프케는 더 이상 이를 파고들 마음이 없다고 했다. 물론 시간 여행을 주제로 책을 쓰기란 녹록하지 않으며, 그가 손을 놓게 된 사정은 여러 면에서 의심이 가능하다. 어쩌면 타임머신 때문일지도 모르겠다.

당연한 말이지만 로볼트 베를린 출판사Rowohlt Berlin Verlag가 없었다면 이 책은 절대 세상에 나오지 못했을 것이다. 특히 우리는 군나르 슈미트Gunnar Schmidt와 울리히 반크Ulrich Wank, 철저하고 노련한 교정으로 우리 책을 다듬은 편집자 프랑크 푈만Frank Pöhlmann, 그리고 출판 에이전시 모어북스Mohrbooks의 세바스티안 리처Sebastian Ritscher의 노고에 고마움을 전한다.

이 책의 많은 장들은 여러 전문가들의 검토를 거쳤으며, 개인적인 대화나 이메일을 통해 자원하여 질문에 답을 해준 이들도 상당하다. 무엇보다 역사학자 레온하르트 호로브스키Leonhard Horowski, 고고학자 겸 범죄학자 도나 예이츠Donna Yates, 의사 앤 베커Anne Becker, 이론물리학자 크리스 홀리Chris Hooley, 천체물리학자 제인 그리브스Jane Greaves, 천체물리학자 마르쿠스 푀셀Markus Pössel 그리고 블로그 '르네상스 수학자The Renaissance Mathematicus'의 토니 크리스티Thony Christie에게 깊은 감사를 표한다. 또한 폴커 숄츠Volker Scholz 덕분에 초기 원고보다 복잡한 문장들이 한결 적게 담긴 책이 출판될 수 있었다. 더불어 우리 책에 대해 전연 모르지만 트위터상의 공개 글을 통해 간접적으로 도움을 준 다수의 역사학자 및 과학 저널리스트, 이를테면 레베카 히기트Rebekah Higgitt, 바네사 헤기Vanessa Heggie, 샬럿 리디아 라일리Charlotte Lydia Riley, 조 엣지Jo Edge, 린제이 피츠해리스Lindsey Fitzharris, 안젤라 사이니Angela Saini, 카스텐 팀머만Carsten Timmermann, 제임스 섬너James Sumner 그리고 필립 볼Philip Ball에게도 고마운 마음을 전하고 싶다.

그럼에도 이 책은 분명 수많은 흠을 지닐 것이며, 이에 대한 책임은 오롯이 우리에게 있다. 아마 어딘가에는 이 책에 결점이 단 하나도 없는 평행 세계가 존재할지 모른다. 약간의 행운이 따른다면 당신은 거기에 머물 수도 있다.

감사의 말